JN291599

Evangelia in lingua
Danica

INCIPIT C...
OR EVANGELIU
ANECA WARON
thesidro mod gespon thäsia
bigunnun uuord godes reckean
that giruni that thi riceo crist
undar mancunnea mariþa gifrumida
mid uuordun endi mid uuercun That
uuolda tho uuisara filo liudo barno
lobon lera cristes belag uuord godas
endi mid iro handon scriban bereht
lico anbuok huo sia scoldin is gibod
scip frummian firiho barn Than
uuarun thoh sia fiori tethiu under
thera menego thia habdon maht godes
helpa fanhimila helagna geft craft
fan criste sia uurdun gicorana tethio
That sie than euangeliu enan scol
dun anbuok scriban endi semanag
gibod godes helag himilisc uuord sia
nen'osta belitho than mer firiho
barno frummian neuan that sia
fiori tethio thurucraft godas
gicorana uurdun. Matheus endi

『ヘーリアント（救世主）』C写本（大英図書館蔵）第1歌章冒頭部

古ザクセン語

ヘーリアント
(救世主)

石川 光庸 訳・著

東京 大学書林 発行

Mitsunobu Ishikawa

Heliand

Text mit kommentierter Übersetzung
in Auswahl

Daigakusyorin Tokyo

まえがき

 知能情報手法─に原文字を確認するための翻訳をしたがあるので、透過線に光を知能に透過することはこれらないる限界可能性にあり、また難関のいくつかを和文
で日本語としてとらえない個所が多いことも承知願いたい。原文の題目
とすることもの訳の点の種にしてあるので、すべて原文とまた比較参照
り現代の欧文を日本に移すしかなかった。

　漢書車は未だ537行までに要旨すべて準拠した。購買方が知識し、近
代後・発達の対応性、また訳出の行数とを揃えた。すべての選は訳出困難所の選
がよいてもあるが接続譲しく説明しておいたので、最善車では情報があえ伝わらぬ
は訳出の理想を参酌していただきたい。

「雑纂」はたび斎普が小意にとまえた。購東に選錄してあるものとこと
 なる「ベーリング」の極秘と情報な模様に注目してしたたぶんよう頼んし
ている。だたし、ナポレオン・ボナパルト、クロリンクがネスになる
ない。

「付録　とそうまき譲関数文書」きその名のとおり、南部に向かの予備知識
をないカが、そ一通り目を通しておけば、後半それぞれの項に揚載と選書書
と知識を用いて原文を体理解できるであろうもう少し際の選車重をまき知
 たものである。図題力に目信のある方は本書基本的研形を参照にも関のがな
さを観測するが、そのの聞きあり目見のないカでに向かでも困難が多いよう
 に探索ページを構成すればよいのである。

6000行近い本文すアルファベットだの一回もあらない短かい箇所しか使って
いないが、着職的な従車両は決車両は文と呼とそ受想する、常春日の収穫がある
くらさを再なに読解語の性格からも、本量にによって537行までは母を含
 信する（参考文献）もちろん長い持続や演選、連連邦の問けも豊富であるから文
脈をよめる必要はなしよ。

こんなにも暴で読ろが、現行までに筆にする多くの方のお世話になった。まず

まえがき

以下は 9 世紀の始めにザクセン人（古ザクセン・ドイツ語）で著された宗教叙事詩『ヘーリアント（救世主）』の、冒頭約537行の和訳と註釈である。中世ドイツ文学や中世英文学、ゲルマン語学、殊に中世中期やキリスト教叙事文学を専攻し、ゲルマン語学のキリスト教文学への作用を観察的に把握し、古期独文を学びたいと思う方々の便用にもなるべく役立つ事を念頭に編集した。さらに、現代ドイツ語の英語の為の一通りの知識があれば十分に読みこなせるようにしたので、中世期独文にいくらか興味を持つ人にも一般の方々に広く読んでいただけるものと信ずる。

この種の専門家を対象としたものではないが、しかし基本的な学術動向を押さえてあるので、基礎的な文献や目録も（網羅的にではないが）掲載してある。本書を通読された後は自目的にさらに専門的な方向に進んでいただきたい。

テキストは Heliand und Genesis, herausgegeben von Otto Behaghel, 10. überarbeitete Auflage von Burkhard Taeger, Tübingen 1996 (Altdeutsche Textbibliothek, Nr.4) に依り、語彙索引も同刊本のものに主としてよった。

註釈においては、頻出語彙は一ーまず文法的に説明を取ることを原則とし、一種のグリム文法索引入門として役立てたらとも考えたのである。次にはただちに〈語彙辞典〉、また語源的な連続をも語りながら語または語彙との相違、付き合せる項目の類義文を精密にすることにも、できるだけ説明を加えた例が、あるいは言海味薬しく、書かれた主題について、かなり長い叙述が目につく事もあり、もし本書に何らかの興味目性があるとしたら、このような資料や関連諸情報、またはテキスト解釈の理解であるかもしれない。ただし解釈者は別性年から単独の専門家ではないので、その方面の専門諸家緩はごくあんでいないことをおことわりしておく。

まえがき

巻末の参考文献の他にも，いちいち名を掲げてはいない先学の多くの研究に負うところ大であるのは言うまでもない．個人的には，ザールブリュッケン大学前教授の Herbert Backes 氏にはさまざまの有益な助言をいただいた．また，京大大学院生の冨益ゆきさんには原稿整理および語彙集作成について大いに助けていただいた．この他にも有形無形の援助をいただいて感謝申しあげるべき方は数多いのであるが，誰よりもまず，本書のような特殊な書籍の刊行をお引き受けくださり，その上，遅筆の訳註者を忍耐強く励まして，どうにかここまで辿りつかせて下さった大学書林の佐藤政人社長には言うべき感謝の言葉も容易には見つからないのである．

2002年 初秋

石 川 光 庸

目　次

まえがき ……………………………………………………………… i
解説 …………………………………………………………………… 1
凡例 …………………………………………………………………… 12

第1歌章（1－93行）………………………………………………… 13
第2歌章（94－158行）……………………………………………… 70
第3歌章（159－242行）…………………………………………… 99
第4歌章（243－338行）…………………………………………… 126
第5歌章（339－426行）…………………………………………… 152
第6歌章（427－537行）…………………………………………… 177

付録　古ザクセン語（古低独語）簡約文法 …………………… 201
参考文献表 ………………………………………………………… 230
語彙集 ……………………………………………………………… 234

解　説

『ヘーリアント（救世主）』について

　『ヘーリアント（救世主）』(Heliand) は9世紀の前半に古ザクセン語（古低地ドイツ語）で書かれた6000行に近い長大な頭韻叙事詩である．「ヘーリアント」"Heliand" とは「救世主」を意味する古ザクセン語で (Hêliand)，現代の標準ドイツ語なら Heiland となるが，一般には古ザクセン語の語形のまま Heliand と呼ばれる．現存の写本にはこのタイトルはどこにも書かれていないが，最初の校訂者 J. A. Schmeller が1830年に自刊本に用いて以来，この叙事詩の題名として定着している．

　作者については一切不明であるが，16世紀にルター派の人文主義者や神学者によって発見刊行された韻文と散文のラテン語序文によれば——ちなみにこの序文は，かつてルターも所有者であった『ヘーリアント』の一写本から取られたもので，その後湮滅してしまったこの写本をルターも読んだ可能性があるということになる．もちろん700年も前のザクセン語古文献を彼が理解できたと仮定してであるが——「最も敬虔なる皇帝ルートヴィヒが (Ludouicus piissimus Augustus) ザクセン族の中で詩人として名高いある男に，旧約と新約の両聖書をゲルマン語の詩に移すように命じた．(Praecepit namque cuidam viro de gente Saxonum, qui apud suos non ignobilis vates habebatur, ut vetus ac novum Testamentum in Germanicam linguam poetice transferre studeret...)」ということである．この皇帝がカール大帝の長男であるルートヴィヒ敬虔王（在位814－840）なのか，または敬虔王の息子のルートヴィヒ・ドイツ王（在位843－876）なのか議論されているが，まだ結論は出ていない．『ヘーリアント』はキリスト伝であるから，上の引用の「旧約」云々が矛盾することになるが，これは現在まで断片として残る古ザクセン語の『創世記』(Genesis) がその名残ではないかと考えると，ある程度の説明はつく．

『ヘーリアント（救世主）』

　内容は、2世紀の東シリア人タティアノス（Tatianos）が編集した「四福音書調和」（Diatessaron；Evangelienharmonie）と、当時の精神文化の中心地フルダの修道院長ラバーヌス・マウルス（Hrabanus Maurus）の聖書註解とを柱とするキリスト伝である。古高ドイツ語訳の「四福音書調和」（ahd. Tatian）がフルダで完成して（830頃）まだ間もない頃、直接的および間接的にその影響の下に『ヘーリアント』も書かれたと思われる。しかし古高独語 Tatian がラテン語を生硬なドイツ語に直訳した、真面目ではあるが文学的香気には乏しい散文であるのに対し、『ヘーリアント』は対照的である。古ゲルマン以来の伝統である頭韻長行詩という形式をとり、あたかも古英語の英雄叙事詩『ベーオウルフ』（Beowulf）のキリスト教ヴァージョンのような趣すらある。

　ちなみにフルダ修道院は、いわゆるカロリング・ルネッサンスにおいて指導的役割を果したアングロ・サクソン布教団の重要な拠点であり、そしてアングロ・サクソン人は早くから古ゲルマン詩型によるキリスト教文学の先鞭をつけていたのであった。（本来の古ゲルマン英雄詩は短詩であり、長篇詩は Aeneis などローマ文学の影響下にまず英国で発展したものである）。だから詩型のみならず、語彙や言いまわしなどについても『ヘーリアント』とアングロ・サクソン文芸の関係は歴然としたものがあり、本書の註釈においてもできるかぎり両者の関連性の例示を試みたつもりである。

　『ヘーリアント』の文学性は頭韻詩という形式のみにとどまらない。作者の目的がキリストによる救いをザクセン族の間に広めることにあったのは間違いないが、しかし彼はそれを、いまだ圧倒的に異教ゲルマン的精神界にいるザクセン族の同胞のために、彼らのその生活感情を通じて、また彼らの伝統的美意識に適合する方法によって成就しようとした。つまり『ヘーリアント』にはゲルマン的美意識が全篇を通じて力強くみなぎっており、作者自身もゲルマン精神とキリスト教の理念を結びつけることに、いささかの疑念も抱いていなかったと思われるのである。キリストは、忠誠を捧げる勇敢な武人たちの主君として彼らに庇護を与え、それゆえに篤く尊敬される。怯懦を

解　説

嫌うゲルマン精神は，十字架に登るキリストの英雄的自己犠牲と結びつき，敵への愛や，武器によらぬ平和，慈悲心，へりくだりなどの本来はゲルマン精神とは相容れぬキリスト教の教えも，最終的にはゲルマン的美意識と重なり合う悲劇的英雄精神に収斂されて理解されてゆく．ベーオウルフの万民のための悲劇的闘死も，ヒルデブラントの，名誉を重んずるがための実の息子との一騎打ちも，『ヘーリアント』の作者およびその聴衆にとって，キリストの勇敢なる十字架上の死と本質的に異なることはないのであった．とすれば，なにゆえに古高独語の「四福音書調和」(ahd. Tatian) のごとき無味乾燥な，しかも不器用な散文でこの新しき英雄キリストについて語らねばならぬのか？――精神も日常生活も既になかばローマ人化したフランク族とは違って，いまだ古ゲルマン的精神風土に生きていたザクセン族の間では，宮廷の酒宴の場でハープの伴奏で歌われる英雄歌謡の伝統が健在であった．キリストの教えに完全に心酔しながらも，自らゲルマン的気質を濃厚に保っていたこのザクセン詩人には，こういった英雄歌謡の形式でキリスト教を歌い称えることが全く自然であっただろう．――いささか「ロマンチック」な作者像に傾きすぎたかもしれないが，大筋のところではこのように考えてよいのではなかろうか．宗教詩にしては現世的描写がかなり詳しいところから，俗人である詩人が学僧の知識を借りつつ創作したとも，俗世の実情に詳しく，かつ神学知識も豊富な聖職者詩人が独力で創作したとも考えられるが，語彙や語法の均一性が高いところから，後者の可能性が大きい．

　『ヘーリアント』の作られた時代は，いわゆるカロリング・ルネッサンスの直後であり，カロリング朝の宮廷を中心にキリスト教的文化が各地で開花していた．フランク族は既にクロードヴィヒの時代にカトリックに改宗しており，キリスト教と一体となったローマ文化を積極的に取り入れていた．彼らは自分たちの祖先はトロイア人だと称しており（つまり古代ローマの伝説的祖先と同族ということになる），ラテン語文化の摂取の熱意は他のゲルマン族にはるかに優っていた．（この点についてはずっと先輩であるアングロ・サクソン族を唯一の例外として）．フランク族による軍事帝国は，いわば「剣と

『ヘーリアント（救世主）』

聖書」によって建設されたわけであるが，カール大帝の時にその最大の成果である大帝国が成立し，キリスト教と表裏一体のラテン語文化は帝国の各地に急速に普及して，「フランク風ローマ文化」一色に塗りつくされつつあった．貴族や上級聖職者層はもはや伝統的なゲルマン文化に知識も関心も持たなくなり，彼らの日常生活も意識も古典時代のローマを手本としていたと言っても過言ではないだろう．こういった傾向に頑強に抵抗していたのが唯一ザクセン族だった．北西ドイツを故地とするザクセン族は，その一部を4－5世紀にかけてブリテン島に送った後（アングロ・サクソン人），7世紀末には北独一帯に定住し，しばしばフランク王国の脅威となる大部族となっていた．彼らは四部族の緩やかな統合体で，王を持たず，大小の民会（Thing, Ding）の決議によって事を進めるゲルマン風共和制の伝統を固く保持していた．各地のゲルマン族は長年に渡るゴート系やアイルランド系，そしてアングロ・サクソン系の伝道団の努力によって——そして多くの場合は伝道団の背後にあるカロリング・フランク王国の武力によって——ほとんど全てキリスト教に改宗していた．だがフランク王国の武力に執拗に抵抗し，キリスト教を拒否して古ゲルマンの伝統的祭祀を守ろうとするザクセン族は，カール大帝による，30数年におよぶ困難でかつ両陣営に莫大な損害をもたらした「ザクセン戦役」（772－804）の後やっと，力尽きて大帝の武門に降り，キリスト教を受け入れたのであった．772年の最初の出兵の時，カールはエーレスブルク（Eresburg）城塞を攻略した後，ザクセン族の「聖処にして神苑なる，有名なイルミンの柱を（fanum et lucum eorum famosum Irminsul）」破壊させたという（Chronicon Laurissense breve, Ilkow, 234頁から再引用）．このIrminsul（独Irminsäule）については諸説あるが（340行irminthiodの註を参照），これが象徴するように，ザクセン族の信仰はまだ極めて古代ゲルマン風であり，だから「ザクセン戦役」は宗教戦争の色が濃厚であった．カールは捕虜を大量虐殺したり，異教復帰や教会攻撃に対しては極刑を課すなど厳しい姿勢で反抗勢力に臨む一方，友好勢力には有利な地位を与えることによって，ついにザクセン族の改宗と，フランク王国への併合を完成させ

解　説

た．『ヘーリアント』の成立はこのような状況においてであったことを忘れてはなるまい．これを命じたルートヴィヒ帝が「敬虔王」であろうと「ドイツ王」であろうと，血なまぐさい戦役の記憶は，まだザクセン人の誰からも失われてはいなかったに違いない．『ヘーリアント』の詩人はすでに新しい信仰に完全に帰依しており，その「新しい」福音を同族の者たちに，いわば「古い皮袋に入れて」提供することを命じられた時，この使命に大きな意義を感じたのではなかろうか．30年におよぶ戦役で荒廃した国土，今なおフランク族や，いち早く親フランクに転じた貴族層に執拗な恨みを抱く民衆――心を痛めていた詩人は，ザクセン族の誰にも親しい，懐かしい頭韻のメロディーで，全人類を救うために人間として生まれ，英雄的な死を遂げたキリストの一生を語ることを天命と感じ，情熱をこめて作詩し，朗唱したことであろう．聴衆も長年慣れ親しんだ故郷の言葉で語られ歌われるキリストの一代記を，ジークフリートやベーオウルフ，ディートリヒ大王や名人鍛冶ヴィーラントの古謡を聞く思いで，耳を傾けたことであろう．次第に彼らには，キリストという人物が，誰よりも勇敢で偉大なゲルマン英雄のように感じられてきたであろう….

　だがこの詩人も，その熱心な聴衆も，将来性に富む若い世代に属してはいなかった．強圧的なフランク官僚と，すきまなく張りめぐらされた教会制度によって，ザクセンの世界は根本的に変わりつつあり，せっかくの「古い皮袋の新しい美酒」も，急速な社会の変化とともに間もなく忘れ去られてしまったのであろう．このような伝統的古詩を創作できる詩人も，それを享受できる層も，日一日とフランク的になっていくザクセン社会が新たに生み出すことはもはやなかったのである．

　『ヘーリアント』に大変よく似たテーマの第2の宗教叙事詩が，しばらくしてフランク族の僧オトフリート (Otfrid) によって古高ドイツ語で書かれた．7000行を越える大作であり，ゲルマン人の詩として初めて脚韻を用いた点で画期的なものである．しかし頭韻によるゲルマン古詩である『ヘーリアント』との違いは，単にそのような詩型云々にとどまらない．詩の精神が，

『ヘーリアント（救世主）』

全くと言ってよいほど異なるのである．キリストの栄光を称える主意は同一のはずであるが，Otfrid においてはゲルマン英雄詩的要素は皆無に近く（とはいえ，彼にもゲルマン古詩の素養はあったことが指摘されてはいる――），文体も構成も南方の古典的ラテン叙事詩に依っている．母語による古典古代的キリスト教文学が Otfrid の目指すところであって，英雄の悲劇的没落にカタルシスを感じる北方的文学伝統とはもはや全く無縁なのであった．

『ヘーリアント』も Otfrid も，カロリング・ルネッサンスの大きな潮の流れの中で，自らの母語の意義に目覚め，「ゲルマン語という古き皮袋にキリスト教という新しい美酒を入れ」ようとした大胆な試みであった．しかし，時代の流れは速かった．ザクセン語やフランク語といった地方の言語の作品は，ラテン語によるキリスト教文化という新しい文化の洪水によって覆い尽くされ，数世紀を経てその大洪水がやや退くまで，再び表面に出ることはなかった．『ヘーリアント』も Otfrid も，同胞の精神的・文化的な営みに何等かの永続的な影響を及ぼした形跡はほとんど見られないのである．

＜言語＞

古ザクセン語（独 Altsächsisch，英 Old Saxon）はその名のとおり，西ゲルマン族のうちザクセン族という部族の言語で，その一部はアンゲル族とともに4世紀頃ブリテン島に移住してアングロ・サクソン族となった．大陸にとどまったザクセン族の言語の古層が古ザクセン語なのだから，（古）英語と共通点が多いのは当然である．一方，南方の高地に定住した西ゲルマン族の言語は，いわゆる「高地ドイツ語子音推移」Hochdeutsche Lautverschiebung という下図のような子音変化をこうむって，古い子音体系をよく残す英語やザクセン語との相違が大きくなることになった：

解　説

(古ザ＝古ザクセン語，英＝英語，独＝独語)

p	1) 語頭音，重音 → pf	(古ザ) plegan (英) play	→ (独) pflegen
	2) 1) 以外 → ff, f	(古ザ) diop (英) deep	→ (独) tief
t	1) 語頭音，重音 → z	(古ザ) tellian (英) tell	→ (独) zählen
	2) 1) 以外 → ss	(古ザ) etan (英) eat	→ (独) essen
k	1) 語頭音，重音 → kch → k	(古ザ) kuman (英) come	→ (独) komen
	2) 1) 以外 → ch	(古ザ) makon (英) make	→ (独) machen
d → t		(古ザ) dag (英) day	→ (独) Tag
th → d		(古ザ) thing (英) thing	→ (独) Ding

　音体系以外では，英語やフリジア語，(古)ザクセン語など「北海ゲルマン語」グループの大きな特徴として，動詞複数の語形に人称の区別がなく，一種類しかないことがあげられる．

　『ヘーリアント』の言語も，このような特徴の古ザクセン語であるが，しかし当時のザクセン民衆が日常使っていたままのザクセン語ではあり得ず，先進フランク語や，英国伝道団の英語（アングロ・サクソン語）のかなり大きな影響を受けた上層知識階級向きの文章語だったと思われる．この問題については数多く論じられてきたが，定説というべきものはまだない．

『ヘーリアント（救世主）』

<『ヘーリアント』の歌章と詩型>
　10世紀後半の写本とされるC写本は，ローマ数字と冒頭の大文字によって全部で71の歌章に分かれていて，ラテン語序文に「彼（＝詩人）はその詩の習慣に応じて作品全部を，私たちならlectio又はsententiaと呼ぶであろうvitteaによって区分けした（Iuxta morem vero illius poëmatis omne opus per vitteas distinxit, quas nos lectiones vel sententias possumus　appellare)」と書かれているのに合致する．このvitteaは古英語fitt, 推定古ザクセン語 *fittia をラテン語化したものであり，古英語fittは「詩の一節；詩，歌」を表した．「習慣に応じて」と明記してあるのだから，この時代のこの種の長詩は「詩節」ないし「歌章」に分けるのが一般的だったのだろう．850年頃とされるM写本はこのような明確な章分けはしていないが，しかしさまざまの大きさの頭文字を使うことによって，元来の章分けは明白である．これらの点から，『ヘーリアント』は最初から歌章に分けられていたと考えられる．古英語の詩は多くfitt構成であるから（たとえば『ベーオウルフ』），『ヘーリアント』もおそらく古英語詩の伝統を引き継いだものであろう．各歌章の行数は一定していないが，平均すると80行余となる．

<詩型>
　古ゲルマン詩の伝統を受け継いで，頭韻と強弱のリズムとによって構成される．頭韻(独Stabreim, 英alliteration)とは現代独語 Land und Leute 「土地と人情」，Kind und Kegel 「一家そろって」，英語 time and tide 「歳月」などにも見られるように，アクセントのある音節に同じ音を反復して用い，ある種の快い響きを感じさせるものである(日本語でも，"神田鍛冶町鍛冶屋のかみさん角の乾物屋で勝ち栗買ったが堅くて嚙めない"…などの早口言葉にしばしば頭韻が見られるほか，たとえば"ひさかたの光のどけき春の日にしず心なく花のちるらん"における「ひ」と「は」の美しい反復のように，詩歌にも巧みに用いられていることがある)．ギリシャ・ラテン系統の言語とは異なって，ほとんど常にアクセントが語頭にある（接頭辞がつく時は

解　説

別であるが）ゲルマン語において，頭韻が発達したのは自然であった．
　子音は同じ子音と押韻するが，母音はどの母音とも韻を踏むことができる．ただし，子音結合の場合，sp, st, sk はそれぞれ独自の音素と見なされ，たとえば sp が st や sk と，また単独の s と押韻することはない．また古ザクセン語においては g と j とは同類とされ，押韻できるのである．
　原則として頭韻は，一行の前半部（前半行：独 Anvers）に 2 個，後半部（後半行：独 Abvers）に 1 個であり，この 2 つの半行（独 Kurzzeile, 英 half-line）で 1 行の頭韻長行（独 Langzeile, 英 long-line）を成す．アクセントのある音節のみが押韻するのは言うまでもない．後半行の頭韻は必ずその最初の強音節にあるので，まずこれを知れば全長行の韻字は簡単にわかることになる．長行には 4 つの強音節があるのが原則で，最後の強音節は韻を踏まないのである．ゲルマン頭韻詩の最古の例として著名な Gallehus の黄金の角笛（400年頃）に刻まれたルーン詩を見てみよう：
　　　　ek　HlewagastiR　Holtijar　horna　táwido
「私，ホルト出の（又はホルトの息子の）フレワガストがこの角笛を作った」．h による頭韻が一目瞭然である．
　『ヘーリアント』においても上記の原則はほぼ守られているが，頭韻の数に関してはややルーズとなり，前半行と後半行に 1 個ずつという例は珍しくない．
　リズムは強音節と弱音節との規則的反復で形成されるが，ハープの伴奏で弾き語られたゲルマン古詩は，朗唱者の自由に任される部分が大きく，だから詩行の音節数には大きなばらつきがある．長々しい Auftakt（最初の強音節の前の弱音節）や，頭韻を踏まない長大な音節（「膨張詩句」Schwellvers）は珍しくなく，古典古代系詩句の整然とした典雅さとは様を異にする．
　興味深いことに，詩行の終りと文章の終りは重ならないことが多い．文章は前半行で完結しているのに，そこに含まれる頭韻は文章の切れ目を越えて後半行の揚音に結びつく．こうしてたたみかけるテンポで朗唱は続き，文章と詩行の切れ目が一致するのは多くの場合，歌章の最終行だけなのである．

『ヘーリアント（救世主）』

こういう「句またがり」（英仏の詩学用語で enjambement）をゲルマン頭韻詩では Hakenstil「鉤型詩行」と称する．

＜文体＞

　口誦文芸に共通する特徴であるが，『ヘーリアント』には固定的装飾形容辞 (epitheton ornans, schmückendes Beiwort) が多用される．日本語における「鬼の弁慶」の如く，特定人物や事物に固定的に用いられる修飾辞のことである．神やキリストに対しては「全能の」(alomahtig)，「全てを支配する」(alowaldand)，「権勢のある」(mahtig, rîki)，「力ある」(kraftag)，「聖なる」(hêlag) などが，マリアには「至福の」(sâlig)，「善良な」(gôd)，「最も美しい」(skôniost) などが繰りかえし用いられる．頭韻の必要と内容上の要請とを調和させて，これらの内のどれかの表現が選ばれることになる．

　次の特徴は同義反復語である．「あまたの人々が…／ユダヤの民の多くが…／あまたの民衆が…」とか，「運命により…／天のはからいにより…／神の御力によって…」の如く，ある内容が別の表現をとって何度も反復される．第２，第３の表現は内容上は新情報を含んでおらず，繰りかえされねばならぬ必要性はない．この技法は「変叙法」(Variation, Abwandelung) と呼ばれるもので，口誦文芸，とりわけ頭韻詩に多く見られるのではあるが，『ヘーリアント』の場合は，古ノルド語や古英語の頭韻詩と比較してはるかにその頻度が高い．しかも数行を隔てて，聴衆がその第１表現をほとんど忘れてしまったほどの所に突如，あたかも駄目押しの如く，第２，第３の同義語が登場することが稀でなく，これは『ヘーリアント』最大の特徴と言ってよい．F. Genzmer はこれを「説教口調」(Predigtton) と呼んでいる．

　この同義反復には多くの同義語が用いられるのは当然だが（たとえば「人，人間」を表す単語は実に豊富である），それにまして多いのは合成語である．もちろん何よりも，頭韻を重ねて詩行を作っていくという至上命令に従って頭韻合成語は生み出されるのだが，しかし個々の合成要素にも固有の意味とニュアンスは厳然として存在するのであり，そこかしこに紡ぎ出される合成

　　　　　　　　　解　説

語への聴衆の反応はさまざまだったに違いない．いかにも苦しまぎれに作り出したような，ただ頭韻のためだけの造語らしきものも皆無ではない．本書の註釈においては，できるだけこのような点についても言及したつもりである．

　＜写本＞　（本書の性質上，写本についてはごく簡単に紹介するにとどめる．
　　　　　　関心のある読者は参考文献表によって，より詳細な専門的文献に
　　　　　　ついていただきたい．）
　『ヘーリアント』の写本は，M写本と称せられるミュンヒェンのバイエルン州立図書館蔵のものと，C写本と称せられるロンドンの大英図書館蔵のものと2点あり，その他にそれぞれV, P, S, と略称される断片が3点ある．このうち4点は9世紀中頃か後半に書写されたと考えられ，『ヘーリアント』が成立当時はかなり注目されたことが推測される．M写本は850年頃の書写と思われ，欠損が多いにもかかわらず本文は最善である．（本書のテキストはATB, Nr. 4, によるが，同書もM写本を底本としている）．量的には最も完全なC写本は10世紀後半に英国南部においてアングロ・サクソン人の手で書写されたと推定され，本文の質はM写本に劣るものの欠損は少なく，M写本を補完するものである．
　これらの写本の系統はほぼ以下の図のように推定されている．

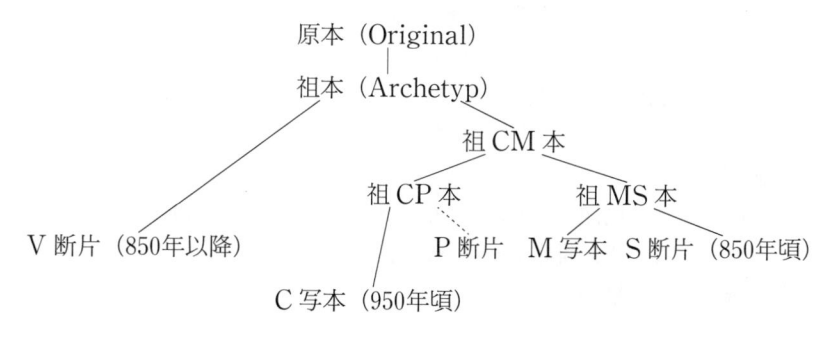

```
                        原本 (Original)
                             |
                        祖本 (Archetyp)
                             |
                         祖CM本
                     ／          ＼
                祖CP本            祖MS本
  ／            ／    ＼          ／    ＼
V断片 (850年以降)  P断片  M写本  S断片 (850年頃)
          C写本 (950年頃)
```

— 11 —

凡　例

略語

adj.	形容詞
adv.	副詞
ahd.	古高独語
anom. v.	不規則動詞
e.g.	例えば
interj.	間投詞
konj.	接続詞
num.	数詞
pl.	複数
präp.	前置詞
pron.	代名詞
stf.	強変化女性名詞
stm.	強変化男性名詞
stn.	強変化中性名詞
stv.	強変化動詞
swf.	弱変化女性名詞
swm.	弱変化男性名詞
swn.	弱変化中性名詞
swv.	弱変化動詞
v. prät. präs.	過去現在動詞

記号

♣	同語源だが現在の意味は変化しているもの
＊	1）推定語形　2）註
★	補註

第 1 歌 章

    Manega uuâron,   the sia iro môd gespôn
    ....,   that sia bigunnun uuord godes,
    reckean that girûni,   that thie rîceo Crist
    undar mancunnea   mâriđa gifrumida
5 mid uuordun endi mid uuercun. That uuolda thô uuîsara filo
    liudo barno loƀon,   lêra Cristes,
    hêlag uuord godas,   endi mid iro handon scrîban
    berehtlîco an buok,   huô sia scoldin is gibodscipi
    frummian, firiho barn. Than uuârun thoh sia fiori te thiu
10 under thera menigo,   thia habdon maht godes,
    helpa fan himila,   hêlagna gêst,
    craft fan Criste, — sia uurđun gicorana te thio,
    that sie than êuangelium   ênan scoldun
    an buok scrîban   endi sô manag gibod godes,
15 hêlag himilisc uuord: sia ne muosta heliđo than mêr,
    firiho barno frummian,   neƀan that sia fiori te thio
    thuru craft godas   gecorana uurđun,
    Matheus endi Marcus,   — sô uuârun thia man hêtana —
    Lucas endi Iohannes;   sia uuârun gode lieƀa,
20 uuirđiga ti them giuuirkie.   Habda im uualdand god,
    them heliđon an iro hertan   hêlagna gêst
    fasto bifolhan   endi ferahtan hugi,
    sô manag uuîslîk uuord   endi giuuit mikil,
    that sea scoldin ahebbean   hêlagaro stemnun

『ヘーリアント（救世主）』

25　godspell that guoda,　　　that ni habit ênigan gigadon
　　　　　　　　　　　　　　　　　　　　　　　　⌊huergin,
　　thiu uuord an thesaro uueroldi,　　that io uualdand mêr,
　　drohtin diurie　　eftho derbi thing,
　　firinuuerc fellie　　eftho fîundo nîd,
　　strîd uuiderstande —,　　huand hie habda starkan hugi,
30　mildean endi guodan,　　thie thes mêster uuas,
　　adalordfrumo　　alomahtig.
　　That scoldun sea fiori thuo　　fingron scrîban,
　　settian endi singan　　endi seggean forđ,
　　that sea fan Cristes　　crafte them mikilon
35　gisâhun endi gihôrdun,　　thes hie selbo gisprac,
　　giuuîsda endi giuuarahta,　　uundarlîcas filo,
　　sô manag mid mannon　　mahtig drohtin,
　　all so hie it fan them anginne　　thuru is ênes craht,
　　uualdand gisprak,　　thuo hie êrist thesa uuerold giscuop
40　endi thuo all bifieng　　mid ênu uuordo,
　　himil endi erđa　　endi al that sea bihlidan êgun
　　giuuarahtes endi giuuahsanes:　　that uuarđ thuo all mid
　　　　　　　　　　　　　　　　　　　　　　　⌊uuordon godas
　　fasto bifangan,　　endi gifrumid after thiu,
　　huilic than liudscepi　　landes scoldi
45　uuîdost giuualdan,　　eftho huar thiu uueroldaldar
　　endon scoldin.　　Ên uuas iro thuo noh than
　　firio barnun biforan,　　endi thiu fîbi uuârun agangan:
　　scolda thuo that sehsta　　sâliglîco
　　cuman thuru craft godes　　endi Cristas giburd,
50　hêlandero bestan,　　hêlagas gêstes,

第 1 歌章

    an thesan middilgard   managon te helpun,
    firio barnon ti frumon   uuiđ fiundo nîđ,
    uuiđ dernero duualm.   Than habda thuo drohtin god
    Rômano liudeon farliuuan   rîkeo mêsta,
55 habda them heriscipie   herta gisterkid,
    that sia habdon bithuungana   thiedo gihuilica,
    habdun fan Rûmuburg   rîki giuunnan
    helmgitrôsteon,   sâton iro heritogon
    an lando gihuem,   habdun liudeo giuuald,
60 allon elitheodon.   Erodes uuas
    an Hierusalem   ober that Iudeono folc
    gicoran te kuninge,   sô ina thie kêser tharod,
    fon Rûmuburg   rîki thiodan
    satta undar that gisîđi.   Hie ni uuas thoh mid sibbeon
    ⌊bilang
65 abaron Israheles,   eđiligiburdi,
    cuman fon iro cnuosle,   neban that hie thuru thes kêsures thanc
    fan Rûmuburg   rîki habda,
    that im uuârun sô gihôriga   hildiscalcos,
    abaron Israheles   elleanruoba:
70 suîđo unuuanda uuini,   than lang hie giuuald êhta,
    Erodes thes rîkeas   endi râbdurdeon held
    Iudeo liudi.   Than uuas thar ên gigamalod mann,
    that uuas fruod gomo,   habda ferehtan hugi,
    uuas fan them liudeon   Levias cunnes,
75 Iacobas suneas,   guodero thiedo:
    Zacharias uuas hie hêtan.   That uuas sô sâlig man,
    huand hie simblon gerno   gode theonoda,

『ヘーリアント（救世主）』

```
      uuarahta after is uuilleon;    deda is uuîf sô self
      — uuas iru gialdrod idis:    ni muosta im erbiuuard
 80   an iro iuguđhêdi    gibiđig uuerđan —
      libdun im farûter laster,    uuaruhtun lof goda,
      uuârun sô gihôriga    hebancuninge,
      diuridon ûsan drohtin:    ni uueldum derƀeas uuiht
      under mancunnie,    mênes gifrummean,
 85   ne saca ne sundea.    Uuas im thoh an sorgun hugi,
      that sie erbiuuard    êgan ni môstun,
      ac uuârun im barno lôs.    Than scolda he gibod godes
      thar an Hierusalem,    sô oft sô is gigengi gistôd,
      that ina torhtlîco    tîdi gimanodun,
 90   sô scolda he at them uuîha    uualdandes geld
      hêlag bihuuerƀan,    hebancuninges,
      godes iungarskepi:    gern uuas he suîđo,
      that he it thurh ferhtan higi    frummean môsti.
```

[写本] 1－84行まではC写本にのみ伝わる．

[福音書との対応] 1－37行は「ルカ」1章1－2節（すなわち序文）を，37－43行は「ヨハネ」1章1－3節，45－53行は「ヨハネ」2章6節についてのAlkuinの註解，53－60行は「ルカ」2章1節についてのHrabanusの註解，61－76行は「ルカ」1章5節，76－79行は同6節，79－81行は同7節，81－85行は再び同6節，87－96行は同8節をそれぞれ骨子とし，それにBeda, Alkuin, Hrabanusの註解を適当にパラフレーズしている．

[Tatianとの対応] TatianのPrologus, 1章, 2章の3節まで．

第 1 歌章

【註 解】

1）**Manega**：*adj.* manag「多く」の複数主格形．ここでは代名詞「多くの人々」と考えてよい．ゴート語 manags，英語 many，独語 manch．現代独語 manch は「かなりの数の」を意味し，「多くの」を意味しないが，これは比較的新しく定着したもので，古くは「多くの」を意味した．同系語 Menge「大量」はこの古義を保っている． **uuâron**：<wesan（独 waren，英 were）． **the sia**：the は無変化の関係代名詞．sia は人称代名詞複数対格で，無変化の the の性・数・格を補足的に明確にする機能をもつ．すなわち the は manega を先行詞とする関係代名詞複数対格である． **iro**：3人称複数の所有代名詞は存在せず，人称代名詞複数属格の iro, ira, iru を代用する．そしてこの iro 等は無変化である． **môd**：*stm.*「勇気，気持ち，心」（独 Mut，英 mood）の単数主格．ゴート語 mōþs は「怒り」の意味が濃く，したがって môd も「意気，勇気」の如き「強い気持ち」が原義であろう．独語 Mut はこの原義をよく保ち，英語 mood はかなり原義からそれてしまっている． **gespôn**：*stv.* (VI) (gi)-spanan「励ます，そそのかす」の過去3人称単数．独語 spannen「張りつめる」と同系で，元来は弓の弦に関する用語だったかもしれない．

★古ザクセン語では（古高独語や古英語でも同じであるが）動詞に前綴り gi-, ge- を，特に意味の違いなしに，ほとんど恣意的につけることが多い．辞書によってこの gi- の扱いが異なるので，念のため，gi- のついた形とつかない形の双方を調べる方がよい．

2）**that**：*konj.* ＝独語(so) daß，英語(so) that． **bigunnun**：*stv.* (III) biginnan「始める」（独 beginnen，英 to begin）の過去3人称複数．冗語的な用法で「…し始める」という意味はあまり強くない． **uuord**：*stn.*「言葉」（独 Wort，英 word）の単数（複数？）対格．共通ゲルマン語彙のひとつ．おそらくラテン語 verbum「言葉」と同根． **godes**：*stm.* god「神」（英 god，独 Gott）の単数属格．ゲルマン祖語では中性であったが，ゲルマン族のキリスト教改宗以来，ラテン語 deus や

dominusの影響下に男性となった．語源未詳だが「呪文で呼びかけられる者」という説が有力とされる（より詳しくは第7行godasの項に）．

　3）**reckean**：*swv.*「物語る，説く」の不定形．原義は「まっすぐ伸ばす」（独recken）で，そこから「正しく説き広める，導く，判断する，支配する」等の意味が生じた．ラテン語regere「支配する」，rēx「王」，独語recht，英語rightなども同根．単に「物語る」のではなく，「正しい事を正しく広める」含意がある．　**girûni**：*stn.* gi-rûni「神秘，秘密」の単数対格．ゴート語rūnaをはじめとして共通ゲルマン語彙のひとつ．「ひそひそ語る」という意味の擬音が出発点になっているらしく，「もの音，うわさ話」や，独語raunen「ひそひそ話をする」も同系．gi-rûniはこのrūnaに集合，集約，抽象化などの機能を持つ接頭辞gi-（ラテン語co-, con-に対応，独ge-）がついたもので，「秘密，神秘」そのものを表し，古高独語，古英語，古ザクセン語ともに，ほぼラテン語mysteriumの翻訳語として定着していた．古ゲルマンの神秘的文字「ルーネ文字，ルーン文字」（独Runen，英runes）の名称も古ノルド語rún「秘密」から来ているが，しかしこのRunen等の名称自身は17世紀以降にゲルマン古代学の発展にともなって新しく作られた学術用語である．『ヘーリアント』作者がここで北方ゲルマンのルーネ碑文のことを意識していたという説もある（Murphy, note 2）．　**that**：*konj.*　**thie**：定冠詞，男性単数主格．　**rîceo**：*adj.* rîki「権勢ある」（⌘独reich，英rich）の弱変化男性単数主格．定冠詞類に先んじられた形容詞は弱変化となる．　**Crist**：「キリスト」．これは本当は固有名詞ではなく，「（メシアとしての印に）油塗られたる者」の意味のヘブライ語のギリシャ語翻訳語であるが，早くからイエスの別名と信じられた．イエス自身は自分をキリストとは呼んでいないが，すでにパウロすらキリストを固有名詞のように扱っており，福音書においても「イエス」より「キリスト」の方が圧倒的に多い．

　4）**undar**：*präp.*（英under，独unter）「下」の他に「…の中」の意味があるのは独語unterと同じ．元来この語は「下」(e.g.ラテン語

第 1 歌章

īnfer）と「中」(e.g. ラテン語 inter) という2個の別の単語が融合したものである．場所を示す時は与格，方向を示す時は対格を支配するのもラテン語や独語と同じ．**mancunnea**：*stn.* man-kunni「人類」(英 mankind) の単数与格．kunni「種族；出生」は英語 kin, kind, 独語 Kind, ラテン語 genus などと同根．**mâriđa**：*stf.*「①告知，②偉大なわざ，奇跡」の単数対格．*adj.* mâri「輝かしい；著名な」や *swv.* mârian「告知する；賞賛する」の関連語で，独語 Märchen の Mär-（原義は「知らせ，話」）とも同根．**gifrumida**：*swv.* (gi)frummian「成就する，やってのける」の過去3人称単数．原義は「前進させる」で，印欧祖語 *promo「最も前の」から．ラテン語 prīmus などと同根．

　5) **mid**：*präp.*「と共に，…で」(独 mit)．与格および具格支配．印欧祖語 *meta「まん中の」からと思われる．共通ゲルマン語だが，古英語 mid は中英語期に with (独 wider) に吸収されてしまった．**uuordun**：2行目に既出の *stn.* wort「言葉」の複数与格．**endi**：*konj.*「そして」(英 and, 独 und)．**uuercun**：*stn.* werk「働き，行為」(独 Werk, 英 work) の複数与格．共通ゲルマン語．ギリシャ語 érgon と同根．**uuolda**：話法助動詞 willie[a]n (独 wollen, 英 will) の過去3人称単数．**thô**：*adv.*「すると，そこで」(独 da)．**uuîsara**：*adj.* wîs「賢い」(英 wise, 独 weise) の複数属格．名詞的用法で「賢者たちの」．次の代名詞 filo にかかる．wîs は動詞 witan「知っている」(独 wissen) と同系の共通ゲルマン語．印欧祖語の原義は「見てしまっている」で，ラテン語 vidēre と同根．**filo[u]**：(中性)不定代名詞「多数」(独 viel) の単数主格．共通ゲルマン語で，ラテン語 plūs とも同根．

　6) **liudo**：*stm.* (*pl.*) liudi「人々」(独 Leute) の複数属格．次の barno にかかる．この語の印欧祖語の原義は「成長する」だったらしく，「ある土地で生れ育った一人前の自由民」の意味を経て「民衆，人々」となった．ラテン語 līber, līberālis「自由な」なども同根．**barno**：*stn.* barn「子供，息子；人間」の複数属格．動詞 beran「生む」(独 gebä-

ren，英 to bear）の派生語で「生み出された者」の意．この語は先行の liudi と結び，liudibarn「人の子」として用いられている．これは聖書の filius hominis の直訳借用語であり，聖書では単数ならばイエス・キリストを，複数なら一般的に「人々」を表わすが，『ヘーリアント』では複数の形しか登場しない．この属格形 liudo barno は前行の wîsara と同格で，やはり filo にかかる：「賢者の多くが，人の子の多くが」．**lobon**：*swv*．「賛美する」（独 loben）の不定形．印欧祖語の原義は「好ましく思う」で，独語 lieben や英語 to love なども同源．**lêra**：*st.*/*swf.*「教え」（独 Lehre）の単数［複数］対格．

7) **hêlag**：*adj*．「聖なる」（独 helig，英 holy）の中性単数対格．印欧祖語 *kailo-，kailu-「健全な，全くの；良き徴候の」以来の極めて古い語で，独語 Heil，heil，heilen，Heiland（= hêliand）や英語 whole，to heal，hail，hale など多くの同族語が存在する．とりわけ古英語圏で愛好されたらしく，ラテン語 sanctus や sacer の訳語として頻用され，大陸ゲルマンには主に英国布教団によって広められた．その結果，宗教的聖性を表すより古い単語 wîh は追いやられ，現代独語では Weih-nachten「聖夜，クリスマス」や Weih-rauch「抹香」，weihen「聖別する」などに残るのみ．**godas**：*stm*．「神」（英 god，独 Gott）の単数対格．全ゲルマン共通語であるが，その本来の意味は未詳．そのゲルマン祖形 *gudam は中性の分詞と考えられ（ゴート語 guþ も男性名詞ではあるが，しかし男性の語尾を備えていない），①「呼びかけられるべき存在」，②「供物を捧げられるべき存在」，③「青銅で鋳られたもの」などの諸説がある．多神教の古ゲルマン人にとって，全く新しい概念である一神教の男性神は容易に理解できるものではなく，まずさしあたって神々の更に背後にある存在「それ」を示す神秘的な単語をもって表そうとしたのだろう．（周知のように，ゲルマンの神々は人間に近く，人間同様に生老病死の運命を免れない．）しかしゲルマン人が文字を使用し始めた時代には既に，ラテン語 deus の強力な影響の下に，god はすべてのゲルマン語で男性と理解されるようになっていた．どの言

第 1 歌 章

語においても全く新規の文物を取り入れる場合は，その名称をも外来語として採用するのが一般的であるが（たとえば Wein, Kaiser, Amt などのように), deus についてはそうならなかった．deus は新概念ではあっても，神々をも越える古来の神秘的な「それ」をもって十分に翻訳できると判断したからであろう．　**handon**：*stf.* hand「手」（英 hand, 独 Hand）の複数与格．　**scrîban**：*stv.* (I) skrîban「書く」（独 schreiben）の不定形．ラテン語 scrībere「（鉄筆で蠟板 tabula をひっかいて）文字を書く」を取り入れた外来語．非常に古くゲルマン語に採用されたため，あたかも本来のゲルマン動詞であるかのように強変化となっている．古英語では scrībere の「文書を作成する；（文書で）指令する；罰する」という派生的意味が主流となり（たとえば to　shrive「ざんげを聴聞する」），「書く」には to write（独 reißen, ritzen「裂く，ひっかく」）という，元来はルーネ文字を刻みつける時の古い用語を用い続けることになった．『ヘーリアント』にも (gi)wrîtan は少数ながら残っている．

　8) **berehtlîco**：*adv.*「輝かしくも，明瞭に」．*adj.* ber(e)htlîk に語尾-o をつけて *adv.* にしたもの．berht（英 bright）は共通ゲルマン語．独語 brechen や英語 to　break と同根で，音や光などが「パッと出る」のが原義と思われる．Murphy は，作者は 8－9 世紀頃作られた，金銀や宝石をちりばめた豪勢な装飾福音書写本を念頭においていると推測している（Murphy, note 3）．　**an**：*präp.* 時間・場所の接近を示す．独語 an と同じく静止状態には与格，接近の方向を表すには対格を支配する．ここでは後者．　**buok**：*stf./n.* bôk「書物；筆記板」（独 Buch, 英 book）の複数対格．naht や burg と同じく単数主・対格と複数主・対格が同形の特殊変化をする．単数の場合は木や金属の板に蠟を塗った「筆記板」（ラテン名 tabula）のことであり，多く「ブナ」（独 Buche, 英 beech）の板を用いたところからこの名称となったと考えられている．更に，文字を書いたブナの木片を木簡のように束ねて用いたところから，特に複数形で「ノート，書物」を指し，後には羊皮紙の冊子や書籍，ひいては「聖書」をも意味するよ

『ヘーリアント（救世主）』

うになった．『ヘーリアント』では「書物，聖書」は常に複数であり，単数は常に「筆記板」である．bôk を「ブナ」と解釈することには近年異論も出ており，決定的な見解にはまだ達していない．「ブナ」と関連するとしても，ブナの板，靱皮，小枝などさまざまの説がある．ゴート語 bōka の場合，単数は「文字」，複数は「文章，手紙，書物」を表し，もともとは占いに用いられたブナの小枝が文字の機能を得るに至ったという，Tacitus の"Germania"に端を発する説の有力な証拠と思われる．だが近年，ロシアのノブゴロドやスウェーデンなどで白樺の樹皮文書がたくさん発見され（筆記板状のものも含まれる），ラテン語の liber「書物，手紙」（仏 livre）が同時に「樹皮，靱皮」（♣独 Laub，英 leaf）であることの実地の証人として注目されている．これによると bôk についてもブナの樹皮説が有力になるようである．『ヘーリアント』の時代にはもちろん書物は羊皮紙に書かれるのが一般的になって久しい頃であったが，高価な羊皮紙を日常の通信にたやすく使うわけにはいかず，「蠟を塗った筆記板」，「ブナの靱皮を利用した書簡などの文書」，「高級な目的用の羊皮紙の書類や書籍」のほぼ三種類をひっくるめて bôk と言っていたのではあるまいか． **huô**：*adv*. （英 how，独 wie）． **scoldin**：助動詞 skulan「…すべきである，はずである」（独 sollen，英 shall）の接続法過去複数． **is**：人称代名詞 hē（英 he，独 er）の属格．所有代名詞として機能している． **gibodscip**：*stn*. gi-bod-skepi「命令，掟」（独 Gebot, Bot-schaft）の単数対格．gi-bod は *stv*. biodan の派生名詞で，独語 bieten, Bote, 英語 to bid などと同根．後半の -skepi（独 -schaft，英 -ship）は，印欧祖語 *skĕp「削る，切って細工する」に由来し，そこから「形作られたもの，造形された状態」を経て，現在の英・独語のような抽象名詞の接尾辞になったもの．したがって独語 schaffen, schaben, Schiff, 英語 to shape, to scrape, ship など広範囲の語彙と同根ということになる．高地独語のみが女性接尾辞で，古英語，古ザクセン語では中性か男性である．

9) **frummian**：4 行の gifrumida を参照． **firiho**：*stm*.（*pl*）firi-

第 1 歌 章

hos「人間」の複数属格．次の barn（複数主格）と結び，6 行の liudibarn と同義．押韻の必要からここでは firiho を用いているわけである．firihos の語源は明らかではないが，ゴート語 faírhvus「世界」や，「生命，魂」の意の古高独・古ザクセン語 ferah, ferh, 古英語 feorh などと同根と思われる．**Than**：*adv./konj.*「すると，ところで」（英 then，独 dann）．**thoh**：*adv.*「しかし，ところが」（英 al-though，独 doch）．**fiori**：数詞 fiuwar／fiwar／fior「4」（独 vier，英 four）の名詞的に用いられた複数主格形．4 から12までの数詞は名詞としては主格 -i, 属格 -io, 与格 -iun, 対格 -i という語尾をもつ．**te**：*präp.*「…へ，のために」（独 zu，英 to）．与格か具格支配．**thiu**：指示代名詞中性単数 that の具格形．具格（Instrumental）は道具，手段，随伴，などを示す古い格だが，古ザクセン語では少数の名詞と代名詞単数などに名残をとどめているだけで，大部分は与格に吸収されている．te thiu は「この（目的の）ために」（独 dazu）．

10) **menigo**：*f.* menigi「多数，多量」（独 Menge）の単数与格．第 1 行の manag の名詞形．与格は menigi が普通で，menigo という形はこの 1 例のみ．**thia**：関係代名詞的機能の指示代名詞複数主格．**habdon**：*swv.* hebbian（独 haben，英 to have）の過去複数．**maht**：*stf.*「力，権力」（独 Macht，英 might）の単数対格．独語 mögen，英語 may の関連語であることは言うまでもない．

11) **helpa**：*stf.*「助け」（英 help，独 Hilfe）の単数対格．**fan**：*präp.*（与格か具格支配）「…の，からの」（独 von）．大陸ゲルマン語にしか存在しないこの語の語源は未詳．**himila**：*stm.* himil「天」（独 Himmel，英♣ heaven）の単数与格．おそらく「大地をおおうもの」が原義で，独語 Hemd「シャツ」などと同根．より古い形はゴート語 himins に見られる -mn- 語尾のもので，これが更に -bn- を経て英語 heaven に至っている．『ヘーリアント』には -bn- 系統の heban も登場するが，himil より少ない．ただし合成語の heban-kuning「天帝」は himil-kuning よりはるかに多く，古英語 heofon-cyning の影響と思われる．**hêlagna**：*adj.*

hêlag の男性単数対格形．hêlag, sâlig の如き長音語幹+短音語尾の *adj.* は，男性単数対格では -na/-ne という語尾をとる． **gêst**：*stm.*「霊, 霊魂」（独 Geist, 英 ghost）の単数対格．西ゲルマン語共通で，原義は「興奮，陶酔」．ここから主に古英語の圏内で「霊魂」，更には「幽霊」などの意味が生じた．陶酔と憑依妄想，霊の肉体的分離妄想などは一連の近似現象だからである．そして上記の hêlag と結合した gêst は（古英語 sē hālga gāst, 古高独語 ther heilago geist），キリスト教の重要概念「聖霊」（ギリシャ語 hágion pneûma, ラテン語 spiritus sanctus）の翻訳語として，アングロ・サクソン系布教団によって早い時期に大陸中・北部のゲルマン族の間に普及した．これに対しゴート族布教団の影響が強かった南独一帯では，pneûma, spiritus の「息」という原義をよく保った ther wîho ātum（独 Atem）が用いられたが，やがて中・北部の geist／gêst の前に敗退したのである．

12) **craft**：*stf./m.*「権力」（独 Kraft）の単数対格．古英語 cræft も同義だったが，現代英語 craft は意味が極めて局限されてしまっている．**Criste**：与格．子音で終わる固有名詞は強変化が原則． **uurdun**：*stv.* (III) werđan「…になる」（独 werden）の過去複数．動作受動の助動詞として，ほぼ現代独語と同じように用いられるが，「なる」という本動詞の意味が多少は残っている． **gicorana**：*stv.* (II) (gi)kiosan「選び出す」（英 to choose, 独 ［雅］kiesen）の過去分詞 gicoran に *adj.* 複数主格語尾 -a がついたもの．つまり過去分詞はまだ *adj.* と感じられ，「選ばれた者となった」というニュアンスが濃い．この *adj.* 語尾が完全に消失した時，受動や完了という態や時制の文法形式が確立したことになるわけだが，古英語，古高独語，古ザクセン語などはまだそこまで至っていない． **te thio**：thio は thiu の別形（9 行 te thiu の註を参照）．ただしここの thio は次行の *konj.* that 以下を先取りしている指示代名詞：「(that...) という目的のために」．

13) **than**：定冠詞，男性単数対格の縮約形．一般的には thena,

第 １ 歌 章

thana, thene など. **êuangelium**：*stm*.「福音(書)」の単数対格.「良き知らせ」の意のギリシャ語 euaggélion, ラテン語 evangelium を取り入れた外来語. 既にゴート語聖書にも見られる古い借用語である.『ヘーリアント』にはこれの翻訳借用語として god-spell が１例, wil-spell が数例見られる. 中性であるべきだが, ゴート語では中性形と女性形が併立し, 古ザクセン語, 古高独語では男性となっている（中高独語で中性に変わる）. ギリシャ語の出発点にある ángelos「使者」が男性ないし女性であることが意識されたのだろうか？ **ênan**：数詞 ên を *adj*. として用いたもの. 弱変化複数主格で, 前の sie の同格説明：「ただ彼らのみが」. ên を弱変化 *adj*. として用いると「ただ…だけ」の意（独 *ein*-zig, all-*ein*, 英 al-*one*, *on*-ly などを参照）. **scoldun**：skulan の過去複数.

14) **gibod**：*stn*.「命令, 掟」（独 Gebot）の単数ないし複数対格. gibodscip として第 8 行に既出.

15) **himilisc**：*adj*.「天国の」（独 himmlisch）の中性単数対格.（11行 himil の註を参照）. **sia**：中性複数対格. êuangelium や gibod, uuord を指す. siu という形の方が普通だが, sia や sie も散見する. **ne**：否定の *adv*. 独語 nicht や英語 not はこの否定辞に「もの」の意の -wi(c)ht がついた合成語. **muosta**：話法助動詞 môtan（独 müssen, 英 must）の過去３人称単数. müssen や must より意味範囲は広く,「許されている, できる」が第１義で,「…ねばならない」は第２義. 原義は「計量して分与する」で, 独語 messen や Maß と同根. つまり, 神や天の配剤によって, ある能力が与えられている状態のこと. **helido**：*stm*.「勇者,（一人前の）男」（独 Held）の複数属格で次の mêr と結ぶ. 古ザクセン語の他は古英語, 古ノルド語にしか多用されないこの語の起源は明らかではないが, あるいは独語 halten, 英語 to hold と同系で,「家畜を狼や盗人から守る者, 力強い羊飼い」が原義だったかと推測される. またギリシャ語 kalós「美しい, 強い」と同根という説もある. 古高独語では稀で (Hildebrandslied), 中高独語から頻出するようになる. **than**：*adv*.「それよりも」.

『ヘーリアント（救世主）』

比較されるものを心理的に先取りして冗語的に用いられており、比較級とともに用いられる英語 than や独語 als の前段階の用法と思われる．：「勇者たちのうちで（それより=than）より多くの者たちが…してはならなかった」．一応「比較の than」と言ってよいが，実は9行の時間的 than と本質的な違いはない．というのも，比較の用法は「A の方がより…であり，それから（than）B が来る」や，「B が…である時（than），A の方がより…である」のように時間的概念から生まれたと考えられるから．ともあれこのような箇所の than は漠然とした比較の気分を表現しているだけで，きちんとした訳語をつけることは難しい．『ヘーリアント』では否定文中に than mêr という形でよく現れる．　**mêr**：第5行に既出の *adj.* または不定代名詞 filo の比較級（独 mehr，英 more）．中性単数主格．「勇者たちの（…以外の）より多くの者たちが」．

16) **firiho barno**：「人々の子らの」．ともに複数属格で前行 heliđo の言い換え（Variation）．やはり mêr と結ぶ．　**neban**：*konj.* 「もし…でなければ，…を除いては，…以外には」．以前は neuan であったが ATB 第10版でこの形に改められた．neuan なら古高独語，中高独語に頻出する niwan の系列だが，neban ならば『ヘーリアント』の後半に多く見られる neba(<ni iba[英 if, 独 ob])の関連語となる．　**te thio**：12行の註を参照．

17) **thuru**：=thurh，*präp.*（対格支配）「…を通じて，によって；のために」（独 durch，英 through）．ラテン語 trāns などと同根．

18) **Matheus**：ゲルマン語の習慣に従って第1音節にアクセントが置かれている．この箇所以外では Mattheus．なお，この4人の福音書記者の名は福音書の順番のままである．　**man**：*stm.* 「人間，男」（英 man，独 Mann）の複数主格．man は特殊な変化で，単数主格，対格，複数主格，対格が同形．　**hêtana**：*stv.*（Ⅶ-1）　hêtan「…と称する；命ずる」（独 heißen）の過去分詞 hêtan に *adj.* 複数主格語尾 -a がついたもの．(12行 gicorana の註を参照)．hêtan は自動詞にも他動詞にもなりうるが，ここ

第　1　歌　章

では後者で wesan と 結んでいわゆる状態受動を示す．過去分詞の接頭辞 gi-がつかないのは，hêtan が kuman や werđan などと同じく元来は完了相動詞であるため，完了相化の機能をもつ gi-をつける必要がないから．

　19) **gode**：god の単数与格．**lieba**：*adj*．liof「…にとって好ましい」(独 lieb) の複数主格形．f は語中で母音にはさまれると ƀ[v] に変わる．

　20) **uuirdiga**：*adj*．wirđig「…に(te)ふさわしい，価値のある」(独 würdig，英 worthy) の複数主格形．**giuuirkie**：*stn*．gi-wirki「仕事，働き」(独 Werk，英 work) の単数与格．「仕事」とは神の福音を書物としてまとめ，世に広める作業のこと．**Hebda**：<hebbian．時の助動詞．22行の過去分詞 bifolhan と結んで過去完了を示す．主語は次の god．**im**：人称代名詞3人称複数与格．次行の them helidon の同格語．**uualdand**：*stm*．「支配者」の単数主格．次の god と併立し「支配者である神」の意．uualdandgod という複合語とも考えられる．*stv*．waldan「統治する」(独 walten) の現在分詞の古形で，hêliand「救い手」や，wîgand「戦う者」，fîund「敵」，friund「味方」などと同じく，既に名詞と感じられている．もしまだ現在分詞と感じられているなら，-andi という語尾を取って waldandi となるはずである．この waldand は god や Christ とともに頻用され，ゲルマン的主君の戦士的特性を表現したものとも考えられるが，単にキリスト教ラテン語の Domine　Deus！「主君たる神よ」や Dominus omnipotens「万能の神」の翻訳と考えるのが妥当であろう．

　21) **hertan**：*swn*．herta「心，心臓」(英 heart，独 Herz) の複数対格，又は与格．

　22) **fasto**：*adv*．「堅く，しっかりと」．*adj*．fast (英 fast，独 fest) に副詞語尾 -o が付いてできたもの．**bifolhan**：*stv*．(III-2) bi-felhan「手渡す，委託する」の過去分詞．基部の felhan は「覆い隠す，ひそかに託す」が原義で，独 Fell「毛皮」とも同根．だからこの箇所も単に神が聖霊などを彼らに与えていた，と解釈するだけでは少々物足りず，「ひそかに委ね託していた」というくらいの含意を感じるべきだろう．この「委託」が「命

『ヘーリアント（救世主）』

令」に転じて現代独 be-fehlen「命令する」が生じた．**ferahtan**：adj. fer(a)ht「賢明な；敬虔な」の男性単数対格．9行の firiho「人間」，また「生命，魂」の意の ferah などの関連語．したがって「人間らしい，生命力のある」などが原義であったと思われるが，次第に「世間的知識に富む，賢い；老成した；敬虔な」など多方面に用いられるようになったのだろう．この箇所のように hugi「思い」と結ぶことが多い．**hugi**：stm．「思い，考え」の単数対格．swv. hugian「考える」とともに，ゴート語をはじめとする各ゲルマン語に多用された基本単語であるが，語源は明らかでない．denken や meinen 系統の語は現在まで続いているのに，この語は中世初期までで，中世盛期にはほとんど見られない．だから『ヘーリアント』の時代にも既に雅語となっていたことが想像される．北欧神話（Grímmnismál や Snorri Edda）には主神 Odin の肩にとまり，毎日全世界の情報をもたらす2羽の鳥が登場するが，その1羽は Huginn「思う者」，もう1羽は Muninn「思い出す者」（<muna「思い出す」．独語 meinen や英語 to mean の関連語）と名付けられている．ただし『ヘーリアント』の作者や聴衆がこの語で Odin の鳥まで連想したとは考え難い．

23) **sô manag**：この sô は次行の接続詞 that と呼応する．**uuîslîk**：adj.「賢明な」の中性複数対格（独 weislich；語源は5行の注を参照）．「英知，知恵」は中世初期のゲルマン人にとってキリスト教文化のキーワードのひとつであり，wîs やその名詞 gi-wit は『ヘーリアント』でも頻出する．もちろん頭韻の必要性から多用されていることも否めないが．**giuuit**：stn．「理性，分別，知恵」の単数対格．stv. witan（独 wissen）の派生語で，内容上は独語 Weisheit や英語 wis-dom に対応し，形式上は独語 Witz「頓知」，英語 wit「ウィット，知恵」に対応する．**mikil**：adj.「大きな」の中性単数対格．ギリシャ語 mégas やラテン語 māgnus と同根のこの共通ゲルマン語は，英語では much として残っているが，ドイツ語では中高独語 michel までで，新高独語においては西ゲルマン語新興の groß（英 great）に駆逐され，現在は使われていない．

第　1　歌　章

24) **scoldin**：接続法過去．**ahebbean**：*stv*. (VI) a-hebbian「揚げる」（英 to heave, 独 an-heben）の不定形．ただしこの場合は「とりかかる，始める」の意で，ラテン語 in-cipiō「始める」をなぞった新造語かもしれない（incipiō の元にある capiō は hebbian と語源的に対応する）．目的語は次行の godspell．**hêlagaro stemnun**：「聖なる声をもって」．hêlagaro は女性単数与格形．stemnun は *st./swf*. stemna「声」（独 Stimme）の単数与格．この与格は，手段や道具，状況などを表す古い具格（Instrumental）の機能を引き継いだもの．

25) **godspell**：*stn*. god-spell「福音」（英 gospel）の単数対格．一般に「神の言葉」の意で通用していたこの語（spell の原義は「物語」で，独語 Bei-spiel は「本題に添える話」→「例」）は，実は gôd-spell「良き話，福音」が原義であり，教会ラテン語 evangelium の翻訳借用語だった（13行註を参照）．この翻訳語は古英語圏で生まれたが，すでに英国において god「神」と gōd「良い」の区別があいまいになり，英国布教団の影響下にあった大陸ゲルマン語ではすべて「神の言葉」と理解された．しかしドイツ語圏ではあまり普及せず，Evangelium という外来語一色となった．**that guoda**：C 写本ではこうなっている（古高独語の影響か？）が，本来 that gôde であるべきところ．定冠詞中性単数対格に *adj*. gôd「良い」（英 good, 独 gut）の弱変化が付き，名詞的に「かの良きもの」の意で，直前の godspell の言い換え．**that**：関係代名詞的機能の指示代名詞．**ênigan**：*adj*. ênig「ひとつの」(<ên；独 einig) の男性単数対格．否定辞の ni, ne と結んで「ひとつも…ない」の意（英 none, 独 kein）．**gigadon**：*swm*. gi-gado「仲間，同類」の単数対格．gado の原義は「一体になること」らしく，独語 Gatte「夫，伴侶」に名残をとどめる．英語 to gather, togather なども同根．『ヘーリアント』には gaduling「近親者，肉親」も登場する（221行）．**huergin**：*adv*. hwargin「どこかに」（独 irgendo-wo）．場所の *adv*. hwer, hwar（英 where）に不定性を示す接尾辞 -gin のついたもの（この接尾辞は独語 irgend などの -gen-

に残る）．

　26）**thiu　uuord**：複数主格．前行の that の言い換え（Variation）．
thesaro：指示代名詞 thesa（独 dieser，英 this）の女性単数与格．
uueroldi：*stf.* werold「①世界，②人の世，人生」（英 world, 独 Welt）の単数対格．wer「人間」（→ラテン語 vir）＋ald「年代，世代」（英 old, 独 alt, Alter）から成り立つ語で，ラテン語 saeculum や mundus の対応語として広く普及した．ここでは前行の ni... huergin の意を繰り返しているわけだが，そもそも w- 音の頭韻の便利な埋め草として非常にしばしば登場する語である．また②の意味の場合も多いことに注意すべきである．
that：25行の that と同じく godspell を先行詞とする関係代名詞，単数主格．しかし以下に diurie, fellie, widerstande と接続法の動詞が続いていることから，目的の接続詞と解することもできる．一語に両者の機能を盛ったと考えてよいだろう．先行詞は厳密には godspell だが，内容的には直前の thiu uuord を受けていると言ってよい．　**io**：*adv.*「どんな時でも，いつでも」（独 je）．「時，永遠」の意の印欧祖語 *aiu̯- に由来し，独語 ewig, immer, 英語 ever などの前半部も同根．続く mêr「より多く」と結んで「今後いつも，常に，永遠に」や，「いやましに」の意味を表すと思われる．ちなみに独語 immer は古高独語 iomêr から発達したものである．つまり mêr には比較性はあまり強くなく，io の意味を（おそらく io がそれだけではあまりに軽少な単語ゆえに）補強する役をもっているのだろう．
uualdand：対格．次行 diurie の目的語．　**mêr**：15行の mêr とは異なって *adv.*：「いやましに」．

　27）**drohtin**：*stm.*「主君」の単数対格．「軍勢」を表す古いゲルマン語 truht, druht に「…の人」の意の *-eno をつけた派生語で，だから原義は「軍勢の首領」．極めて早くローマ軍団中のゲルマン人傭兵の間で皇帝を表す単語として用いられ（皇帝はローマ軍の最高司令官でもあった），帝政ローマ末期の首都のひとつとなった Trier あたりからゲルマン諸語に広まり，後に「神」の意をも備え，古高独語や古ザクセン語ではほとんど常に

第 1 歌章

神やキリストを指す．古英語や古高独語などにも多く見られるが，より古いゴート語にはこの語は登場せず，この種の語の中ではいっそう古層に属する frauja「先に立つ人」しかない．dominus に相当するこのゲルマン語は，しかしながら間もなく英語では hlāf-weard「パンを管理する人」（→ lord）に，独語では Herr「より高貴なる人」によって取って代わられることになった．理由は定かではないが，ゲルマン傭兵のジャルゴンに端を発したこの語の軍事的な響きが聖職者たちの気に入らなかったのかもしれない．現代独語では Truchseß「（宮廷の）内膳の正」（原義は「軍勢統率者」）の Truch- にわずかに残るのみ． **diurie**：*swv.* diurian「誉め称える」の接続法現在単数．*adj.* diuri, tiuri「貴重な」（英 dear，独 teuer）とも同源．ローマ典礼讃歌の栄唱 "Gloria" はこの系統の名詞 diurida をもってゲルマン語に訳されていたから，そこから diurian という動詞を新たに作った可能性が高い． **eftho**：*konj.*「または」．eftho...eftho は独語 entweder...oder，英語 either...or に対応．ef- は英語 if，独語 ob と同語であり，後半の -tho は指示的副詞である（英 though や独 doch の前半分にこの tho が残っている）． **derbi**：*adj.*「力強い；邪悪な，敵の」の中性複数対格．次の thing（複数）につく．他に hugi-derbi「闘争心に富んだ，勇ましい」という形でも登場する．この語根は独語 derb「強い，粗野な」，ver-derben「堕落する（させる）」などに残る． **thing**：*stn.*「事，もの」（独 Ding，英 thing）の複数対格．元来はゲルマンの「部族集会，民会，裁判」を表す古語で，「民会で扱われる事例，法的な事柄」から単なる「事柄，もの，事」になった．現在でもスカンディナヴィアのゲルマン系諸国では「国会」や「裁判」の意味に thing や ting を用いている．語源については諸説あるが，「引く，延びる」の印欧祖語 *tenk- に由来し，ラテン語 tempus「時間」やゴート語 þeihs「時間」と同じく「ある特定の時点に定められた集会，定期的会合」を原義とする説が一般的．法的事柄の一般化という極めて類似した由来の語に独語 Sache「事柄」，英語 sake「…のため」（原義は「争い事」）や，仏語 chose「事，もの」（＜ラテン語

causa「原因，問題，訴訟」）がある．なお独語 Dienstag「火曜日」の Diens- は古くは Dings- であり，民会の守護神とされた軍神 *Tiwaz（英 Tues-day の Tues）に付けられた adj. *þingsaz「民会の」に由来するとされる．

28) **firinuuerc**：stn. firin-werk「悪事，冒瀆」の複数対格．前半は firina がもとの形で，ゴート語をはじめ，古英語，古高独語などにも多用されるゲルマンの法律用語．印欧祖語 *peri「通過，過度」に由来し，「度を越した，異常な」から「過失の，悪事の」という意味に至ったと思われる．おそらくは頭韻の必要からと思われるが，この -werk の他，-dâd, -quâla, -sprâka など類例がたくさん『ヘーリアント』には見られる．
fellie：swv. fellian「倒す」（独 fällen，英 to fell）の接続法現在 3 人称単数．derƀi thing と firinuuerc を目的語としている．stv. fallan（独 fallen，英 to fall）に，いわゆる faktitiv「作為，使役」の機能をもつ接尾辞 -ian がついて「倒れた状態にさせる」のが原義．sittian（独 sitzen，英 to sit）と settian（独 setzen，英 to set），licgan（独 liegen，英 to lie）と leggian（独 legen，英 to lay）なども同様な関係にある．Murphy は，カール大帝がザクセン戦役にあたって切り倒させた聖樹 Irminsûl のイメージをこの fellian に見ようとしているが，付会の説である．**fîundo**：stm. fîund「敵；悪魔」（独 Feind，英 fiend）の複数属格．20行で見た waldand と同じく，「憎む」の意の動詞（たとえば古高独語 fīēn，古英語 fēon）の現在分詞が名詞に固定したもの．これの反意語が friund「友，味方」（独 Freund，英 friend）で，これも「愛する」（古ザクセン語 friohon）に基づく．**nîd**：stm.「敵意，憎しみ」（独 Neid）の単数対格．おそらくは「闘争心，敵愾心」を原義とする古いゲルマン共通語で，必ずしもネガティヴな響きをもっていなかったことは，よく男性名に用いられたり（たとえば Neidhart），中高独語叙事詩で nît が「勇猛心」を表していたりすることから想像できる．現代独語の「ねたみ」というニュアンスは古い時代の用例にも感じられはするが，もっぱら「ねたみ」に限定されるようになったの

第　1　歌　章

は比較的新しい．

29) **strîd**：*stm*．「闘争，抵抗」(独 Streit) の単数対格．語源ははっきりしないが，独語 starr「こわばった」や stark「強い」などと同根のように思われる．strîd は言葉での争いにも，武力での争いにも用いられたが，現代独語では Kampf に取って代わられ，主に言葉による闘いに限定されるようになっている．なおこの語が前行 nîđ のヴァリエーションであることから，逆に nîđ に「ねたみ」というニュアンスがあまり無いことが推測できよう．**uuiderstande**：*stv*．(VI) wiđar-standan「反抗する」(独 widerstehen) の接続法現在，3人称単数．nîđ と strîd を目的語とする．**huand**：*konj*．「というのは，何故かというと」．同義のラテン語 quandō (原義は「何について」) と同じ語構成で，ドイツ語では中高独語 wante まで多用されたが，英語には使用例がない．**hie**：=英語 he，独語 er．次行の関係代名詞 thie と結び「…であるその彼は」の意．**starkan**：*adj*．stark「強い」(独 stark) の男性単数対格．原義は「こわばった，堅い」で独語 starr，英語 stark「硬直した，堅固な」に残る．「強い」の意の英語 strong は語源的には独語 streng「厳格な」に対応する．

30) **mildean**：*adj*．mildi「寛大な；柔和な」(英・独 mild) の男性単数対格．原義は「磨りつぶしてきめ細かくされた」で，独語 mahlen や英語 to mill と同根．だから「細心な，思いやりのある」を経て「(主君が臣下や客人に) 気前のいい」が，中世初期のゲルマン社会において最も普通の意味だった．これをキリスト教の「慈悲深い」(ラテン語 misericors) の訳語として使用するのは，当時のゲルマン人伝道者が行ったさまざまな試みの最も重要な例のひとつ (古英語は mildheorot)．結局ドイツ語では barm-herzig (＜be-arm-herzig，又は ab-arm-herzig「貧者に心を寄せる」) が，英語では外来語の mercifull が定着することになった．mildi では「気前のいい」という世俗性が強すぎたからかもしれない．『ヘーリアント』詩人はもっぱら mildi のみを用いており，ザクセン人の聴衆がこれを正しくキリスト教的に把握したかどうか，疑問なしとしない．**thie**：関係代名詞

『ヘーリアント（救世主）』

的に用いられた指示代名詞，男性単数主格． **thes**：指示代名詞，中性単数属格．次の mêster と結ぶ．何を受けるのかやや曖昧だが，25行の god-spell，ひいてはそれを学び伝える福音書記者の総体と考えてよいだろう．**mêster**：*stm*．「師匠，先生」（独 Meister，英 master）の単数主格．ラテン語 magister「教師」に由来する外来語で，『ヘーリアント』に3例しか現れないが，語形からして既にかなり人口に膾炙した語だったように思われる．とはいえ，全体的に古風なこの詩の中ではやや目立つ異風な単語であったろう．福音書では，使徒に対する師としてのキリストに用いられ，同様にここでもマタイたちとの関連で使われている．**uuas**：不規則動詞 wesan の過去3人称単数（英 was，独 war）．

31) **aðalordfrumo**：*swm*．aðal-ord-frumo「高貴な創造者」の単数主格．1例しか現れない変わった語であるが，aðal「高貴な」（独 adelig，edel）＋ord「（槍などの）先端→開始，始まり」（✢独 Ort）＋frumo「前進する者，第一線に立つ者，完成者」（ラテン語 prīmus と同根．4行 gifrumida の註を参照）という3要素から成る．aðal はその *adj*．の edili とともに『ヘーリアント』において非常に愛用される語である．語源については「父系の」説や「同じ氏族の」説があるが，いずれにせよゲルマン世界における最も重要な語彙の一つであることは確かである．とりわけ他の部族よりローマ・キリスト教世界との接触が遅れたザクセン族では，貴族，自由民，半自由民（および非自由民）という階級差が遅くまで残り，これが『ヘーリアント』において他のゲルマン古詩よりはるかに多く aðal-，edili が用いられていることの原因かもしれない．ただし，既にこの時代にはキリスト教の影響で，血の高貴さにとどまらず，精神的高貴さをもこの系統の語が表現するようになっていたことは想像にかたくない．ord-frumo「創始者，創造主」は古英語や古高独語にも頻出しており，ラテン語 creator ないし factor の意訳と思われる．**alomahtig**：*adj*．「全能の」（独 allmächtig，英 almighty）．教会ラテン語 omnipotens の逐語訳的借入語．したがって常に god または fadar とともに用いられ，この箇所

第 1 歌 章

のように adalordfrumo に用いられているのは稀有な例である．ちなみにこの31行は信徒信条 Credo in Deum patrem omnipotentem, factorem caeli et terrae「我は信ず，父なる全能の神，天と地の創造者を」を踏まえているように思われる．mahtig（独 mächtig，英 mighty）が助動詞 mugan（独 mögen，英 may）や名詞 maht（独 Macht，英 might）の同族語であることは言うまでもない．

32) **That**：指示代名詞，中性単数対格．34行冒頭 that（関係代名詞）以下を先取りしている．**thuo**：=thô．**fingron**：*stm*．fingar「指」（独 Finger，英 finger）の複数与格．24行の stemnun と同じく，手段や道具を表す古い具格の機能を引き継いだ与格：「指をもって」．

33) **settian**：*swv*．「（言葉を文字として）設置する，起草する」（独 setzen，英 to set）の不定形．28行 fellie の項でふれたように sittian（独 sitzen，英 to sit）の作為動詞（「坐った状態にさせる」→「置く，設置する」）．「言葉を文字として設置する，起草する」という二次的な意味は古英語や古ザクセン語，すなわち北海ゲルマン語にはよく現れるが，古高独語には見られず，中高独語期以降散見するのみ．独語 Satz「文章」はその名残．**singan endi seggean**：「（聖句を）歌唱し，かつ（その内容を）説く」．教会ラテン語 cantare et dicere の翻訳借用語．カロリング・ルネッサンスによって「ローマ典礼讃歌」が，少なくともフランク王国では広く普及していたことを踏まえた表現．singan（独 singen，英 to sing）はより多く歌唱という形式に，seggian（独 sagen，英 to say）はより多く内容に重点を置いている．後者は独 suchen，英 to seek と同根で「言葉を探す」が原意．なお『ヘーリアント』に singan という動詞はこの1例だけであるが，名詞 sang は数例見られる．**ford**：*adv*．「前方へ；外へ；更に」（独 fort，英 forth）．古高独語にはまだ存在せず，古英語や古ザクセン語などいわゆる北海ゲルマン語系の単語．seggian とともに用いられることが多く，「外部に向かって発言する，話して伝える」ほどの意（ちなみに日本語の「話す」も元来は声を外に「放つ」からであろう）．語源的には ford は

『ヘーリアント（救世主）』

for などと等しく印欧祖語 *per「通過」に由来する．

34) **that**：関係代名詞，中性単数対格．**fan**：*präp*.「…について，関して」（独 von）．**them　mikilon**：直前の crafte にかかる．本来は them mikilon crafte となるところだが，後半詩行の最初の強アクセントに頭韻を置く必要からこうしたもの．

35) **gisâhun**：*stv*.（Ⅴ）（gi）sehan（独 sehen，英 to see）の過去3人称複数．接頭辞 gi- のいわゆる「完了相化」の機能をここに見るかどうか意見の分かれるところである．確かに35行以下に多くの gi- が見られ，これらは後世の過去完了に相当すると言い得る．しかし「相」と「時制」は別物であり，作者も読者（聴衆）も時制的相違をここで意識したとは考え難い．強いて考えれば，過去の多くの事象をひとまとめにして述べようとする心理が，作者に gi- を用いさせたのかもしれないが，実状はむしろ韻律上の都合にあると言ってよいのではなかろうか．**gihôrdun**：*swv*.（gi）hôrian（独 hören，英 to hear）の過去3人称複数．**thes**：関係代名詞的機能の指示代名詞，中性単数属格．「それについてキリストが語ったところの」ほどの意．（gi）sprekan は対格目的語を取るのが普通なので，この属格は「知覚の対象」や「注意」のニュアンスを帯びて用いられる属格であろう．**selbo**：*pron*. self（英 self，独 selber, selbst）の弱変化男性単数主格．印欧祖語 *se-「自分自身」に由来するこの self は，属格以外は弱変化のことが多い．**gisprac**：*stv*.（Ⅳ）（gi）sprekan「話す」（独 sprechen，英 to speak）の過去3人称単数．強く発音される音声の擬音を出発点とするらしいこの動詞は，現在もなお発声行為が意味の中心であり，「言葉を探しつつ次々と語る」を原義とする独語 sagen，英語 to say（「探す」独語 suchen，英語 to seek と同根）とは同義ではない．

36) **giuuîsda**：*swv*.（gi）wîsian「示す，告知する」（独 weisen）の過去3人称単数．原義は「賢明にする」で，*adj*. wîs（独 weise，英 wise）と同根．**giuuarahta**：*swv*.（gi）wirkian「行う，実行する」（独 wirken，英 to work）の過去3人称単数．語幹母音が長い弱変化動詞のうち，

　　　　　第　1　歌　章

-kian や -gian で終わるものの過去および過去分詞は，-kt(a) や -gt(a) ではなく -ht(a) となる．これは既にゲルマン祖語において生じた現象である：sôkian（独 suchen，英 to　seek）－sôhta－gisôht；brengian（独 bringen，英 to　bring）－brâhte－brâht など．**uundarlîcas**：*adj*. wundarlîk「驚嘆すべき，不思議な」（独 wunderlich「奇妙な，不思議な」，英 wonderful）の名詞化，中性単数属格．次の代名詞 filo と結んで「不思議なことの数々」．

　37) **mid mannon**：「人々のもとにおいて」．5 行で述べたように mid は「中間で」が原義であり（英 mid, middle，独 Mitte, mitten etc.），手段や道具の意味は後から生じた．**mahtig**：*adj*. 「強力な，権勢ある」（独 mächtig，英 mighty）の男性単数主格．5 行 alomahtig の項を参照．

　38) **all so**：*adv*. と解して「…のようにまったくその通りに」とも，一種の関係代名詞と解して「…したすべてのことを」とも解せる．**fan them anginne**：「最初から」．anginne は *stn*. anagin／anginni「始まり」（独 Be-ginn，英 be-gin）の単数与格．動詞 bi-ginnan は 2 行に既出．**is ênes**：hê ên「彼ひとりだけ」の属格．数詞 ên はこの場合は英語 alone，独語 allein に相当する．

　39) **uualdand**：名詞「支配者」とも，*adj*. として「支配しつつ」とも解せる．**thuo**：*konj*. 「…する時に」（独 da）．**êrist**：*adv*. 「初めて」（独 zu-erst）．ên の序数を *adv*. として用いている．**giscuop**：*stv*. (VI)　(gi)skeppian「創造する」（独 schaffen, schöpfen，英 ♣ to shape）の過去 3 人称単数．印欧祖語の原義は「削って作る」で，ラテン語 scabō，独語 schaben, Schiff, -schaft，英語 ship, -ship などもすべて同系語．

　40) **all**：代名詞として中性単数対格（独 alles）．**bifieng**：*stv*. (VII-2) bi-fâhan「包みとる，つかむ」（独 fangen）の過去 3 人称単数．**mid ênu uuordo**：mid は具格をも支配し，ênu も wordo も具格形．ên は「ただひ

『ヘーリアント（救世主）』

とつの」の意を強調する．ちなみににこの詩行の頭韻は all... ênu という母音．この箇所はヨハネ福音書冒頭の「初めに言（ことば）があった．言は神と共にあった．言は神であった．この言は，初めに神と共にあった．万物は言によって成った．成ったもので，言によらず成ったものは何一つなかった．」を受けている．

41) **erda**：*stf*.「大地；地面；土」(独 Erde, 英 earth) の単数対格．himil endi erđa は「宇宙，全世界」の意である．なお地球が球形であることは古代ギリシャ以来知識人の間ではよく知られていたが，この時代の一般のゲルマン人の間にどの程度知られていたか，疑問なしとしない．**al that**：関係代名詞，単数対格，独語 alles, was, 英語 all that. **sea**：= himil endi erđa を指す．複数主格．**bihlidan**：*stv*. (Ⅰ) bi-hlîdan「おおう，包む」の過去分詞．動詞 êgun の目的語である al that の（目的格）補語：「天と地が包みこんで所有しているすべて」．hlîdan は「目をおおうもの→まぶた」の独語 Lid, 英語 lid（器物の「ふた」の意もある）と同根．**êgun**：過去現在動詞 êgan「所有する」（英 to own, 独 ♣ eigen, eignen）の現在3人称複数．

42) **giuuarahtes**：36行に既出．名詞的用法の中性単数属格で前行の al にかかる：「作られたものの（全て）」．**giuuahsanes**：*stv*. (Ⅵ) wahsan「生い育つ」(独 wachsen, 英 to wax) の過去分詞，名詞的用法の中性単数属格．やはり前行の al にかかる．

43) **bifangan**：40行に既出の bi-fâhan の過去分詞．前行の ward と結んで動作受動の過去．**endi gifrumid aftar thiu**：「そしてそれらの言葉に従って実行された」．**aftar**：「…の後の，に従って」は与格ないし具格支配の前置詞（英 after）．全ゲルマン語共通の前置詞だが，ドイツ語では「後の」から「後のもの，尻，肛門」という名詞が生じ（例えば現代独語 künstlicher After「人工肛門」），このイメージを避けるために中高独語宮廷文学において hinter や nach を用いるようになって現在に至っている．thiu は前行の uuordon godas を受ける指示代名詞，中性複数具格．

第 1 歌 章

★40行では mid ênu uuordo だが，42行では mid uuordon godas と複数になっている．40行註でふれたヨハネ福音書の他に，創世記冒頭の天地創造において神の「光あれ」という言葉で光が生じ，以下神の言葉のもとに次々と万物が生じた情景をも『ヘーリアント』の作者は意識していたのであろう．

44) **huilic**：次行後半の huar とともに前行 gifrumid「実行する」の内容を導く疑問代名詞「どの」（独 welch，英 which）の中性単数主格形．**than**：*adv*．（独 dann，英 then）．**liudscepi**：*stn*．liud-skepi「人々，民族」の単数主格．接尾辞 -skepi については 8 行の gibodscipi 註を参照．-skepi は古ザクセン語では男性か中性（ほぼ基幹単語の性に応じる）だが，古高独語では常に女性．**landes**：*stn*．land「国土，大地」（英 land，独 Land）の単数属格．次行 giwaldan の属格目的語であって直前の liudscepi の限定語ではない．

45) **uuîdost**：*adv*．wîdo「広く，遠く」（独 weit，英 wide）の最上級．**giuualdan**：*stv*．(VII-1)「支配する」（独 walten）の不定形．属格の目的語をとる．20行 waldand の註を参照．**huar**：*adv*．「どこで；いつ」（独 wo，英 where）．元来は場所に関する疑問詞だが，この時代には時間や様態についても用いられていた．現代独語 wo が関係副詞としてなら時間的にも用いられるのはその名残．末尾子音 -r は中世盛期に消えて wo となったが，今も母音ではじまる前置詞と結ぶ時には woran, worin のように再登場する．**uueroldaldar**：*stn*．werold-aldar「世界の年齢；時代，年代」（独 Weltalter）の複数主格．26行 werold の註にもふれたように werold という語自体に既に aldar「年齢，時代」（独✠ alt，英 old）が含まれているので，weroldaldar は一種の同義反復と感じられたため，中世盛期にはほとんど登場せず，近世になって Weltalter として再登場することとなった．「世界の年代」についてはヘシオドスの黄金期，白銀期，青銅期，鉄期という四分法が有名だが，ユダヤ・キリスト教も当然，天地創造以来の世界年代区分を聖書に基づいてさまざまに試みており，『ヘーリアント』

『ヘーリアント（救世主）』

の時代には主にアウグスティヌスが説く世界年代六分法が通用していた（後述）．

　46) **endon**：*swv*．「終わる，終える」（独 enden，英 to end）の不定形．ここでは自動詞．名詞 endi の派生語．元来は「反対，対面」を表し，接頭辞 anti-, ent-と同根．　**Ên**：数詞 ên の独立用法．ên (weroldaldar) の意．次の iro と結ぶ．　**iro**：weroldaldar を指す人称代名詞，中性3人称複数の属格形．　**thuo noh than**：「その当時はまだなお」．好んでこの形で用いられる．　**noh**：「今なお」（独 noch）．語源構成を便宜上ドイツ語で示すと nun＋auch である．現代独語には nicht＋auch に由来する noch「…も…でない」もあるが，古ザクセン語ではこれは nek.

　47) **barnun**：複数与格．次の biforan と結んで「人の子らの前には」．**biforan**：*adv*．「先だって，前に」（英 before，独 vor）．副詞であるが，たいてい与格の(代)名詞とともに用いられる．　**thiu fîbi**：「五つの(時代)」．fîbi は基数 fîf が名詞的に用いられる時の，また *adj*．弱変化としての形（文法Ⅴ-§3）．

　★人類史を四世界帝国論で組み立てるのは旧約ダニエル書（第2章，第7章）だが，中世初期には主にアウグスティヌス（「神の国」第12—15章，特に22章）に基づく世界年代六分法が通用していた．すなわち第1時代はアダムからノアの洪水まで，第2時代はノアからアブラハムまで，第3時代はアブラハムからダビデまで，第4時代はダビデからバビロン捕囚まで，第5時代はバビロン捕囚からキリスト生誕まで，第6時代はキリスト生誕から最後の審判を経て「神の国」が成就するまで，となる．この六過程が，創世記における神による6日間の創造と7日目の安息に重なり合い，第7の時代以降は永遠なる安息の神の国ということになる．だから第46行以下は「人の子らにはまだ一時代，すなわちキリスト誕生からこの世の終末までが残っており，それ以外の五時代はもう過ぎ去っていた」という意．
agangan：*stv*．(Ⅶ-1) a-gangan「過ぎ去る」（独 vergehen）の過去分詞．wârun と結んで過去完了を表す．運動の方向や状態の変化を表す自動

第　1　歌　章

詞の完了形は助動詞 wesan と過去分詞で作られること，現代独語に等しい．接頭辞 a- は由来や変化を示し（ゲルマン祖語 *uz-），高地独語の er- や ur- に対応する．gangan は厳密には独語 gehen や英語 to go とは別種の動詞で，現代語では ging, gegangen, gone などの語形に名残をとどめているが，不定形そのものは存続していない．

48) **that sehsta**：「第 6 の時代」．すなわちキリストによる救済の時代．sehsta は数詞 sehs の序数中性単数主格．**sâliglîco**：*adv*．「幸いなことに」（独 seliglich）．*adj*．sâlig「至福の，敬虔な」（独 selig, 英 ♧ silly）の副詞であるが，意味より頭韻上の機能の方がここでは重要である．語源等は76行註を参照．

49) **cuman**：*stv*．(IV) kuman（独 kommen, 英 to come）の不定形．**giburd**：*stf*．「誕生」（独 Geburt, 英 birth）の単数対格．*stv*．(IV) giberan「生む」（独 gebären, 英 to bear）の派生語．giberan は beran「胎内に担う，宿す」に完了相化機能の接頭辞 gi- が付いて「胎内に宿し終える」，すなわち「胎外に出す，出産する」の意となった．

50) **hêlandero**：名詞的現在分詞 hêland（hêliand, hêleand)「救い主，救世主」（独 Heiland）の複数属格．*swv*．hêlean「治療する，癒す」（独 heilen, 英 to heal）は元来病気や怪我に関して用いるのが普通であるが，「世を救う」という，より高度な意味を持つようになったのは古英語が最初であり，「救世主」の意の教会ラテン語 salvātor はまず古英語において現在分詞（の名詞化）hǣland によって表された．「治療する者」が「救う者」に転ずるのはかなり特殊な意味変化であり，大陸ゲルマンで普及したこの系統の語（古高独語 heilant, 古ザクセン語 hêland, hêliand, 中低独語 heiland 等）は，すべて英国布教団の影響が強かった地域において浸透したものと思われる．そもそも salvātor の最古のゲルマン語訳はゴート語の nasjands「救う人」であり，古英語では nergend, 古高独・古ザクセン語では neriand として広く各地の文献に登場する．『ヘーリアント』においても neriand は hêland, hêliand とほぼ同数用いられている（520行註

『ヘーリアント（救世主）』

を参照）．しかし以後，本来は「治療する者」であった hêland, hêliand, heilant 系がドイツ語圏で neriand 系を排除してゆくについては，語源を等しくする hêlag（独 heilig, 英 holy）が，たとえばキリスト教の重要概念である「聖霊」（独 der heilige Geist, 英 the holy spirit）などの表現を通じて，深く根を下したことと無関係ではあるまい（7行 hêlag の註を参照）．そしてこの hêlag もまた英国布教団の用語なのである．hêland, wîgand「戦士」, friund「味方」のような現在分詞由来の名詞は，通常はほぼ強変化 a- 語幹名詞のように変化するが，複数属格は形容詞強変化のように -ero, -oro となることが多い．更に，ここで「救世主」が複数となっているのは異様である．まるでイエスを預言者たちの最高の者とみなすユダヤ教の教えが，ここで急に作者の念頭に浮かんだかのようであるが，実際はキリストに対する単なる装飾的呼称として，「救世主の中の最高の御方」は使われているにすぎない．合計6例見られる．**bestan**：*adj.* gôd の最上級 best／bezt の弱変化男性単数属格（比較級，最上級はたいてい弱変化）．前行 Cristas の同格説明：「多くの救い主たちの最善の御方であるキリストの(誕生)」．上述のように hêlandero best はキリストに対する一種の Kenning として，合計6度登場する．聖書本文には salvātor が複数に用いられることはないから，『ヘーリアント』の作者はたとえば「王の中の王」，「英雄の中の最高の者」といった口語におけるポピュラーな表現をなぞって「救世主の中の最善の御方」と言ってしまったのであろう．王や英雄ならともかく，救世主が複数というのはキリスト教のドグマからは問題となるはずである．あるいは作者はそもそも hêland を，固有名詞に近い「救世主」としてではなく，原義の「治療者」に近い普通名詞の「救助者，援助者」程度に理解していたということなのだろうか？ **hêlagas gêstes**：前行 Cristas の同格説明語とも，あるいは前行 godes の同格説明語で craft と結ぶ属格とも考えられるが，おそらく後者であろう．

51) **an thesan middilgard**：「この(中間の)世界に」．49行 cuman の方向を示す．middil-gard（*stm./f.* 単数）「中間の世界，人間界，現世」

第 1 歌 章

はゴート語やルーン碑文にも登場する古いゲルマン的表現．北欧神話においては，神々（Ás）の居住地 Ásgarðr と冥府 Niflheim との「中間」mid にある「囲み地，庭，住居」garðr がすなわち Miðgarðr である．また南方の火の世界と，北方の氷の世界との中間世界とも解釈される．ゲルマンに限らず，人間が自分たちの住処を「世の中心，中つ国」と見なすのは自然であり，各民族に類似表現が存在する．元来はゲルマン古語ではあるが，既にゴート語聖書にも取り入れられていることからわかるように，一般的に言えば異教的ニュアンスはごく早い時期に薄れたように思われる．まして9世紀の改宗が進んだ西欧では，単にラテン語 mundus「世界」の翻訳としか感じられなかったであろうが，ただし『ヘーリアント』の聴衆——武力によって無理やり改宗させられたばかりのザクセン族たち——の間ではまだまだ多分に異教的響きを帯びていた可能性が高い．なおこの語はしばしば女性としても用いられるが，これはほぼ同義の werold（英 world，独 Welt）が女性であることから類推で生じたらしい．蛇足ながら，werold や middilgard はあくまでも人間中心の「世界」（mundus）であるのに対し，erða（独 Erde，英 earth）は天や水に連なる「大地；土」（ラテン語 terra）が本質である． **managon**：「多くの人々に対して」．*adj*. manag の複数与格，代名詞的用法． **te helpun**：te は与格ないし具格支配の *präp*.（独 zu, 英 to）．helpun は *stf*. helpa（独 Hilfe, 英 help）の複数与格：「救助のために」．

52) **barnon**：前行 managon と同じく複数与格． **ti frumon**：（与格を伴って）「…の利益のために」．*stf*. fruma「利益，有益さ」の複数与格．4 行の (gi)frummian「促進する，やってのける」と同根で印欧祖語 *promo「最前の」に由来し，「前進して得る良い結果，進歩」が原義らしい．現代独では es frommt mir nicht「それは私の役には立たない」という形に名残が見られる．また独語 fromm「敬虔な」も元来は「利益になる，役立つ」を意味した．英語 former, from なども同根である． **uuið**：*präp*. wið「…に逆らって，対抗して」（与格，対格支配．独

『ヘーリアント（救世主）』

wider，英 with）．印欧祖語 *u̯ī-「離れた」に由来し，そこから「併立，対立」の意が生じた．「二者併立」から「双方とも」を経て「再び」の意も生じ，17世紀に wider からは区別して書かれるようになったのが独語 wieder である．現代英語 with は古い *präp*. mid（独 mit）の意味をも取り込んだため，元来の「対抗して」という意味は薄れている． **fîundo nîd**：28行に既出．nîd は対格．fîundo は「悪魔」を表す多くの言い換え表現の代表的なもの．

　53) **dernero**：*adj*. derni「隠れた，秘密の；腹黒い」の複数属格，名詞的用法：「身をひそめた狡猾な者たちの」．これも前行の fîundo と同じく「悪魔」や「悪霊」の言い換え．古英語『ベーオウルフ』に早くも dyrn-ra gásta や dyrnan cræfte などが頻出しているので，その影響下の語と思われる．現代独語では Tarnkappe「（民話の）隠れ頭巾」の Tarn- に名残をとどめている． **duualm**：*stm*.「たぶらかし」の単数対格．この1例しか登場しない珍しい語であるが，ゴート語 *adj*. dwals「気のふれた」や *swv*. dwalmon「気が狂う」などの類語から見て，おそらく *adj*. dol「馬鹿な」（独 toll，英 dull）と同系統．原義は「ぼう然とした状態」で，古ザクセン語の *swv*. bi-dwellian「引きとめる，邪魔する」や，現代英語 to dwell「滞在する，住む（＜遅れる＜引きとめる＜迷わせる）」も同根ということになる．

　54) **Rômanoliudeon**：Româno は複数属格，liudeon は liudi の複数与格：「ローマ人たちに」． **farliuuan**：*stv*.（Ⅰ）far-lîhan「貸与する，付与する」（独 verleihen）の過去分詞．lihan の原義は「余りを残す」で，数詞 e-levan（「10余り1」独 elf，英 eleven），twe-lif（「10余り2」独 zwölf，英 twelve）の -levan, -lif と同系． **rîkeo**：*stn*. rîki「領国」（独 Reich）の複数属格．非常に古い時代に法制度を高度に発達させていたケルト族からの借用語と思われ，ラテン語 rēx「王」，regere「統治する」などもケルト系である．もちろん独語 reich，英語 rich も同族語．『ヘーリアント』においてはこの rîki が，①「王者，領主」，②「領国」，③

第 1 歌 章

「支配権，権力」という三種の意味を持ち，さらに adj.「強大な，権勢ある」としても用いられるので注意を要する． **mêsta**： adj. mikil「大きな」の最上級，弱変化中性，単数対格．前の rîkeo と結んで「国々の中で最大のものを」．

55) **heriscipie**：stn. heri-skepi「軍勢；人々，民衆」の単数与格．次の herta「心」の所有者を示すいわゆる「所有の与格」：「軍勢の心を」．heri- は印欧祖語 *korio-「戦争，軍勢」(独 Heer) に由来し，-skepi は44行 liudskepi に既出．heri の意味に応じて，heriskepi は liudskepi より軍事的色彩が濃い．このあたりは「マタイ」2章1節についての Hrabanus の註解をもとにしており，そこに出る legio「(ローマの) 軍団」に対応するのがこの heriskepi である． **gisterkid**：swv. sterkian「強める」(独 stärken) の過去分詞．29行既出の adj. stark から作られた弱変化動詞．

56) **that**：konj.（英 that，独 daß）．結果的用法． **sia**：複数なので Rômanoliudi を指す（意味の上からは heriskepi を受ける）． **bithuungana**：stv. (III-1) bi-thwingan「屈服させる」(独 be-zwingen) の過去分詞 bithwungan に，adj. 女性単数対格の語尾 -a がついたもの．この語尾は次の gihuilica (thiod)「すべての民族を」に対応している．つまりこの，一見したところ過去完了形のように思える habdon... bithwungana はまだ純粋な時制とはなっておらず，「…を…という状態で保持する」という意味構造であった．類似例としてはすでに12行に wurdun gicorana という受動例が登場しており，実は54行の farliwan，55行の gisterkid も中性単数対格の adj. でもある． **thiedo**：stf. thiod, thioda「民衆，人々」の複数属格．次の gihuilica と結んで「民衆たちのどのグループをも」の意．thiod(a) は全ゲルマン的共通語（ゴート語 þiuda，ノルド語 þjód，古英語 ðeod，古高独語 diot, thiot）．後に接尾辞 -isc をつけて，ラテン文化やラテン語に対する「民衆の，俗の」文化や言語を指すようになって，独語 deutsch, Deutschland，英語 Dutch として生き残った．最初

『ヘーリアント（救世主）』

は，ロマンス語を話す西フランク王国に対し，ゲルマン語を話す東フランク王国（ほぼ現在のドイツ語圏）に関して用いられる *adj*．であったのだが，いつしか「ドイツ」という固有名詞と切り離しがたく結びつき，現今では「民衆」の意味ではもはや使われなくなった．ただしドイツ語においては今なお deuten「指し示す」（ゲルマンの民会 Thing で民衆にわかりやすく説明することから）や，deutlich「（民衆にも）明らかに」，Bedeutung「（はっきりした，説明可能の）意味」などにわずかながら原義が保存されていると言ってよい．**gihuilica**：不定代名詞 gihuilik「どの…も」（♣独 welch, 英 which）の女性単数対格．44行の huilik と本来同じものだが，huilik とは異なって疑問代名詞にはならない．gi- は「各々の」の意味を強調する接頭辞．

　57) **Rûmuburg**：*stf*．「ローマ城（砦）；ローマ都市」の単数与格．ローマは Rûma としても登場するが，-burg のついた形の方が圧倒的に多い．*stf*. burg（独 Burg, 英 borough, -bury）はおそらく独語 Berg「山」と同系で，原義は「高く構築されたもの」だったろう．ゲルマン人の間で burg は，いざと言う時に避難すべき丘の上の，頑丈な木柵で囲まれた砦が第一義であった．後に立派な石の城壁で囲まれた南欧風の都市や城砦をも burg と呼ぶようになったが（Augsburg, Regensburg, Straßburg など），『ヘーリアント』の時代にはまだそのような都市は成立していなかったから，聴衆のザクセン人たちが Rûmuburg でローマという大都市のイメージを思い浮かべることができたかどうか疑わしい．この箇所の fan Rûmuburg rîki gewunnan という表現はむしろ「ローマ砦から出陣して…」というイメージを彼らに喚起させたのではなかろうか．ただし，高位の聖職者や王侯たちの一部は，実際の経験から南欧都市の姿を正しく思い描けたことであろう．（現代独語 Burg「城，城館」の一般的イメージは中世盛期以降のものである）．ローマの他 Bethleemaburg「ベツレヘム」，Herichoburg「イェリコ」，Nazarethburg「ナザレ」，Sodomaburg「ソドム」などが『ヘーリアント』には登場するが，また単に burg でベツレヘム

― 46 ―

第 1 歌 章

やカペナウムを表す場合も多い．作者自身も南欧都市をある程度知っていたのかもしれない． **rîki**：「領土」とも「権勢」とも解釈できる． **giuunnan**：*stv*. (III-1) (gi)winnan「獲得する」(独 gewinnen, 英 to win) の過去分詞．winnan は「闘争する，苦しみに耐える」が第一義だが，完了相化の機能を持つ接頭辞 gi- の働きで 「（うまく）闘い終える→勝ち取る」となる．なおこの過去分詞は rîki にかかる *adj*. の中性単数対格でもあり，まだ百パーセントの過去完了ではない．

58) **helmgitrôsteon**：*swm*. helm-gitrôsteo「兜をかぶった従士，武人」の複数主格．56行の sia，つまり54行の Rômanoliudi の同格説明語．helm（独 Helm，英 helm[et]）は独 hehlen「おおい隠す」，hüllen「包む」などと同根で，「包むもの，衣服」が原義だが，早く「頭を包むもの，兜」に固まった．gitrôsteo「家来」は *stn*. gitrôst「従士団」から派生した *swm*. であり，その原義は gitriuwian「信頼する，同盟を結ぶ」からうかがえるように，独語 Treue, vertrauen, 英語 true などの語源ともなる「信頼，誠実」である．「忠誠の誓いによって主君に仕える者」が gitrôst や gitrôsteo ということになる．日本中世の「郎党」を想起させるゲルマン風の語である．なお現代独語 Trost「慰め」や trösten「慰める」は南独地方のアイルランド系布教団により，このあまりにゲルマン的単語「信頼，奉公，援助」に「（キリスト教的な）信頼に値する精神的援助→慰め」という新しい意味が付与されることによって新たに成立したものである． **sâton**：*stv*. (V) sittian「座っている；居住する」(独 sitzen，英 to sit) の過去3人称複数． **iro**：ローマ人たちを指す． **heritogon**：*swm*. heri-togo「将軍；代官，総督」(独 Herzog「公爵」) の複数主格．heri- は「軍事の」を意味する古いゲルマン語で，すでに早く「軍勢」という *stm*. ないし *stf*. となった（独 Heer）．尚武の精神に富むゲルマン人に愛好された言葉で，Her-mann, Her-bert, Diet-(h)er, Gunt-(h)er, Walt-(h)er などの男性の名前の一部に今日なお広く用いられている．-togo は *stv*. (II) tiohan「引く，引率する」(独 ziehen, 英 to tow, to

『ヘーリアント（救世主）』

tug）の過去形から作られた行為者名詞で「引く者，引率者」の意．この合成語 heri-togo「軍勢を率いる者」は，おそらくギリシャ語 stratélátes「軍勢引率者，将軍」やラテン語 dux「統率者」の翻訳借用語としてまずゴート語に現れ（その想定形は *harja-tuga），そこから各ゲルマン語に広まったのだろうという説が有力であるが，しかしギリシャ語やラテン語とは無関係に古ゲルマン語に存在していたとする説もある．ただ，『ヘーリアント』ではこの合成語はピラト（Pilatus）総督（知事，代官）について用いられることが多い（時にヘロデ王やユダヤ貴族に関しても——）ので，古ゲルマンというよりも，総督制度が確立したメロヴィング朝以来の単語という色彩が強いと言うことはできるであろう．蛇足ながら，英語 duke「公爵」，仏語 duc は直接的にラテン語 dux（＜ducāre「引く，引率する」）に由来しており，独語 Herzog と同じ由来ではない．

59) **lando**：*stn*. land の複数属格．次の gihuem と結んで「国々のいずれにおいても」．**gihuem**：不定代名詞 gi-hwe「どの…も」の中性単数与格．変化は（主）gihwat，（属）gihwes，（与）gihwem，（対）gihwat. 疑問代名詞 hwe（英 who，独 wer）や hwat（英 what，独 was）に「どの…も，各々の」の意を表す接頭辞 gi-（独 je-der や je-mand などの je-）がついたもの．56行の gi-huilik も類似の造語法による．**liudeo giuuald**：「人々に対する支配力」．liudeo は liudi の（複数）属格．*stf*. gi-wald「統治力，支配力，権力」は20行 waldand や45行 gi-waldan と同根の名詞で，gi-waldan と同じく属格目的語をとることが多い．

60) **allon**：複数与格．前行の *präp.* an に支配されている．**eli-theodon**：*stf*. eli-thioda「異邦人，異教徒」の複数与格．やはり前行の an に結ぶ．eli- はラテン語 alius，ゴート語 aljis などと同系で「別の」の意．『ヘーリアント』には eli-lendi「外国」，eli-landig「外国の」などの語も登場するが，これらは現代独語 elend「みじめな，悲惨な」の祖型である．つまり「罰として国外追放され，もはや自国の法の庇護のない状態」が elend なのである．さて，eli-thioda はユダヤ人の視点からすれば単なる

第　1　歌　章

「異邦人」にとどまらず，ユダヤ教を信じない「異教徒」となり，『ヘーリアント』においては「非キリスト教徒」と言う含意をもつことにもなる．ただし60行のこの箇所では宗教色はあまり濃くなく，単に「諸国の民すべて」ほどの意．特に álla élithioda という表現は頭韻の必要上選ばれた可能性が大きく，それほど eli- の意味は重要でない．
　★53－60行までのローマ帝国についての補足的記述は，主に「ルカ」2章1節についての Hrabanus の註解に依っている．
Erodes：「ヘロデ王」．アクセントは第2音節にあるはずだが，ここでは語頭にある．『ヘーリアント』では多くの外国語固有名詞がゲルマン化されて第1音節に強勢を持つ．とりわけこの箇所では，állon élitheodon, Érodes uuas という頭韻の都合上，Érodes とならざるを得ない．ただし，常に語頭アクセントである他の外国人名と異なり，Erodes のみは第2音節にアクセントが来ることも多い（たとえば71行 Eródes）．ヘロデはユダヤの隣国イドゥメアの出身で，生粋のユダヤ族ではなかった．
　61) **Hierusalem**：「エルサレム」．これも第1音節にアクセントがあり，後半行 Iudeono とともに母音頭韻を作っている．外国語の固有名詞語頭の he-, hie- は子音としては意識されておらず，Herodes-Erodes, Helias-Elias, Iêsus-Hiesus などのように，h は恣意的に用いられ，頭韻としては母音頭韻であった．**ober**：(obar, ofer) *präp.* 独語 über, 英語 over．ギリシャ語 hypér，ラテン語 super と同族語．現代独語 über と同じく静止状況（与格）か，運動方向（対格）かで格支配が異なる．ここでは民衆に対する君臨支配を表すので対格支配となる．**Iudeono**：*swm.* Judeo「ユダヤ人」の複数属格．**folc**：*stn.*「人々，民衆；軍勢」（独 Volk, 英 folk）の単数対格．ラテン語 plēbēs「大衆」，populus「人民」や，plēnus「充たされた」，ひいては独語 voll, 英語 full などと同根と思われる．古ゲルマンの社会では常に「軍勢」が第一義であり，武器を携えて民会に臨む資格のある成人男子の「総体」が原義だったのだろう．次いでこの男子の家族構成員をもすべて含む「全員，民衆」となり，さらに国家

『ヘーリアント（救世主）』

意識や民族意識の高まりとともに「民族，国民」となった．「軍勢」という意味は現在までもなお独語 Fußvolk「歩兵」，Kriegsvolk「軍隊」や，尚武的な男性名 Volker, Volkmar などに保存されている．この箇所の Iudeono folc も「ユダヤ人たち」と訳して何の問題もないのではあるが，作者や聴衆は folc という言葉に多少なりとも軍事的な響きを感じていたのではなかろうか．

62) **te kuninge**：「王として」．*stm*．kuning（独 König, 英 king）の単数与格．ラテン語 genus，英語 kin，独語 Kind などと同系語で，原義は「一族中の良き血筋の者，一族の盟主」だったと思われる．王制はゲルマン古来の制度ではなく，ザクセン族をはじめとして諸族とも民会を最高決議機関とする一種の共和制を取っていたが，メロヴィング朝の頃から王制に移行するようになって，「王」が最高支配者を意味することとなった．しかし中世盛期に至っても「王の家系に属する者，王族」として複数で用いられることが少なくない．王制導入以前のゲルマン古来の「支配者，統率者，首領」を表す語は，27行に登場する drohtin と，63行に初出の thiodan である．　**sô**：時，理由，方法などを示す *konj*．「…した時，…なので，…することによって」であるが，一種の関係代名詞とも解せる．その場合は後の人称代名詞 ina と一体になって機能することになる．　**kêser**：*stm*．「皇帝」（独 Kaiser）の単数主格．ゲルマン語に入った最古のラテン借用語のひとつ．独裁官として最高の権力者であった Gaius Julius Caesar の家族名 Caesar は，ローマ帝国においてごく初期に「元首，皇帝」という普通名詞の機能を帯びるようになり，ゲルマン人もこれをそのまま取り入れた．『ガリア戦記』でわかるように Caesar はガリア人やゲルマン人には忘れられぬ名前であり，普通名詞として極めて容易に浸透したであろう．ただしローマ皇帝は正式には imperator だったから，現代のロマンス語諸国においては caesar 系の名称は残っていない（たとえば仏 empereur）．英語においても古英語期の caesere は後に仏語系の emperor に取って代わられた．　**tharod**：*adv*．「そこへ，その場所へ」．thar に方向を示す接尾辞 -od がつ

第 1 歌 章

いたもの．現代独語 dort も同じ語構成で，したがって dort も元来は方向しか示さなかった．

63) **thiodan**：「民衆の首領，人民統率者」の単数主格．前行 kêser の同格説明語．56行に既出の thiod(a)「民衆，人々」に「指導人物，中心人物」を表す印欧祖語の接尾辞 *-eno, -ono がついたものと考えられる．（たとえばラテン語 dominus「主君」＜domus「家」＋nus「主」）．ゴート語では þiud-ans，古英語では đēoden．

64) **satta**：*swv.* settian「置く，配置する，任命する」（独 setzen, 英 to set）の過去3人称単数．**gisîdi**：*stn.*「（集合的に）従者，家来，郎党」（独 Gesinde「下男下女たち，奉公人たち」）の単数対格．*stm.* sîd「道，道中」からの派生語で，「同行者，道連れ」が原義．印欧祖語 *sent-「行く」に由来し，独語 senden，英語 to send「送る＜行かせる，旅立たせる」も同源である．「主君に随伴する者，お供する者」だから，日本語の「郎従，郎党」にほぼ対応すると言ってよい．現代独語 Gesinde は今日あまり使われることもないが，古ゲルマン，さらにその伝統を引いた中世においてはこの種の語彙は極めて重要だった．**mid sibbeon**：「血縁によって」．*stf.* sibbia「血族」（独 Sippe, 英 sib）の複数与格．印欧祖語 *se-「別箇の，自分だけの」に由来するこの語は，ゲルマン族においては父系血族の総体を指し，政治的・社会的に重要な概念だった．社会体制の変化とともに，多くのゲルマン語においてラテン語の familia 系統の語彙に取って代わられたが，ドイツ語では Sippe が19世紀初頭ロマン主義によって復活し，以来再び広く用いられている．**bilang**：*adj.*「…に属する，関連がある，結ばれている」．*adj.* lang の派生語で，原義は「（ある長いもの）に沿って」（英 along），または「（ある長さをへだてて）結ばれた」等であったろう．英語 to belong「属する」，独語 langen「手をのばす」，erlangen「手に入れる」，verlangan「要求する」，Belang「関連性，重要度」なども皆関連語である．与格の目的語を伴う．

65) **abaron**：*swm.* abaro「子孫」の複数与格．前行の *adj.* bilang

— 51 —

『ヘーリアント（救世主）』

と結んで「イスラエルの子孫に属している」の意．ゴート語 afar「後に」や独語 aber「再び」などと同源で，「後世（の人々）」のこと．元来は *adj.* の名詞化だったと思われる．常に複数でユダヤ人についてのみ用いられる．古英語にも eafora があり，abaro は英国布教団由来の単語であろう． **Israheles**：属格．「イスラエル」はユダヤ12部族の太祖ヤコブの尊称． **ediligiburdi**：*stf.* edili-giburd「高貴な生まれ，名門の産」の単数与格．具格機能の与格で「高貴な血筋をもって」の意．edili，またその古形 aðal については31行 aðalord-frumo の註を参照．giburd は49行に既出．

66) **cuman**：kuman の過去分詞．64行の was と結んだ過去完了とも，分詞構文とも解せる．過去分詞につく接頭辞 gi- は本来，行為や状態の終結・完了を示すものだったから，動詞そのものが終結や完了の相を含んでいる場合，その過去分詞は gi- を必要としない．kuman の他には sterƀan「死ぬ」（独 sterben，英♣ to starve），werðan「なる」（独 werden）などがあり，これらの過去分詞は近世に至るまで kommen，storben，worden が普通だった． **cnuosle**：*stn.* knôsal「一族，種族」の単数与格．62行の kuning「王」と同じく，ラテン語 genus「種族」，nātiō（< gnātiō）「誕生，種族」などと同根で，独語 König，Kind，英語 kin，kind などに近い関係にある． **neban**：16行に既出．ni iƀa（英 if not）からできた *konj.* ここでは「ただし…であった」，「…という事情だけを除外して」ほどの意． **thanc**：*stm.*「思い，意志；恩情，感謝」（独 Dank／Gedanke，英 thank／thought）の単数対格．形式上は *swv.* thankon（独 danken，英 to thank）の名詞だが，意味の上からは *swv.* thenkian（独 denken，英 to think）の名詞でもある．古英語 đanc と古ザクセン語 thanc は「思い」と「感謝」の両義を未分化のまま含んでいるのに対し，古高独語は早くも dank（独 Dank）と gidank（独 Gedanke）という2語で意味の違いを明らかにしようとしているのが興味深い．

67) **rîki**：「支配力，権力」．次行冒頭の *konj.* that と結んで「…する

第　1　歌　章

ほどの権力」.

68) **im**：＝Erodes. **gihôriga**：*adj*. gihôrig「言うことを聞く，従順な」(独 gehorsam) の複数主格. ラテン語 oboediens「従順な」(＜oboedire「耳を傾ける，聞く」＜ob＋audire「聞く」) の翻訳借用語. キリスト教的な従順さは尚武の気に富むゲルマン人には未知のものであったので，新たに翻訳によって作らなければならなかった. そこで audire に対応する *swv*. gihôrian (独 hören, 英 to hear) を用い，その *adj*. がこれである. ここでは述語的用法. **hildiscalcos**：*stm*. hildi-skalk「戦士」の複数主格. uuârun の主語. 極めてゲルマン的な単語で，『ヘーリアント』にはこの1例しか見られないが，古高独語にも hiltiscalh として登場する.「戦闘，闘争」を表す *stf*. hild(i) (今では古風な響きの人名となった Hildegard, Hildebrand, Brünhild などに含まれている——) に，「従者，従士，下男」の意の *stm*. skalk がついたもの. skalk は現代独語 Schalk「いたずら者，おどけ者」や，合成語 Mar-schall「元帥；主馬頭」(英 marshall, 原義は「軍馬係，馬卒」) に生き続けている.

69) **elleanruoba**：*adj*. ellian-rôf「武勇の誉れ高い，武名のある」の複数主格. aƀaron につく *adj*. とも，*adj*. の名詞化で aƀaron の同格説明語とも解せる. *stn*. ellian「武勇，勇気」(語源未詳) と，*stv*. hrôpan「大声で叫ぶ」(独 rufen) から作られた *adj*. (h)rôf「喧伝された，名声ある」との合成語. これもまたたいそうゲルマン人好みの語である.

70) **suîdo**：*adv*. swîdo「非常に，たいそう」. *adj*. swîd(i)「強い」の派生語.「健全な」の意の英語 sound, 独語 ge-sund,「迅速な」の独語 ge-schwind などと同語源と思われる. **unuuanda**：*adj*. un-wand「不変の，心変わりしない」(独 unwandelbar) の複数 (男性) 主格形. 動詞 windan「曲がりくねる」や wendian「曲げる」からの派生形容詞 wand「曲がった，異なった」に否定的接頭辞 un- がついたもの. **uuini**：*stm*. wini「友人，味方」の複数主格. 原義は「愛する者，喜ばしき者」で，ラテン語 venus「愛，愛の女神ヴィーナス」や独語 Wonne「歓喜，恍惚」，

『ヘーリアント（救世主）』

などと同根．北欧ゲルマン語は今なお「友人」の意にもっぱらこの系統の語を用いている：ven（デンマーク），vän（スウェーデン），vinur（アイスランド）．独語や英語では人名中に多く残る：Baldwin, Edwin, Winfred, Ortwin など． **than lang**：熟語的接続詞「…である間は，…のかぎりは」（独 so lange als, 英 so long as）．than は「その分だけ」の意の *adv*．しばしば関係詞 the を後に伴い，「…であるその限りの間は」のように than と the が相関関係にあることが多い． **êhta**：過去現在動詞 êgan の過去3人称単数．

71) **Erodes**：60行とは異なってここでは Eródes と読み，rîkeas, râdburdeon とともに r の頭韻を作っている．なおこの Erodes は前行 hie の補足説明． **thes rîkeas**：属格．45行と59行に既出のように giwald が属格を要求するから． **râdburdeon**：*stf*．râd-burd「執政権，政権，支配力」の 複数与格．具格的機能の与格で，「権力をもって」ほどの意．râd「助言，判断」（独 Rat）と burd「責任を負うこと，重荷」（英 burden ＜ beran, ♣ to bear）との合成語で，『ヘーリアント』にはこの1例のみ．ローマの執政官 consul を 古英語で ræd-bora「助言担当者」と訳している例があるので，ここでも「執政官としての責務」というニュアンスがあるのかもしれない．後出の mund-boro「守り手」（378行），mund-burd「保護責任」（1242行）とともに古英語系の語彙のひとつ．なおこの箇所の写本解読には諸説あり，統一的見解には達していない．たとえば M. Heyne などは râd burda On Iudeono liudi「ユダヤの人々に助言を行った，世話をした」と解する． **held**：*stv*．(VII-1) haldan（独 halten, 英 to hold）の過去3人称単数．次行の (Iudeo) liudi を対格目的語としている．

72) **Iudeo**：複数属格は Iudeono であるべきところだが，『ヘーリアント』には強変化の Iudeo も頻出する．

★60行以下，真の王族ではなく，イドゥメア（エドム）地方出身の成上り者にすぎぬヘロデ王がローマの傀儡となって暴政をしていたことの描写には，敗者ザクセン族に対して，フランク帝国派遣の代官たちが圧制を強いた

第 1 歌 章

ことへの不満がひそかに洩らされているように感じられる.『ヘーリアント』の詩人は, ヘロデ王が異族出身であることを Beda の注解などで知っており, 自分や同胞の置かれた苦境を, 成上り者ヘロデによるユダヤ人の苦境に重ねたのであろう. 高貴な血筋を尊重するザクセン族の伝統からすれば, ヘロデ王もフランク族の代官たちも軽侮の対象だったにちがいない.

72) **than... thâr**：thârはまず第一義に場所の*adv*.であるが, 時間の*adv*.であることも多く, 殊に thanと結ぶとたいていは時間の*adv*.と考えてよい：「さてその頃」.　　**gigamalod**：*adj*.「年老いた」の単数主格. 過去分詞形だが, しかし不定形は『ヘーリアント』には見られず, gigamalod も 2 例のみで, 頭韻のために用いられたと考えてよい. 古英語には gamolian「年をとる」という動詞と gamol という *adj*.とがある. 語源については「斑点, ほくろ, しみ」(独 Mal, 英 mole) に関連づける説もあるが, 確かではない.「古い」の意ではスカンディナヴィアの諸語と北独語, オランダ語で今日もとても一般的な語である (スウェーデン語 gammal, デンマーク語・オランダ語 gammel, 北独 gammelig). 現代独語でも Gammler「ヒッピー」や Gammel「がらくた」, vergammeln「かびが生えてだめになる」など耳に親しい (ただしこれらは語源が異なるとする意見もある). 分布から見て北海ゲルマン語から発し, スカンディナヴィアには北独から伝わったものと思われる.

73) **fruod**：*adj*. frôd「老成した, 経験豊かな, 賢明な」の単数主格. ゴート語 fraþi「知恵」, fraþjan「理解する」から見て「知恵のある」が原義であり,「老成した」は二義的であろう. 古層に属するゲルマン共通語彙のひとつであり, どの言語においても中世末期には使われなくなったが, 現代オランダ語 vroedのみは雅語として残っている.『ヘーリアント』の時代において既に古風な響きの語であったろう.　　**gomo**：*swm*. gumo「人, 男」の単数主格. ラテン語 homō「人」, humus「土」と関連し (原義は「土の上に住む者」?「土に帰る者」?), ゴート語 guma 以下, 全てのゲルマン語に共通の語であるが, 前項の frôd と同じくこの時代には既に古語に

『ヘーリアント（救世主）』

なっていたと思われる．したがって近世までにはほとんど消滅し，わずかに独語 Bräuti-gam や英語 bride-groom，オランダ語 bruide-gom（原義は「花嫁の男，夫」）の後半部に残るのみ．

　74）**Levias**：「レビの」．Levi の属格．Levi はユダヤ民族の太祖ヤコブの第 3 子．ユダヤ 12 部族中のレビ族の祖となる．アロンとモーセの兄弟もこの一族で，アロンの一族が祭司に，他のレビ族が補佐を務めるという形で，祭儀を司る一族ということになった．

　★この箇所のもととなった「ルカ」（1-5）では「アビヤの組の祭司で名をザカリアという者がいた．その妻はアロン家の娘のひとりで」とある．『ヘーリアント』の詩人はザカリアの名門性を強調し，（本当はいっそう名門である）妻エリザベトの出自も，それどころか名前すら示そうとしない．古ゲルマン社会の反映であろうか．

cunnes：*stn*．kunni「種族，一族」（英 kin，kind）の単数属格．liudeon と結ぶ．既出の kuning（62 行），knôsal（66 行）などとともにラテン語 genus「種族」に対応する古層のゲルマン共通語．高地独語においては中世末期に用いられなくなった．

　75）**Iacobas**：「ヤコブの」．Jakob は太祖ヤコブ．なお古ザクセン語では j- と g- とは等価音と考えられているので，この Iá- は後半行 guo- と頭韻を踏んでいる．　**suneas**：*stm*．sunu「息子」（独 Sohn，英 son）の単数属格．前行 Levi の同格説明語．　**guodero**：*adj*．gôd の女性複数属格．　**thiedo**：56 行に既出．*stf*．thiod, thioda「民衆」の複数属格．この guodero thiedo は形式上は前行 cunneas の同格説明語だが，内容上は前行前半の liudeon の補足説明と見て差し支えない．

　76）**Zacharias**：アクセントは Zá- にあり，sâlig と韻を踏む．ザカリアは洗礼者ヨハネの父，エリザベトの夫で司祭．　**sâlig**：*adj*．「敬虔な，善良な；至福の」（独 selig）の男性単数主格．ラテン語 salvus「健全な」などと同根の古層のゲルマン語だが，キリスト教の関連ではほとんど常にラテン語 beatus「至福の」の翻訳語として用いられる．独語では現在の

第 1 歌 章

selig まで途絶えることなく続いているが，英語では早く仏語系の pious に取って代られ，わずかに「幸せな」から「呆けた，馬鹿な」に大きく意味を変えた silly として残存するだけである．

77) **simblon**：*adv*．「いつも；なおも」．印欧祖語 *sem-「ひとつの，共に」に由来し，ラテン語 semel「かつて一度」，semper「いつも」，ゴート語 simle「かつて一度」などと同根で，原義は「時を同じくして，一気に，続けざまに」だったらしい． **gerno**：*adv*．「喜んで，好んで」(独 gern)．印欧祖語 *gher-「欲しがる」に由来し，独語 be-gehren，英語 to yearn も同根． **theonoda**：*swv*．thionon「仕える」(独 dienen) の過去3人称単数．ゴート語 þius「下男，従僕」，同義の古英語 đeo(w)，古ノルド語 þewar からわかるように，「不自由民として仕える」がゲルマン祖語 *þeo- の原意と思われる．これは更に印欧祖語 *teku̯-「走る」に由来し，したがって「主人の命によって走りまわる」が最初の出発点であったろう．『ヘーリアント』には thionon の他に thiu／thiwi／thiwa「下女」，thionist「仕えること」(独 Dienst)，thio-lîko「へりくだって，謙虚に」などがこの系統の語である (独 Demut「謙虚さ」の De- もここに属する)．

78) **uuarahta**：*swv*．wirkian「行う，働く」(英 to work，独 wirken) の過去3人称単数．36行に giwirkian の形で既出． **is**：god を指す． **uuilleon**：*swm*．willio「意志，心」(独 Wille，英 will) の単数与格．次の aftar と結んで「神の御心のままに」． **deda**：不規則動詞 dôn (英 to do，独 tun) の過去3人称単数．古ザクセン語の dôn は現代英語と同様，代動詞の機能も持っていた．ただしこの箇所はその例ではない． **uuîf**：*stn*．「妻，成人女性」(英 wife，独 Weib) の単数主格．ゴート語にはなく，西ゲルマン語 (と部分的に北ゲルマン語) において，quena「女，妻」(♣英 queen) と並んで登場するこのポピュラーな語の語源は未詳である．現在は，ゴート語 bi-waibjan「巻きつける」，独語 weben，英語 to weave などと同根で「既婚婦人として頭に布を巻いた人」の意とする説が有力であるが，別に印欧祖語 *u̯eib-「ぐるぐるまわる」から「忙しく動き

— 57 —

『ヘーリアント（救世主）』

まわる人」との説，また「子宮を持った人」という説もある．常に中性であることがこの語をめぐる論議の中心となる．英語 woman は古英語 wīfmann から発達したものであるが，独語においては既に中世に身分ある女性には frouwe（＝Frau，原義は「最先端の，第一等の女性」——ちなみにこの男性形が frô, frôho「主君」で『ヘーリアント』にも頻出する）が用いられるようになり，後にこちらが全ての既婚婦人の名称となって，旧来の Weib は蔑称に成り下がってしまった． **sô self**：「同様に」．*adv*. と考えてよい．

79) **iru**：女性単数与格の再帰代名詞．古ザクセン語は古英語と同じく本来の再帰代名詞（独 sich）は失っており，人称代名詞を代用した．この与格 iru は文法上の必要性はなく，いわゆる「関心の与格」ethischer Dativ と考えてよい． **gialdrod**：*adj*.「年老いた」．*swv.* aldron（独 altern）の過去分詞．もちろん *adj*. ald からの派生語． **idis**：*stf*.「女，妻，娘」の単数主格．古英語 ides，古高独語 itis, idis，古ノルド語 dís「姉妹；女神」．古高独語の呪文詩 Merseburger Zauberspruch では敵を防ぎ味方を助けるヴァルキューレたちのことであり，元来は単なる人間の女ではなく，女神のことだったらしい．古高独語 Otfrid もマリアを指して itis と言っている．古英語と古ザクセン語では「人間の女」をも意味するが，散文には登場せず，既に雅語となっていたと思われる．ゴート語 aiþei「母」や，さらにエジプトの女神 Isis（単数属格 Idis，複数 Ides）と関連づける説もある．タキトゥスの "Germania" の9章によれば，スェービー族の一部は Isis 女神を崇拝していたという．Augsburg に Isis 神殿の遺跡は実際に確認されているので，このタキトゥスの情報も無下に否定できず，この女神名が古来のゲルマンの女神たちの名に影響を及ぼしたことも考えられる． **muosta**：15行註を参照：「許されなかった」． **im**：複数与格．Zacharias 夫妻を指す． **erbiuuard**：*stm*. erbi-ward「相続者，跡継ぎ」（独 der Erbe）の単数主格．muosta の主語．古代ユダヤ社会では当然「息子」を意味し，古ゲルマン諸語では広く「子孫」の意味のケニングともなる．erbi

第 1 歌 章

の原義は「孤児（に残された財産）」で，独語 Arbeit「（原義）孤児がやらねばならぬ辛い仕事」や arm「（原義）孤児のように貧しい，哀れな」，また英語 orphan などと同根．後半の -ward は *stm*. ward「庇護者，守り手」（独 Wart, Warte, 英 -ward）で，「守る，世話をする」の意の *swv*. wardon（独 warten, 英 to guard）の派生語である．なお英語 to guard は，このゲルマン語が一度古い仏語に取り入れられて，そこから再度英語に採用された語形である．

80) **iuguđhêdi**：*stf*. iuguđ-hêd「若さ，若い時期」（独 Jugend, 英 youth）の単数与格．*adj*. jung（独 jung, 英 young）の派生語．接尾辞 -hêd（独 -heit, 英 -hood）は元来「状態，身分」を表す独立的男性名詞だったが（4161行に hêd として登場），この頃からラテン語 -tas の影響で女性の接尾辞としての用法が広まった（507行，600行）．　**gibidig**：*adj*.「贈られた，恵まれた」の男性単数主格．*stv*. geban（独 geben, 英 to give）からの派生語．したがって gi- は接頭語ではなく，強勢を帯びて前行の iu- と頭韻を踏む．

81) **libdun**：*swv*. libbian（独 leben, 英 to live）の過去3人称複数．主語ははっきりと表現されていないが79行の im，すなわち Zacharias と妻を意味上受け継ぎ，「この夫婦は」を補って考える．

★「ルカ」（1－5）以来，ザカリアの妻エリザベトの名は聖書には何度も挙げられているのに，『ヘーリアント』にはこの固有名詞は一度も登場しない．74行の註を参照．

im：再帰代名詞，複数与格．79行 iru と同じく「関心の与格」．　**far-ûter**：*präp*.（対格支配）「…なしで」(-ûter の部分は独 außer, 英 without の out に対応)．接頭辞 far- は独語 ver-, 英語 for- に対応．稀にしか用いられない語で『ヘーリアント』にはこの他1058行に1例のみ．　**laster**：*stn*. lastar「罪悪，悪行」（独 Laster）の単数対格．*stv*. lahan「罪を犯す」からの派生語．現代独語 Laster は古来の「神への罪悪」の意を失い，「悪癖，悪習」に弱まっているが，lästerlich「瀆神的な」や Läs-

『ヘーリアント（救世主）』

terung「瀆神」には古義が保たれたいる． **uuarhtun**：＜*swv*. wirkian． **lof**：*stn*. 「賞賛」（独 Lob）の単数対格． *swv*. lobon（独 loben）の派生名詞．印欧祖語 *leubh-「愛好する」に由来し，独語 lieb, lieben, 英語 to love なども同根．ゴート語を除く全てのゲルマン語で極めて早く「神への讃美」の意味を得た． **goda**：＝gode.

82) **hebancuninge**：*stm*. heban-kuning「天の王，天帝」（独 Himmelskönig, 英 heaven king）の単数与格． *stn*./*m*. heban（英 heaven）の語源と，himil に比べてより新しいその語形については11行 himila の註を参照．ゲルマン諸族はキリスト教改宗とともに「自然的な空」に対する「神の座としての天」を知った．言語によってはこの二つの概念を言葉でも区別するようになったが（たとえば英 heaven と sky），古英語，古高独語，古ザクセン語はそのような区別を持たない．さて合成語 hebankuning は教会ラテン語 rex caeli，または rex caelestis の翻訳借用語と思われる．福音書自身にはこの「天の王」という語は登場しないが，しかし既に6世紀頃から西方教会に普及していた栄唱 "Gloria" の冒頭に用いられており（Dominus Deus, Rex caelestis, Deus Pater omnipotens），カロリング・ルネッサンスを経たこの時代には人口に膾炙した表現であったろう．ただし強いられて改宗したばかりのザクセン人聴衆には，まだ耳新しかったかもしれない．

83) **diuridon**：*swv*. diurian「誉め称える」の過去3人称複数．27行に既出．そこでもふれたようにこの名詞形 diurida「讃美」は上述のラテン語 gloria の訳語としてこの時期に定着しており，『ヘーリアント』作者はこの箇所のあたりでは栄唱 "Gloria" を意識して筆を運んだように思われる． **ûsan**：所有代名詞 ûsa（独 unser，英 our）の男性単数対格． **uueldun**：＜wellian． **derbeas**：27行に既出の *adj*. derbi の中性単数属格．名詞的用法で次の wiht と結び「悪しきことの何かを」の意． **uuiht**：*stm*.「①こと，もの；②妖精，悪魔」の単数対格．ゴート語 waíhts 以来の共通ゲルマン語であるが，語源未詳．①の「こと，もの」の意では否定詞

第　1　歌　章

ne, nio と結んで niowiht となり，独語 nicht, nichts として現在に至る．他方 wiht は②として直接にその名を呼ぶのがタブーとしてはばかられる存在――妖精，コボルト，悪霊など――を指す一種の代名詞（丁度日本語の「もののけ」などの「もの」に対応する）として用いられ，特に複数形で古英語，古高独語，古ノルド語，古ザクセン語に多用された．現代独語 Wicht, デンマーク語 vætte, スウェーデン語 vätte （いずれも「小妖精，地霊」などの意）などがその名残である．83行のこの例はもちろん①の用法で，ni... derƀeas wiht 「悪しきことのひとつも…ない」の意．

84) **mênes**: *stn*. 「冒瀆，不義」の単数属格．前行の wiht と結び，derƀeas wiht のヴァリエーション．mên は「交換」が原義だったが，「取り換える→たぶらかす」という，おそらく原始的物々交換に由来する意味変遷を経て，ゲルマン祖語において既に「不正，不義」を意味していた．ドイツ語では中世末期に使用されなくなったが，（中高独語 mein），英語では mean 「卑劣な」として，独語でも gemein 「卑怯な」や，Mein-eid 「偽証」などに生き延びている．『ヘーリアント』では mên の他に mên-dâd 「不正行為」, mên-skuld 「罪悪」など mên- の合成語が頻出する．

85) ★ここから M 写本も始まる．

ne... ne... : *adv*. 「…でもなく…でもない」．　**saca** : *stf*. saka 「①訴訟，裁判沙汰；②法にもとる罪悪，犯罪；③事柄，物事」（独 Sache）の複数もしくは単数対格．ゲルマン祖語 *sakan 「（法的に）争う，非難する」や *sōkjan 「探求する」（独 suchen, 英 to seek）と関連し，単なる「探求」から「法的な追求」を経て「訴訟沙汰」へ，そして「罪」，キリスト教的「罪悪」へと発展した．既にゲルマン祖語 *sakō がこれらの意味をすべて備えていたらしい．ただし「法律の事例」がただの「事柄，物事」に変わるのはやや遅れる．同様の意味推移が thing についても起こったことについては27行註を参照．この語の法律用語的響きは，現代独語ではやや古風となった Sachwalter 「弁護人」や, in Sachen X 「X の訴訟において」などの表現にかすかに残る．また英語の for the sake of も元来は法律用語だっ

た．**sundea**：*stf*. sundia「不義，（道徳上の）罪悪」（独 Sünde，英 sin）の単数対格．もっぱら道徳的・宗教的不義について用いられ，この箇所も法律的・世俗的な saca と対比させて sundia と言っている．この語の由来は確かではないが，独語 Schaden「害」や Scham「恥辱」と同根とする説の他に，ラテン語の *adj*. sōns（単数属格は sōntis，対格は sōntem）「罪のある」が，極めて早い時期にゲルマン語に取り入れられたものという説もある．しかし教会関係のラテン語では「罪」には delictum や peccatum という語が一般的であり，なぜ sōns が…？という疑問が残る．**im... an sorgun hugi**：「彼らの思いは苦慮の中にあった」．hugi が主語で，im はいわゆる「所有の与格」．sorgun は *stf*. sorga「配慮，心配，苦悩」（独 Sorge，英 sorrow）の複数与格．ゴート語 saúrga をはじめとするゲルマン諸語に共通の古い単語だが，語源未詳．

86) **môstun**：15行 muosta の註を参照．

87) **ac**：*konj*.「しかし；そうではなくて」．ゴート語 ak, 古英語 ac, 古高独語 oh など各ゲルマン語に対応語が見られるが，語源は未詳．形がよく似ている ôk「…もまた」（独 auch；ゴート語 auk, 古英語 éac, 古高独語 ouh）は別語である．**uuârun**：主語は前行の sie．**im**：再帰代名詞，3人称複数与格．「関心・利害・所有の与格」のどれとも決定できない与格．**barno**：barn の複数属格．次の *adj*. lôs が属格支配のため．**lôs**：*adj*.「…がない，…を失った」（独 los[e]，英 loose, less）．独語 ver-lieren, Ver-lust などの後半部も同根．属格の目的語をとる習慣は今もなお独語 aller Sorgen（複数属格）los und ledig sein「あらゆる心配から解放されている」などの固定表現に見られる．

88) **Hierusalem**：語頭に強勢があり，後半行の gigéngi と頭韻を踏む（61行と75行の註を参照）．**sô oft sô**：従属接続詞．英語 as often as，独語 sooft．**gigengi**：*stn*.「順番，行程」（独 Gang）の単数主格．*stm*. gang「行程，経過」と同じく *stv*. gangan（独 gehen，英 to go）からの派生語．原拠となった「ルカ」（1－8）では「自分の組が当番で」（in or-

第 1 歌 章

dine vicis suae）であるが，「自分の組」は無視されている．あまりに細かいユダヤ教的事柄であるからであろう．**gistôd**：*stv*.（VI） gi-stân／gi-standan「生じる，起きる」（独⚘ ent-stehen）の過去3人称単数．接頭辞のつかない stân／standan は「立っている，ある状態である」という継続的状況を表すが，完了相化の機能を持つ接頭辞 gi- がついて，成立や発生が表現される．ただしゴート語をはじめとする古ゲルマン諸語においてこの接頭辞は多くの場合，もはや大きな意味の差異なしに，ほとんど恣意的に用いられているが，この箇所の gi- はそうではない．

89) **that**：*konj*. であり，代名詞ではない．前行の gigengi と緩やかに結び，「…という順番」または「順番が来て，そこで…」ほどの意．**ina**：< he. **torhtlîco**：*adv*.「輝かしく」．*adj*. は torht, torhtlîk「輝かしい，立派な」．古英語，古高独語にも登場するが，既にやや古風な雅語となっていたらしい．この語をここに用いたのは（頭韻上の理由は当然として），時の推移を計るための太陽や月，または占星術を踏まえているのだろう．**tîdi**：*stf*. tîd「時，時代」（独 Zeit，英 tide および time）の複数主格．印欧祖語 *dā(i)「分割する」に由来し，「細かく分割した（時の）単位」が原義と思われる．この語根に接尾辞 -mon がついたもの（古英語 tîma，英 time）と，-t がついたもの（tîd, tide, Zeit）と両種あり，英語においては古くは無差別に用いられたが，中英語期から使い分けが生じて現今の tide「海の潮」と time とに分かれた．やはり両種の語を持っていた北ゲルマン語のヴァイキングによる影響があるかもしれない．これに反し大陸ゲルマン語はほぼ tîd 系のみで，ただアレマン方言に zîma「機会」という語が見られるのみである．**gimanodun**：*swv*.（gi）manon「促す，勧告する；思い出させる」（独 mahnen）の過去3人称複数．対格目的語 ina を持つ．印欧祖語 *men-「思う」に由来し，独語 meinen，英語 to mean, to re-mind，ラテン語 meminī「思い出す」，moneō「促す，思い出させる」などと同根．古英語(gi)manian は早期に mind, remind 系の語彙によって取って代られた．

『ヘーリアント（救世主）』

★89行は原拠となった「ルカ」には基づかない自由な挿入句．gigengi という単語に誘われて「時間」の持つ運命的性格を強調した文とも，あるいは torhtlîko から考えて，星辰で時間を計測したこと，もしくは占星術で人の行動を決めたことを表す文とも解釈できよう．

90) **sô**：88行の sô oft sô に対応する．　**scolda he**：87行の Than scolda he を反復する．　**at**：*präp.*（与格支配）「…において」（英 at）．ラテン語 ad と同源．古高独語では az, azs という形で存在したが，後に an（英 on）や zu（英 to）に取って代られた．　**uuîha**：*stm.* wîh「聖所，神殿」の単数与格．ラテン語 victima「いけにえ，犠牲獣」（英 victim）と同語源かと想像されるこの語彙の系統は，「聖なる」という語義でゴート語 weihs をはじめとするすべてのゲルマン語に存在していたが，早い時期に英国系の heilig 系語彙（英 holy；7行 hêlag の註を参照）に取って代られ，現在では Weih-rauch「抹香，乳香」や Weih-nachten「聖夜，クリスマス」などに残るにすぎない．『ヘーリアント』の時代には wîh 系の語は既に古語になっていたものと思われ，独立した *adj.* としては常に hêlag が使われており，wîh は wîh-dag「祝日」や wîh-rôk（＝Weihrauch）などの合成語にしか見られない．それにもかかわらず「聖所，神殿」の意味には圧倒的にこの wîh を用いているのは（他に alah という，やはり古語も登場するが），『ヘーリアント』詩人がまず第一に聴衆にわかりやすいゲルマン固有の表現を選んだこと，さらに言えば w- 音の頭韻を好んだこと，に帰せられよう．他のゲルマン語では古ノルド語も同系の vê を好むが，古高独語や古英語には皆無といってよいほど稀有な語である．ちなみに古高独語や古英語は外来語 tempel や言い換え表現の gotes hûs を使うことが多い．　**uualdandes**：wîha につくと考えてよい．　**geld**：*stn.*「いけにえ，供物；報い，支払い」の単数対格．ゴート語 gild「年貢，税金」をはじめとする共通ゲルマン語彙．ゲルマン祖語 *geldan は「（いけにえを）捧げる」が原義で，英語 to yield「与える，譲る」や独語 ver-gelten「お返しをする」に，さらにまた独語 gelten「通用する」や Geld「通貨，金銭」に少しずつ意味

第 1 歌 章

を変えながら残っている．元来は『ヘーリアント』のこの例のように，「供物を捧げる」という宗教儀礼の表現だったらしいが，後には年貢や税金のような俗領域にも用いられるようになった．なお中世商人などの同業者組合を指す「ギルド」（独 Gilde，英 guild）も同語源で，特定の神々に（後には特定の守護聖人に）供物を捧げる同業者集団のことである．

91) **hêlag**：前行末の geld を修飾する中性単数対格の *adj*． **bihuuerban**：*stv*． bi-hwerban「執り行う，挙行する」の不定形．自動詞 hwerban「（あちこち）動く，行く」（独 Wirbel，英 whirl や，独 werben と同根）に他動詞化の機能をもつ接頭辞 bi- がついて，「（あれこれして）やってのける，執り行う」の意．

92) **iungarskepi**：*stm*．「奉仕，奉公；礼拝」の単数対格．前半の iungar は *swm*． jungaro「弟子；奉公人」（独 Jünger）の短縮形．接尾辞 -skepi（独 -schaft，英 -ship）については44行 liudscepi の註を参照． jungaro は *adj*． jung（独 jung，英 young）の比較級の名詞化であるが，おそらくラテン語 iunior（iuvenis「若い」の比較級）をなぞった翻訳借用語．福音書のラテン語では師イエスの magister ないし praeceptor に対し，「弟子」は discipulus（＜disco「学ぶ」）であり，古英語では直訳して leornere（英 learner）というが，大陸ゲルマンではこの師弟関係をラテン語 senior「先輩，先生」と iunior「後輩，弟子」の関係としてとらえ，前者をゲルマン語 hêrro（原義は「より年老いた者」），後者を jungaro（古高独語は jungiro）と翻訳して表すのが普通だった．この hêrro から後に「主君」の意の独 Herr が生じたことからもわかるように，hêrro：jungaro という結合は単なる学問上の師弟関係をはるかに逸脱しており，むしろ「武将」と「若い家来，小姓」のような世俗的長幼関係の雰囲気が強い．この jungarskepi は90行の geld「いけにえ，供物」の言い換え，同義反復語であり，「神の召使いとしての奉仕」と翻訳することができるが，どこかにゲルマン人の尚武の響きがかすかに感じられる．とはいえ，ここで jungar- が用いられているについては，何よりもまず go-，ju-，ge- による

『ヘーリアント（救世主）』

頭韻という要素が最も重要なのであり，過度に語義の含意にこだわるべきではない．**gern**：*adj*．「…を好む，希求する」．述語的にしか用いられない *adj*．で，属格の目的語や ze 不定詞，あるいはこの例のように接続詞 that を伴う．つまり was gern で「…を熱心に望んだ」の意．印欧祖語 *g̑her- に由来する共通ゲルマン語で，独語 be-gehren「欲する」，Be-gierde「欲望」，gern(e)「好んで」なども同系．この例のような *adj*．としての gern は新高独語では消失し，その *adv*．の gern(e) のみが残っているわけである．(gerno は77行に既出)．

93) **môsti**：môtan の接続法過去．彼の心中の思いを告げるための（広義の）間接話法．15行に註記したように môtan の第一義は「（神の配剤によって）できる，許されている」であり，「ねばならぬ，ちがいない」は副次的意味である．

【訳　文】

第1歌章

多くの人々が　やむにやまれぬ気持に駆られ，
…………………　神の言葉を語り始めた，
あの神秘的出来事を，かの強力なキリストが
人の世に立ち混じって　言葉と行為とをもって
奇跡を成したということを。多くの賢者が，　　　　　　　　　　　　5
多くの人の子がこれを，キリストの教えを
神の聖なる言葉を称えんと願い，自らの手をもって
美々しい書物に書かんと欲した：いかにして人の子が
神の掟を成し遂ぐべきかを。だがかほど多くのその中で，
この目的を果たすべく，神の力と　　　　　　　　　　　　　　　10
天の助け，聖霊とキリストの力とを　得られたのは
ただ四人だけであった。彼らのみがかの福音を，

― 66 ―

第 1 歌 章

　　また神の多くの命令を，そして聖なる天の言葉を
　　書物に書き留めるべく　ことさら選び出された
　　人たちであった。これをするのは勇者たちの他の者では，　　　　　15
　　他の人の子らであってはならなかった。ただこの4人だけが
　　神の力によって　選ばれたのだった。
　　マタイとマルコ──そういう名前の者たちだった──
　　そしてルカとヨハネとである。彼らは神の覚えめでたく，
　　この任務にはふさわしかった。支配者たる神はこの者たちに，　　　20
　　この勇者たちの心の中に　聖なる御霊を
　　しっかり託された；また敬虔な思いと
　　多くの賢い言葉と　大いなる英知をも。
　　つまり彼らこそが　聖なる声をあげて伝えるようにと，
　　あのすばらしき福音を。福音はこの人の世においては　　　　　　25
　　比類なき言葉の数々にして，支配者かつ主君たる御方を
　　いやましに誉め称え，悪事と瀆神の数々を
　　打ちひしぎ，また宿敵の憎悪と反抗に
　　立ち向かうべきもの──なんとなれば神の御心は強く，
　　同時に寛大かつ善良であられたから。福音（を伝える者）の師であり　30
　　全能にして　高貴なる創造主である御方は。
　　この4人の者はそこで　指を用いて書くのであった，
　　文を草して唱詠し，皆に説き教えた，
　　彼らがキリストの　偉大な力について
　　見たり聞いたりしたことを。またキリスト自らが　　　　　　　　35
　　教え，行ったことを。数々の奇跡を
　　人々のもとで数多く　力強き主君は行ったが，
　　この世の全き始めから　ただひとりの力によって
　　支配者である主君が語ったことを。はじめてこの世を作った時，
　　ただひとつの言葉によって　全てを彼は包みこんだ，　　　　　　40

『ヘーリアント（救世主）』

天と地を，また天と地にはさまれた全てのものを，
作られたものも，成長したものも全てを。それはみな神の言葉で
しっかりと包まれ，この言葉に従って次のことが定められた。
どの民族が　最も広大な国土を
支配すべきであるか，また，この世界はいつになったら　　　　　　　　45
終末を迎えることになるのか。人の子らの前には
まだひとつの時代が残っていたが，五つは既に過ぎていた。
つまり第六番目が　幸いにもこれから来ることになっていた。
神の力と　キリストの誕生によって
救い主たちの最善の御方の，また聖霊の力によって，　　　　　　　　50
この中つ国に　多くの者を助けんがため，
また人の子らの役に立たんと，敵の悪意を打ち砕き，
腹悪しき者どものたぶらかしを防ごうと。さて主なる神は
ローマの人々に与えておられたのだ，国々の最大のものを。
この国のつわものたちの　心を強めておられた，　　　　　　　　　　55
だから彼らは　どの民族をも圧倒し，
ローマの城から発して　天下を従えたのだ，
兜を抱いた戦士たちは。ローマの総督たちが
至る地域に君臨し，人々を支配していた，
あらゆる異国の民草を。ヘロデはそのころ　　　　　　　　　　　　　60
エルサレムで　ユダヤの民の
王に選ばれていた。皇帝は彼をその地へ，
ローマ城の　勢い盛んな支配者は，
臣下として任命したのだ。だが彼はこの種族と血縁はなかった，
イスラエルの子孫たちと　気高い血のつながりは。　　　　　　　　　65
その種族の出自ではなかった。ただ単に皇帝の恩顧により，
ローマ城からの恵みによって，支配の権利を得ただけだった。
だから勇士の面々もまた　彼に従っていたのである，

第 1 歌 章

武名鳴り響く　イスラエルの子孫たちも，
たいそう忠実な味方として。ただし彼が支配権を握っていたその限り，　　70
ヘロデがこの領土に対して，そして政務権を有して
ユダヤの民を支配していた限りは。さてその頃一人の老人がいた。
経験豊かな人で，賢い思考の持主だった。
彼はレビの部族の　出自であって，
つまりヤコブの息子のレビのことだが，よき一族の出であった。　　75
名をザカリアといった。たいそう敬虔な人物だった。
というのも，いつも喜んで　神に仕え，
神の御心どおりに全てを行ったから。彼の妻もまた同じであった。
――すでに高齢の婦人であった：この夫婦がまだ若かった時，
後継ぎの子には　恵まれない定めにあった――　　80
彼らはいかなる不義も行わず，神を称えて生きていた。
たいそう従順に　天帝の教えに従い，
我らの主君を讃美していた。いかなる曲がったことも，
人々に立ち混じって　邪悪なこともしようとはしなかった，
裁判沙汰も不義不徳も。しかし二人の心には愁いがあった，　　85
後継ぎの子に　恵まれず，
子供がひとりもいないがゆえに。ところでザカリアは神の定めを，
エルサレムにおいて　自分がその順番に当たるたびに，
輝かしくも　その時が来たことを告げられるたびに，
支配者である御方の神殿において　聖なるいけにえの儀式を，　　90
天帝の神殿において　執行することになっていた，
神への礼拝を。実に彼は熱き思いをもって
敬虔な心をもって　これを自分が行うことを喜んでいた。

第 2 歌 章

      Thô uuarđ thiu tîd cuman,   −that thar gitald habdun
95 uuîsa man mid uuordun,   −that scolda thana uuîh godes
      Zacharias bisehan.   Thô uuarđ thar gisamnod filu
      thar te Hierusalem   Iudeo liudio,
      uuerodes te them uuîha,   thar sie uualdand god
      suuîđo theolîco   thiggean scoldun,
100 hêrron is huldi,   that sie hebancuning
      lêđes alêti.   Thea liudi stôdun
      umbi that hêlaga hûs,   endi geng im the gihêrodo man
      an thana uuîh innan.   That uuerod ôđar bêd
      umbi thana alah ûtan,   Ebreo liudi,
105 huuan êr the frôdo man   gifrumid habdi
      uualdandes uuilleon.   Sô he thô thana uuîrôc drôg,
      ald aftar them alaha,   endi umbi thana altari geng
      mid is rôcfatun   rîkiun thionon,
      −fremida ferhtlîco   frâon sînes,
110 godes iungarskepi   gerno suuîđo
      mid hluttru hugi,   sô man hêrren scal
      gerno fulgangan −,   grurios quâmun im,
      egison an them alahe: hie gisah thar aftar thiu ênna engil
      ⌊godes
      an them uuîhe innan,   hie sprac im mid is uuordon tuo,
115 hiet that fruod gumo   foroht ni uuâri,
      hiet that hie im ni andriede: 'thîna dâdi sind', quathie,

第 2 歌 章

    'uualdanda uuerđe   endi thîn uuord sô self,
    thîn thionost is im an thanke,   that thu sulica githâht
        ⌊habes
    an is ênes craft.   Ic is engil bium,
120 Gabriel bium ic hêtan,   the gio for goda standu,
    anduuard for them alouualdon,   ne sî that hi me an is
        ⌊ârundi huarod
    sendean uuillea,   Nu hiet he me an thesan sîđ faran,
    hiet that ic thi thoh gicûđdi,   that thi kind giboran,
    fon thînera alderu idis   ôđan scoldi
125 uuerđan an thesero uueroldi,   uuordun spâhi.
    That ni scal an is liba gio   lîđes anbîtan,
    uuînes an is uueroldi: sô habed im uurdgiscapu,
    metod gimarcod   endi maht godes.
    Hêt that ic thi thoh sagdi,   that it scoldi gisîđ uuesan
130 hebancuninges,   hêt that git it heldin uuel,
    tuhin thurh treuua,   quađ that he im tîras sô filu
    an godes rîkea   forgeban uueldi.
    He quađ that the gôdo gumo   Iohannes te namon
    hebbean scoldi,   gibôd that git it hêtin sô,
135 that kind, than it quâmi,   quađ that it Kristes gisîđ
    an thesaro uurdun uuerold   uuerđan scoldi,
    is selbes sunies,   endi quađ that sie sliumo herod
    an is bodskepi   bêđe quâmin'.
    Zacharias thô gimahalda   endi uuiđ selban sprac
140 drohtines engil,   endi im thero dâdeo bigan,
    uundron thero uuordo: 'huuô mag that giuuerđan sô', quađ
        ⌊he,

『ヘーリアント(救世主)』

```
     'aftar an aldre?      it is unc al te lat
     sô te giuuinnanne,     sô thu mid thînun uuordun gisprikis.
     Huuanda uuit habdun aldres êr     efno tuêntig
145  uuintro an uncro uueroldi,     êr than quâmi thit uuîf te mi;
     than uuârun uuit nu atsamna     antsibunta uuintro
     gibenkeon endi gibeddeon,     siđor ic sie mi te brûdi gecôs.
     Sô uuit thes an uncro iuguđi     gigirnan ni mohtun,
     that uuit erƀiuuard     êgan môstin,
150  fôdean an uncun flettea,     nu uuit sus gifrôdod sint
     —habad unc eldi binoman     elleandâdi,
     that uuit sint an uncro siuni gislekit     endi an uncun sîdun lat;
     flêsk is unc antfallan,     fel unscôni,
     is unca lud giliđen,     lîk gidrusnod,
155  sind unca andbâri     ôđarlîcaron,
     môd endi megincraft —,     sô uuit giu sô managan dag
     uuârun an thesero uueroldi,     sô mi thes uundar thunkit,
     huuố it sô giuuerđan mugi,     sô thu mid thînun uuordun
                                            ⌊gisprikis'.
```

[福音書との対応] 96行までは「ルカ」1章8節, 101—106行は同10節, 106—114行は同11節と12節, 114—119行は同13節, 119—123行は同19節, 123—125行は同13節, 126—138行は同15, 17節, 139—158行は同18節に対応. この最終部分は作者による大幅な補足的創作であり, 興味深い(158行後の註を参照).

[Tatianとの対応] 2章3節—8節.

第 2 歌 章

【註 解】

94) **uuarđ... cuman**：cuman は過去分詞(66行の註を参照). 現代独語 war... gekommen にほぼ対応する. しかし werđan「なる」の意味に応じて「時が到着したということが生じた」が原義であるから, 過去完了というよりはむしろ「発生」を強調する単純過去に近い. wesan... cuman の場合とは微妙なニュアンスの差がある. 過去完了という時制が確立する以前の表現のひとつ.　**that**：指示代名詞, 「そのことを」.　**gitald**：*swv.* (gi)tellian「物語る；数える」(独[er]zählen, 英 to tell)の過去分詞. 独語 Zahl「数」, 英語 tale「物語」, オランダ語 taal「言語」なども同源. 「ひとつ, ふたつ…」と声をあげて数え上げることが, 順を追って次々と物語ることに転じ, オランダ語ではその「言語」にまで発展したわけである.

95) **uuîsa man**：「賢者たち」. 複数主格. 5行以下に述べられた賢者たちのこと. 「ルカ」1章1−2節の「多くの人々」と考えてよいが, あるいはメシアの到来を予言していた旧約の預言者たちをも含めて考えるべきかもしれない.　**that**：*konj.* 94行の thiu tîd の内容を説明する文を導く：「…というその時が」.

96) **bisehan**：*stv.* (V)「世話をする, 面倒を見る」の不定形. sehan は「見る」だが, bi-sehan は「見守る」→「面倒を見る」.　**gisamnod**：*swv.* (gi)samnon「集める」(独 sammeln)の過去分詞. ward... gisamnod で過去の受動態. 印欧祖語 *sem-「ひとつの, 結合した」を語根とするこの語は, 独語 gesamt や zusammen, 英語 same, ひいてはサンスクリット語に由来する日本語の「三昧」などとも同源である.　**filu**：＝filo.「多数」の意の代名詞で次行の Iudeo liudeo (複数属格) と結ぶ.

98) **uuerodes**：*stn.* werod「人々；民衆」の単数属格, 前行 Iudeo liudeo の同格説明語. やはり96行の filu と結ぶ. werod は「男, 人間」の意の wer の集合名詞. wer はラテン語 vir「人」と同系の語で共通ゲルマン語であるが, 独立語としては早く失われ, 独語の Wer-wolf「人狼」や Wer-geld「殺人賠償金」, また独語 Welt, 英語 world (＜wer＋ald「人の世代」, 26行

− 73 −

werold の註を参照）などに名残をとどめているに過ぎない．

　99) **theolîco**／**thiolîko**：*adv*．「うやうやしく」．77行に既出の *swv*. thionon「奉仕する」(独 dienen) と同根．独語 Demut「謙虚」や demutig「へりくだって」の De-, de- も同系．　**thiggean**／**thiggian**：*swv*．「懇願する；（願って）受け取る」の不定形．西ゲルマン語と北ゲルマン語に存在するが，ゴート語には見られない．目的語として人の対格（ここでは god と hêrro）と物の属格（huldi）をとる．

　100) **hêrron**：*swm*．hêrro「主，主君，天主」(独 Herr) の単数対格．98行 god の同格説明語．この語は元来 *adj*．hêr「高貴な」(独 hehr) の比較級であり，さらに語源を遡ると「灰色の，白髪の」(英 hoar)，すなわち「年老いて崇高な，ものさびた」を意味した．6世紀頃から口語ラテン語の世界で従来の dominus「主君」に代わって，senior（senex「老成した」の比較級）がしきりに用いられるようになっており，特にフランク王国でこの傾向が強かった．大陸ゲルマン族がこの senior を翻訳借用したのが hêrro（古高独語 hêr[i]ro) であると思われる．最初は主として世俗的な主君に関して用いられ，キリストや神には drohtin (27行註を参照；古高独語 truhtin) という，より古い語を使う傾向があったが，次第に hêrro 系が優勢となった．『ヘーリアント』においては頭韻の必要もあって，hêrro と drohtin とはほとんど無差別に使われているが，ただ hêrro は時にヘロデ王などの世俗の主を指すことがあるのに対し，drohtin は（1例を除いて）全て神ないしキリストを示す点が異なる．なおこの senior は，今日なお伊語 signor, 仏語 monsieur などとして独語 Herr に対応している．　**huldi**：*stf*．「恩恵，恩寵」(独 Huld) の単数属格．前行 thiggean の属格目的語．ゴート語以来のゲルマン共通語彙に属する *adj*．hold「好意的な」(独 hold) の派生名詞．中世盛期においては臣下の忠誠に報いる主君の恩恵，気前良さに重点が置かれるようになるが，『ヘーリアント』の時代にはまだそのような色は強くない．　**that**：目的の接続詞（独 auf daß, 英 in order that など）．　**sie**：複数対格．he-bancuning は主格．

第 2 歌 章

101) **lêdes**：*stn*. lêđ「罪悪，災い，悪事」(独 Leid) の単数属格．次の alêti の属格目的語．共通ゲルマン語だがゴート語聖書には登場しない．*adj*. lêđ (独 leid, 英 loath)「いやな，不快な」の名詞．現代独語の Leid, leid は受動的な悲しみの意味が濃いが，古くは積極的に他者に与える「災い」をも意味した． **alêti**：*stv*. (Ⅶ-1) a-lâtan「許す，免責する」(独 er-lassen, 英 to let) の接続法過去3人称単数．目的語として人の対格 (sie) と物の属格 (lêđes) をとり，「彼らの罪咎を赦してくださるように」の意．

★96行から101行までは直接に福音書には基づいていない自由な挿入文．「ルカ」(1-10) に「(ザカリアが) 香をたいている間，大勢の民衆が皆外で祈っていた」とあるのを補足敷衍したもの．

stôdun：*stv*. (Ⅵ) stân／standan「立っている」(独 stehen, 英 to stand) の過去3人称複数．現代英・独語のこの動詞の時制変化には，stân 系およびその異形である standan 系の双方の変化が複雑に混じっている．

102) **umbi**：*präp*.「…のまわりに，を取り囲んで」(独 um)．対格を支配する．ギリシャ語 amphí-「両側の，まわりを囲んだ」と同系．英語では古英語期には umbi と同系の ymbe が使われていたが，中英語期から about, 近世以降は around に変わった． **hûs**：*stn*.「家」(独 Haus, 英 house) の単数対格．「教会，神殿」の意のラテン語 ecclesia (原義は「集会所」) やギリシャ語系の kyrikon (原義は「主に属するもの」) はゲルマン語では翻訳借用により「神の家」と訳されることが多かったが (たとえばゴート語では gud-hūs)，後にギリシャ系住民が多かった Trier のあたりから，外国語をそのまま取り入れた古高独語 kirihha, 古ザクセン語 kerika, 古英語 cirice の類が有力になり，今日に至っている．しかし『ヘーリアント』にはこれはまだ登場せず，90行の wîh, 104行の alah, およびこの箇所のような「(聖なる，神の) 家 hûs」が圧倒的である．「ルカ」(1-10) では templum domini とあるところ． **geng**：*stv*. (Ⅶ-1) gangan「行く」(独 gehen, 英 to go) の過去3人称単数．現代英・独語の go や gehen は元来は別系統の語であったが，次第に混合し，複雑な語形変化を示している． **im**：再帰代名詞，3人

称単数与格. gangan や gi-wîtan のような「出発」を示す動詞はいわゆる「関心の与格」の再帰代名詞を伴うことが多い.　**gihêrodo**：*adj*. gi-hêrod「気高い；年老いた」の弱変化男性単数主格. 100行 hêrro の箇所で述べた *adj*. hêr から作られた動詞の過去分詞であるが, 動詞そのものは登場しない. 古英語には *adj*. hār「白髪の, 老いた」および *swv*. hārian「白髪になる」が存在するので, 古英語風の用語だとすれば,「気高い」よりは「白髪の, 老いた」の方が適切な訳語であろう.

　103)　**an...inan**：対格の *präp*. an (独 an) と「内部へ」の意の *adv*. innan の固定的結合.「…の中へ」という運動の方向を示す.　**that uuerod ôdar**：「他の人々は」. *adj*. ôdar「他の, 別の」(英 other, 独 ander) は本来は序数詞「第2の」で, 常に強変化.　**bêd**：*stv*. (I) bîdan「待つ」の過去3人称単数. ゴート語 beidan をはじめとして共通ゲルマン的な語であるが, 語源不詳. 英語には to abide, bide に残るが, 独語では中高独語までしか用いられず, 現在の標準語からは消失している.

　104)　**alah**：*stm*.「神殿, 聖所」の単数対格. 独立語としてはゴート語, 古英語, 古ザクセン語のみに見られ, 古高独語では Alah-dorf のような地名, Alh-win (=Alcuin) のような人名の一部に見られるのみ. 非常に古いゲルマン語彙で, 原義は「(森の奥に) 秘められた聖なる場所；聖なる杜」と思われるが不詳. 古英語では ealh だが, これと関連すると思われる動詞 ealgian「守る」が存在するところから,「守り隠される場所」が中心的意味であろう.　**ûtan**：*adv*.「…の外で」(独 draußen, 英 out). *präp*. umbi と結んで「…の外を取り囲んで」の意となる. 単に「外で」なら ûta.　**Ebreo liudi**：「ヘブライの人々は」. 前行 uuerod の同格説明語. Ebreo は複数固有名詞 Ebreos の属格.

　105)　**huuan êr**：*adv*.「いつになったら初めて, やっと」. êr「以前に」(独 eher, 英 ere) は hwan (独 wann, 英 when) との結びつきではあまり強い意味を持たず,「やっと, 初めて」ほどの期待感を表す. êr は元来は比較級で, 原級は英・独語では失われたが, ゴート語には áir として存在する.

第 2 歌章

gifrumid habdi：「なし終える」．habdi は *swv*. hebbian の接続法過去 3 人称単数．人々の疑念を間接話法で表現している．完了形になっているのは，ほぼ現代語の未来完了に対応し，人々の待ち切れぬ思いを表しているのだろう．このあたりは「ルカ」（1－21）の「民衆はザカリアを待っていた．そして彼が聖所で手間どるのを不思議に思っていた」の雰囲気を先取りしているように思われる．

　　106) **uualdandes uuilleon**：「支配する御方のご意志を」．「神の意志を frummian 成就する」とは，神の望みに添うように奉仕することであろう．**Sô**：*konj*.「…した時」（独 als，英 as）．独語 als も英語 as も，sô に強調の al- がついたものが出発点である． **uuîrôc**：*stm*. wîh-rôk「乳香，香煙」（独 Weihrauch）の単数対格．中近東由来の乳香は古代社会において，実生活でも宗教儀礼においても，重要な役割を果たしていた．これがゲルマン社会に伝えられた時，ゴート語は þwmiama としてギリシャ語音をそのまま取り入れ（♣独 Thymian，英 thyme「じゃこう草」），古英語は翻案によって rēcels (rēc「煙」) を，南独からライン地方にかけては更に一歩進んで wîh-rouh「聖なる香煙」という意訳による新語を作った．wîh- という南独語からわかるように，英国布教団の影響以前に定着した用語である．**drôg**：*stv*. (Ⅵ) dragan「運ぶ」（独 tragen，英 to drag, draw）の過去 3 人称単数．

　　107) **ald**：*adj*.「年老いた」（独 alt，英 old）の男性単数主格．前行の he を説明し，「その老人は」ほどの意．**aftar**：*präp*.「…に沿って，を通って」．与格支配の aftar はこのように単なる前後関係だけでなく，その経路をも示唆する：「神殿の入口からはじめて奥のほうへ」．**altari**：*stm*.「祭壇」（独 Altar，英 altar）の単数対格．後期ラテン語 altāre を借用したもの．ゲルマン人が古来知っていた祭壇は「いけにえを捧げる場所」であり，ゴート語で hunslastaþs (hunsl「いけにえ」+staþs「場所」)，古層の古英語でも wîhbeod／wiohbed（「聖なる台」）と表された．ドイツ語にも類似語はあったにちがいないが，残されておらず，全て altâri，alteri 系の借用語となっている．おそらくフランク王国教会では古ゲルマン臭の強い hunslastaþs や

－ 77 －

wîhbeodの類を意識的に避けたのだろう．古英語も後にはaltari系が主流となる．なお現代独語Altarはアクセントが語尾にあるが，これはラテン語の原音を意識しはじめた初期新高独語以降のことで，それ以前は語頭にアクセントがあった．

108) **is／sîn**：人称代名詞hêの属格is（英his）が所有代名詞sîn（本来はhe／itの再帰的所有代名詞）と意味の上で何の区別もなく混合して用いられていることが，このisと109行のsînesとの並存によってわかる（文法II-II-§3）．**rôcfatun**：*stn.* rôk-fat「（提げ）香炉」（独 Räucher-gefäß, Weihrauch-faß）の複数与格．fat「容器」（独 Faß「樽」, Gefäß, 英 vat「大桶」）は独語fassen「つかむ，把握する」と同類語．ここで複数形になっているのは，ザカリアが一方の手で吊り香炉を振って撒香をし，他方の手には火のついていない香箱を持っているから，という説がある(Ilkow, p. 339 f.)．**rîkiun thionon**：「権勢豊かなる御方に奉仕するために」．rîkiunは*adj.* rîkiの名詞化，男性単数与格．thiononは不定形で，目的を示す（独 um...zu，英 in order to）．

109) **fremida**：*swv.* fremmian「実行する」の過去3人称単数．頻出する同義語の(gi)frummianと同じく*adv.* fram「前に進んで，外へ」と同根で，印欧祖語 *promo-に由来する．「積極的に前に進んでやり遂げる」が原義．C写本ではfrumidaとなっている．**ferhtlîco**：*adv.*「敬虔に」．22行初出の*adj.* ferht／ferahtの*adv.* **frâon**：*swv.* frâo／frâho／frôho／frôio「主君」の単数属格．次行のgodesを先取りしており，iungarskepi「奉仕，礼拝」と結ぶ．27行初出のdrohtinや，100行初出のhêrroと比べると使用頻度が少なく，古風な語であること推測させる．印欧祖語 *per-, *pro-「向うへ，前方の」に端を発するこの語の原義は「第一人者，先頭に立つ人」で，男女を問わず「主君，首領」の意味に用いられた．ゴート語ではdrohtin系もhêrro系もなく，もっぱらこの系統のfraujaのみが登場する．しかし西ゲルマン語では男性形はしだいdrohtinやhêrroに取って代られ，ただ女性形のみが生き延びて現代独語のFrauに至っている．したがってFrauは17,

第 2 歌 章

18世紀頃までは貴婦人にしか用いられなかった．この他に Fron-leichnam「主キリストの聖体（の祝日）」，Fron-dienst「領主への賦役」などの Fron- にもこの「主君」が生き延びている．

111) **hluttru**：*adj*. hluttar「明るい，清らかな」（独 lauter）の男性単数具格形．印欧祖語 *k̑leu-「洗う」に由来し，ゴート語 hlūtrs 以来のゲルマン共通語．**sô**：「…であるように」（独 wie，英 as）．**man**：現代独語 man（仏 on）と全く同じ使用法の不定代名詞．したがって単数主格しか存在しない．**hêrren**：次行 fulgangan の与格目的語，単数．

112) **fulgangan**：*stv*. (Ⅶ-1)「従う」（独 folgen，英 to follow）の不定形．語源未詳．アクセントは -gángan．**grurios**：*stm*. gruri「驚愕，恐怖」（独 Grauen, Graus, Grausen, 英 grue, grueness）の複数主格．印欧祖語 *gher-「激しくこする」に由来し，ラテン語 horrēre（独 Horror, 英 horror）などとも同根と思われる．ゲルマン語で gr- という音結合は陰鬱で恐ろしいイメージを引き起こすらしく，不快な状況の語彙が多い：独語 grausam, grell, Greuel, grob, grübeln 等々．**quâmun**：< *stv*. (Ⅳ) kuman．

113) **egison**：*swm*. egiso「恐怖，驚愕」の複数主格．ゴート語 agis をはじめとして全ゲルマン共通語であるが，現代ゲルマン語では大部分消失し，わずかに英語 awe, awful や独語の方言に残るのみ．ギリシャ語やケルト語に類似語があり，印欧祖語の原義は「蛇」だったとする魅力的な説もある．(W. Lehmann, A Gothic Etymological Dictionary, A45 "Agis")．**gisah**：< gisehan．この接頭辞 gi- には完了相化の機能が多分に感じられる．「ふと気づく，認める」という瞬間相が表されている．**aftar thiu**：「それに続いて，それから，すると」．thiu は指示代名詞 that の具格．aftar は具格支配の時，この例のように近接する時間を示すか，または43行で見たように「応じて，ちなんで」を表す．**ênna**：数詞（または不定冠詞）ên（独 ein，英 a, an, one）の男性対格形．ên は *adj*. 強変化をするが，男性対格は -na という語尾をとる．（文法Ⅱ-Ⅲ-§3）．**engil**：*stm*.「天使」（独 Engel,

『ヘーリアント（救世主）』

英 angel）の単数対格．すでにゴート語においてギリシャ語 ángelos「使者，天使」の借入語 aggilus が用いられており，以後全ゲルマン語共通語となっている．ゴート族の南独布教団によって広められたとも考えられるが，しかしこの語はラテン語聖書や教会用語にも angelus として早く取り入れられているのだから，必ずしもゴート語経由と局限する必要はない．メロヴィング朝・カロリング朝フランク教会中で早く普及したものであろう．スカンディナヴィアの北方ゲルマン族には英・独語を通じて広まった．

114) **an them uuîhe innan**：「神殿の中において」．103行とはちがって an は与格を支配している．**hie**：＝engil．**tuo**：（＝tô）*adv*．「に向かって」（英 to，独 zu）．方向性のある動詞とともに，与格目的語への方向を補強するニュアンスで用いられる．

115) **hiet**：*stv*．(Ⅶ-1) hêtan「命ずる」（独 heißen）の過去3人称単数．主語は天使．この語の原義は人を「名指しで呼ぶ」ことだったらしく，その受動形から「という名である」という自動詞が生じ，他方「指名する」から「指示する，命令する」という意味も生じた．**foroht**：*adj*．「恐れている」の男性単数主格．ゴート語以来全ゲルマン語に共通の古い語で独語 Furcht，英語 fright などに残る．ラテン語 perīculum「危機」との関連が推測される．**uuâri**：wesan の接続法過去，3人称単数．間接命令の接続法で，主文章の時制が過去（hiet）の時，従属文は（接続法）過去となる．

116) **hie im**：hie はザカリア，im は与格の再帰代名詞．**andriede**：*stv*．(Ⅶ-1) an-drêdan／ant-drâdan「恐れる」の接続法過去，3人称単数，間接命令の接続法．与格の再帰代名詞を伴う．語源は不詳だが，英語 to dread に残る．**thîna**：人称代名詞 thû（独 du，英 thou）の属格に由来する所有代名詞または所有形容詞 thîn（独 dein，英 thy）の複数主格．**dâdi**：*stf*．dâd「行為，わざ」（英 deed，独 Tat）の複数主格．不規則動詞 dôn（独 tun，英 to do）からの派生名詞．**sind**：＜wesan．**quathie**：quad hie「彼は言った」．*stv*．(Ⅴ) quedan「言う」の過去3人称単数．これはゴート語 qiþan 以来全てのゲルマン語に共通の動詞であるが語源未詳．中世初期には

第 2 歌 章

多用されたが，英・独語では次第に to say, sagen によって排除され，わずかに英語 to bequeath「遺言して譲る」に残るのみ．なおこの語は，この箇所のように直接引用文の間に挿入的に用いられることが多く，その場合は必ず主語が倒置される．

117) **uualdanda**：単数与格．「支配者(である神)にとって」．**uuerde**：*adj*. werd「価値ある，貴重な；好ましい」(独 wert, 英 worth[y]) の複数主格．**thîn uuord**：複数主格．**sô self**：「全く同様に」．78行に既出．

118) **thionost**：*stm*.「奉仕；礼拝」(独 Dienst) の単数主格．語源は77行 thionon の註を参照．**thanke**：66行に既出の thank の単数与格．人の与格＋an/te thanke wesan で「ある人にとって嬉しい；ある人が感謝の念を抱く」．thank は「意向，思い；喜び，感謝」で，現代独語 Gedanke と Dank の両意を兼ね備えている．**that**：*konj*. thîn thionost を説明する．**sulica**：*pron*. sulik「そのような」(独 solch, 英 such) の女性単数対格．ゴート語 swa-leiks「そんな形態の」からわかるように，「そんな」と「身体，形態」との合成語．後半の -lik は独語 Leiche「死体」に残る．英語 like「同様の，似た」も原義は「同じ形態の」で，独語 gleich (＜ge-leich) と同じ語構成．独語 welch, 英語 which, 独語 -lich 英語 -ly などもみなこの「身体」を元にしている．**githâht**：*stf*.「考え，信念，信仰」(独 Gedanke) の単数対格．gi-thenkian(英 to think, 独 ge-denken)の派生名詞．**habes**：＝ habes. *swv*. hebbian (独 haben, 英 to have) の現在2人称単数．

119) **an**：対格支配の *präp*. で githâht と結び「…への信仰」(独 Gedanke an…)．an のかかる対格名詞は craft．**is ênes**：he ên「ただ彼ひとり」(独 er allein, 英 he alone) の属格．ên は数詞の独立用法とも，後置された形容詞的用法とも解せる．githâht an is ênes craft で「ただあの御方ただひとりの御力への信仰」．**is engil**：3人称単数の再帰的所有代名詞を用いて sîn engil と言うことはできない．この文の主語は ic なのだから．**bium**：＜wesan (独 bin)．

120) **Gabriel**：大天使のひとり．ヘブライ語の原義は「神はわが力」．旧

『ヘーリアント（救世主）』

約ではダニエルに，新約では洗礼者ヨハネの母となるエリザベトと，イエスの母となるマリアにお告げの使者として現れるので，「お告げの天使」と言われる．**the**：無変化の関係代名詞．**gio**：(io, eo とも) *adv*.「いつも，常に」(独 je). 26行に既出．**for**：*präp*.「…の前に；ために」(独 vor, für, 英 for, before). 静止状態なら与格，運動方向なら対格支配．**standu**：*stv*. standan の現在1人称単数．主語である関係代名詞 the が実質的には ic を受けているため，心理的に ic に影響されて1人称形 standu となった (独 der ich... stehe).

121) **anduuard**：*adj*. and-ward「居合わせている」．前綴り and- (独 ant-, ent-) はギリシャ語 ánti, ラテン語 ante と同根で「対面して，向かい合って，反対の」を表し，-ward は「…のあたりにいる」の意．この語は「生成，転回」が原義で(♣独 werden)，「転じた方向」を経て現在は英語 -wards, 独語 -wärts という合成要素に多く残る．名詞としては独語 Gegenwart「現在，現前」が好例．**alouualdon**：*swm*. alo-waldo「全ての支配者」の (弱変化) 単数与格．31行に初出の alomahtig が教会ラテン語 omnipotens「全能の」の直訳だとすると，alowaldo やその *adj*. alowaldand はむしろギリシャ語 pantokratór「全ての支配者」の直訳と言うことができる．ラテン語 omnipotens とその翻訳 alomahtig が宗教的色彩を濃く持つのに対し，ギリシャ語 pantokratór とその訳語 alowaldo は世俗の帝王の呼称というニュアンスが強いと言われるが (Ilkow, p. 48)，『ヘーリアント』にも該当するかどうか判断し難い．**ne sî that**「もし…でなければ，…の場合以外は」(独 es sei denn, daß). sî は wesan の接続法現在3人称単数で仮想を表す．接続詞 that 以下が sî の主語で，「…ということがないと(仮定)せよ」が原義．**ârundi**：*stn*.「使い，用事」(英 errand) の単数対格．ゴート語 airus「使者」(『ヘーリアント』の êr, 559行) と関連することはまず確実だが，それ以上の語源は未詳で，語源学者 Fr. Kluge をして「ゲルマン語中最も困難な単語」と嘆息せしめた．ドイツ語では古高独語，古ザクセン語期までしか用いられなかった．**huarod**：hwarod *adv*.「どこ(か)へ」．疑問詞

第 2 歌 章

hwar（英 where, 独 wo[r]）に方向を示す接尾辞 -od（62行に tharod が既出）がついたもの．

122) **sendean**：*swv*．「送る，派遣する」（独 senden，英 to send）の不定形．次行に登場する sîđ「道，旅」やその動詞 sîđon「行く」の同族語．おそらく sîđon の使役動詞で「行かせる」が原義か． **uuillea**：話法助動詞 willien, wellian（独 wollen，英 will）の接続法現在3人称単数．78行に初出の swm．wille と同根であるから「意志，意図」を示す．未来ではない．
sîđ：*stm*．「道，旅」の単数対格．この名詞および動詞 sîđon（古高独 sindôn）「行く」は早く廃れたが，独語 Ge-sinde「一族郎党」（原義は「同行者たち」）や，動詞 sinnen「思案する，もくろむ」（原義は「思いを進める」），名詞 Sinn「思念，感覚」にわずかに残る．64行の gisîđi 註を参照． **faran**：*stv*．(VI)「行く，旅する」（独 fahren，英 to fare）の不定形．助動詞的に用いられた hêtan「命ずる」の内容を表す．こういった対格目的語＋不定詞の構造はラテン語に多いものであるが，この hêtan 構文は必ずしもラテン語の影響に帰さなくともよい．ゲルマン語にも使役動詞と不定詞の結合は古来見られるのであるから．faran はラテン語 portāre「運ぶ」などと同根で，全てある方向への移動を示した．現代独語の「乗り物で行く」という限定的意味は18世紀以降，新たにつけ加わったものである．

123) **thi**：thû の与格． **gicûđdi**：*swv*．(gi)kûđian「告知する」（独 ver-künden）の接続法過去，1人称単数．間接命令の接続法．語根の kûđ という形は北海ゲルマン語である古英語と古ザクセン語，また古フリジア語のみに共通であり，他のゲルマン語ではゴート語 kunþs，古ノルド語 kunnr，古高独語 kund のように -n- を持っていた．独語 kennen, können, 英語 to know などと同根語である． **that thi kind giboran**：「汝に子が生まれるということを」．thi は「利害の与格」で，次行の ôđan にも関係する．giboran は以下の... scoldi werđan に続く． **kind**：*stn*．「子供」（独 Kind）の単数主格．印欧祖語 *ĝen[ə]-「生む」の過去分詞に由来し，ラテン語 genus「種族」，英語 kin「親族」，kind「種族」，独語 König／英語 king「（一族の）

『ヘーリアント（救世主）』

盟主，王」（62行 kuning の註を参照）などと同根． **giboran**：*stv*. (IV) gi-beran「生み出す」（独 gebären, 英 to bear）の過去分詞．次行の...scoldi werdan と結んで受動の未来．gi-beran は beran「運ぶ，担う」に完了相化の前綴り gi- がついて「妊婦が子を（体外に）運び出す，妊娠し終える」の意．

124）**ôdan**：*adj*.「恵まれた，（良い物を）与えられた」の中性単数主格．kind を主語とする述語形容詞．不定形は確認されていない動詞の過去分詞だが，現実には *adj*. と考えてよい．前行 giboran と同じく scoldi werdan と結ぶ．*adj*. ôdag「裕福な」と同じく，「財宝，至福」の意の名詞 ôd の派生語で，偶然ながら日本語の「子宝に恵まれる」という表現に一脈通ずるところがある．S. Berr はこの ôd が現代独語の Kleinod「宝石，装身具」の -od に残っているかのように記しているが（ôd の項），この -od は Arm-ut, Heim-at, Ein-öde 等と同じ接尾辞であって，「財宝」の ôd ではない．ôd 系の語は『ヘーリアント』でも古層の単語だったらしく，すべてのゲルマン語において中世盛期には姿を消し，わずかに Ed-ward（「財宝の守り手」）などの固有名詞に残る．

125）**uuordun spâhi**：「言葉（の術）に長じた，雄弁な」．123行の kind の説明．uuordun は wort の具格機能の複数与格．*adj*. spâhi／spâh「明敏な，賢い」は独語 spähen「見張る，偵察する」や Späher「スパイ」と同根で，元来は「よく遠くを見ることができる，予知能力を備えた」の意．ラテン語 speciō「見る」とも関連する．合成語として word-spâh(i), bôk-spâh(i)「読書の術に秀でた」，môd-spâh(i)「理にたけた，賢い」などによく用いられる．なおこの1行は w- 音の頭韻を愛好する作者が，単にリズミカルな響きのために作り出した詩行と言ってよい．

126）**That**：= kind．**scal**：運命予告というニュアンスを帯びる．**liba**：*stn*. lîf「人生，生命」（独 Leben, 英 life）の単数与格．**lides**：*stn*. lid「果実酒」の単数属格．「ルカ」（1−15）のラテン語 sicera「強いりんご酒」（仏 cidre, 英 cider）の訳語．ゴート語 leiþu をはじめとして共通ゲルマン語であるが，語源未詳．属格になっているのは次の anbîtan が属格目的語

第 2 歌 章

を要求するため．**anbîtan**：=antbîtan　*stv*.（Ⅰ）「飲食する，味わう」の不定形．bîtan「嚙む，かじる」（独 beißen，英 to bite）から．属格目的語をとるが，これはいわゆる「部分属格」が出発点であったろう：仏語 manger du pain「パンを（いくらか）食べる」．

127）**uuînes**：*stm*./*n*.　wîn「ワイン」の単数属格．やはり anbîtan の属格目的語．wîn（独 Wein，英 wine）はラテン語 vīnum の極めて早い借用語で，ゴート語にも wein として登場するが，B.C.1 世紀頃には既にライン川沿いの地方を中心にゲルマン諸族の間に広がっていた．そして改宗後は教会の聖餐式の必需品として急速に親しまれた．ゲルマン人も最古の時代からビールや蜜酒，果実酒（前行の lið）を知っていたが，ローマ文化との接触で知ったワインの魅力は強烈で，原語とともに迅速に普及した．ゲルマン借用語も原語に則して中性であるのが当然だが，フランク王国ではなぜか男性とされ，『ヘーリアント』では中性と男性の双方であり，男性に統一される過渡期にあることがわかる．**an is uueroldi**：「彼の（この世における）生涯において」．26 行の註でふれたように werold の元来の意味は「人の世，世代，生涯」であり，この箇所も単純に「世界」と解しては誤りである．

★126，127 行は「ルカ」（1−15）をふまえ，ザカリアの子として生まれる洗礼者ヨハネの苦行者としての生涯を予告している．そして「ワイン」がこの当時とてもポピュラーな単語であったことが知られて面白い．ただしワインを十分に享受できたのは，殊にザクセンなどの北国では，富裕層に限られたであろう．

uurdgiscapu：*stn*.（*pl*）wurd-giscapu「運命，宿命」の（複数）主格．wurd(i)「運命」と giskap「定め，掟」との合成語．wurd(i) はおそらく動詞 werðan と同根で「生起，回転」が原意であり，「有為転変」から「運命」になったと思われる．古ノルド語ではこれが擬人化されて運命の女神 Urðr となっているが，英・独語ではどの程度まで擬人的に意識されていたか，決定は難しい．giskap は動詞 skeppian「造形する」（独 shöpfen, schaffen, 英 to shape）と同根で，もともとは木材などを「削って細工する」（独 scha-

『ヘーリアント（救世主）』

ben, 英 to scrape) が原義. 8行の gibôd-skipi「命令, 掟」の註をも参照. -skipi とは異なってまだ抽象名詞語尾に弱化してはおらず, 「神々の意志で作られるもの, 天神の造化」という意味が濃い. 常に複数形で giskapu として現れるが, 集合名詞と理解されてここでは habed と単数形の動詞を従えている. なお, wurdgiskapu は死などの, あまり好ましくない宿命の意に使われることが多い.

128) **metod**：*stm*.「(神の) はからい」の単数主格. 前行 wurdgiskapu の言い換え. 独語 messen, 英 to measure などと関連し, 「計測すること, はかること」が原義で, 次第に「天神のとりはからい, 定め, 天命」となった.『ヘーリアント』の時代には既にキリスト教色が濃くなっていて, ほとんど「神」に近いと言えよう. **gimarcod**：*swv*. (gi)markon「決める, 定める」の過去分詞. 本来は「境界を定める」ことで, 独語 Mark「国境地域, 辺境」と関連する. そこから「目印をつける；目印で気づく」等の意味も生じ, 独語 merken, 英語 to mark などに至る. **maht godes**：頭韻を踏む metod とほとんど一体となっている概念. wurdgiskapu, metod, maht godes が一体となって habed gimarcod の主語となっている.

129) **sagdi**：seggian の接続法過去. **it**：= kind. **gisîd**：*stm*.「従者, 家来, お供」の単数主格. 集合名詞の gisîdi は64行に, またその基本にある sîd「道」は122行に既出. 日本語の「郎党」のような武張った響きがある.

130) **git**：人称代名詞, 2人称両数：「汝らふたり」. gî「汝ら」に数詞 twê のついたもの. **heldin**：*stv*. (Ⅶ-1) haldan「保つ, 保護する」(独 halten, 英 to hold) の接続法過去, 2人称複数. ゴート語 haldan 以来の全ゲルマン共通語彙のひとつで, 原義は「放牧する, 家畜を保護する」. この「家畜の世話」という含意は各言語で中世末期まで残っていたから,『ヘーリアント』の「子供の世話」に関する用法は何等特異なものではない. **uuel**：*adv*.「よく, 十分に」(独 wohl, 英 well). 動詞 wollen や名詞 Wille の関連語で, 原義は「望ましく, 希望のとおりに」.

131) **tuhin**：*stv*. (Ⅱ) tiohan「引く, 導く, 教育する」(独 [er]ziehen)

第 2 歌 章

の接続法過去，2人称複数．全ゲルマン共通語彙のひとつでラテン語 dūcere「引く」と同根．(独 er-ziehen, 英 to educate はラテン語 ēducāre のなぞり)． **treuua**：*stf*．「忠節，貞節，誠意」(独 Treue, 英 truth) の単数 (または複数) 対格．この共通ゲルマン語の印欧祖形は *deru-, dreu- 等と推測され，「樹木，(特に) 柏，楢類の木」(すなわち英 tree) のことであった．柏などの樹木が「まっすぐ」で大きく，「柾目の通っている」，すなわち素直で誠実な印象を与える点を，抽象的な価値に転じて用いたものと思われる．周知のように中高独語 triuwe はキリスト教に裏打された騎士道精神のシンボルとなったが，その初出例をここに見ようとする Murphy には賛成できない (Murphy, p. 9, note 13)．洗礼者ヨハネが天帝の「もののふ」gisîđ と見なされていることは確かだが (129行)，ここの treuua は彼の騎士的特性とは関係あるまい． **he**：= god． **im**：= kind． **tîras**：*stm*．tîr「栄誉，名声」の単数属格．次の分量詞 sô filu と結んで「大量の栄誉を」．この語は古ザクセン語の他に古英語，古ノルド語で同じく「栄誉」を表したが，やがて廃れ，現今は英語 tire「髪飾り」，to attire「装う」，独語 Zier (de)「装飾」などの外面的美を表す語に残るのみ．

132) **forgeban**：*stv*．(V) far-geban「与える」(独 vergeben) の不定形． **uueldi**：willian の接続法過去．

133) **Iohannes**：「洗礼者ヨハネ」の対格，hebbian の目的語．Jó- に強勢を置いて gôdo gumo に押韻している．なおヨハネの原義は「ヤーウェは慈悲深い」． **te namon**：namon は *swm*．namo (独 Name, 英 name) の単数与格．te (独 zu, 英 at, to) と結んで「名前として」．

134) **gibôd**：*stv*．(II) gi-biodan「命ずる」(独 gebieten, 英 to bid) の過去3人称単数．既に8行，14行で gibod「命令」という名詞として登場した語の根本にある動詞で，ゲルマン共通語．印欧祖語 *bheudh- の原義は「目覚めている，はっきり認識する」であり，これが「はっきりさせる，わからせる」を経て「命ずる」に至った．なお仏陀 Buddha は「覚者」が原義であり (過去分詞の名詞化)，この gi-biodan とルーツをひとつにするわけで

ある．**hêtin**：この場合は「名付ける，呼ぶ」．

135) **than**：従属接続詞「…の時は，もし…したら」．語としては独語 dann，英語 then，than と重なるが，この例のように時間の従属接続詞(独 wenn, als，英 when, if)となることも多い．　**quâmi**：kuman の接続法過去．

136) **uuîdun**：*adj.* wîd「広大な」(英 wide，独 weit)の弱変化，女性単数与格．さしたる意味はなく，w- 音の頭韻のための埋め草的単語ではあるが，この組合せは大いに愛好されて現代独 weite Welt に至っている．

137) **selbes**：代名詞 self (独 selb，英 self)の強変化，男性単数属格．self は弱変化が多いが，男・中性単数属格は強変化が普通．　**sunies**：sunu の属格．この半句 is selbes sunies は，he self と sunu とがそれぞれ属格で「彼自身の息子の」となり，135行 Kristes の同格説明語となっている．**sliumo**：*adv.* (sniumo とも)「急いで，迅速に」．古いゲルマン語であるが中世後期には廃れた．ゴート語には sniumjan, sniwan「急ぐ」，snills「急いで」など多くの類語が見られる．『ヘーリアント』においても古めかしい語だったと思われる．　**herod**：*adv.*「こちらへ」．hêr (独 hier，英 here)に方向を示す接尾辞 -od (古高独語では -ot)のついたもの．62行 thar-od, 121行 hwar-od と同構造．

138) **bodskepi**：*stm.*「知らせ，お告げ」(独 Botschaft)の単数対格．134行の gibiodan と同根で，「目覚めさせる，認識させる」から「告知」の意を得た bod に，8行以降しばしば見られる抽象名詞語尾 -skepi のついたもの．前置詞 an はここでは「…のための，の目的の」ほどの意 (対格支配)．is は hê，すなわち god の属格であるから，したがって an is bodskepi は「神を告げ知らせるために」となる．古英語，古高独語にも共通の単語であり，古層の西ゲルマン語語彙のひとつ．　**bêde**：不定代名詞「両者，双方」(独 beide, 英 both)の男性複数主格．前行 sie，すなわちキリストとヨハネの補足説明．この語は前半 bê- が「双方」を意味し，後半 -de は定冠詞．したがって語尾は定冠詞複数の変化となる：e. g. bêđiu＝中性複数主格対格．

第 2 歌 章

139) **gimahalda**：*swv*. (gi) mahlian「(面と向かって) 話す, 語る」の過去3人称単数. 本来は「人民集会につどって話し合う」ことで, ゲルマンの人民集会は裁判の機能をも持ったことから「訴える」や, また結婚をそこで公にしたことから「婚約する」の意をも得て, 現代独語の vermählen「結婚させる」や Gemahl「夫君」に続いている. 現代英語 to meet「会う」の前半部も mahlian と同根で, 元来は「人民集会で出会う」の意である. 以上の点から (gi) mahlian は「誰かを話し相手として話す」ことであると思われる. **uuid**：52行註で述べたように「対して, 逆らって」のニュアンスが強い. ここでは対格支配で selban engil が対格目的語. **selban**：次行の engil にかかる代名詞 self の男性単数対格：「神の天使その人に対して」.

140) **im**：再帰代名詞3人称単数与格. 次の biginnan が与格再帰代名詞を要求するので. **thero dâdeo**：複数属格「これらの出来事を」. 次行 wundron (英 to wonder, 独 sich wundern) の属格の目的語. **bigan**：*stv*. (III-1) biginnan (独 beginnen, 英 to begin) の過去3人称単数. 与格の再帰代名詞と不定詞を伴って「…し始める」. ただ, この箇所のように用いられると開始の意味はあまり濃くなく, 単に「…する」の冗語であることが多い. bi-ginnan はゴート語では du-ginnan であり, 語源不詳の ginnan を核とする. ラテン語 pre-hendō「取る」の -hendō と関連づけようとする説もある.

141) **uundron**：*swv*. wundron「驚く, いぶかしく思う」(独 sich [ver-] wundern, 英 to wonder) の不定形. 属格の目的語をとる. ゴート語にはないが西ゲルマン語と北ゲルマン語に共通のこの語は語源不詳. **thero uuordo**：前行の thero dâdeo と同じく wundron の目的語である複数属格. **huuô**：hwô. 疑問副詞「いかにして」(英 how, 独 wie).

142) **aftar an aldre**：成句的に「人生の晩期に」. aftar は *adv*. で「遅くなって」. aldre は *stn*. aldar「人生, 生命, 老年」(独 Alter) の単数与格. **unc**：人称代名詞1人称両数 wit (＜*ue duo；独 wir zwei, 英 we two) の与格.「私たち2人にとって」. **al te lat**：「あまりに遅い」(英 too late,

『ヘーリアント（救世主）』

独 allzu spät)．al は強調の副詞．*adj.* lat（英 late）は英語 to let，独語 lassen と同根で，「放置した，そのままにさせた」→「疲れた，だらけた」→「遅い」と変化した．

143) **te giuuinnanne**：「やってのけること，成就すること」．不定詞 giwinnan（独 gewinnen，英 to win）に与格支配の前置詞 te がついたための中性単数与格形．このように不定詞の与格および属格が語尾変化すると（与格 -nne，属格 -annias），一般に Gerundium（英 gerund）「動（詞性中性）名詞」と呼ばれる．Gerundium は中世末期まで用いられた．(gi)winnan はゴート語以来の全ゲルマン共通語で，元来は「欲求」を示し（ラテン語 venus「愛欲，魅力」と同源），そこから「欲求して争う」，「苦闘する，悩む」などの意を得て，とりわけ完了相の gi- を伴って「（争って）入手する，うまくやってのける」となった．

144) **aldres**：この属格は副詞として「年齢については」の意とも，また後の twêntig wintro につく部分属格「冬20回の年齢」とも解せるが，前者の可能性が高い．**êr**：*adv.*「以前に，初期に，昔」．105行に既出．**efno**：*adv.*「等しく，丁度」（独 eben）．*adj.* eban「等しい，正しい」（英 even）から．独語 Ebene「平地」も同族語．ザカリアとエリザベトが同年齢であったことを言わんとする．**tuêntig**：数詞「20」（英 twenty，独 zwanzig）．動詞 habdun の目的語．

145) **uuintro**：*stm.* wintar「冬」（独 Winter，英 winter）の複数属格．前行の数詞 tuêntig と結んで「冬の20（回）」→「20年」の意．winter の語源説は①「白い」（季節）②「濡れた」（季節），の２種あり，決定できない．「冬」によって「年」を表すのは，既にゴート語がそうであり，現代アイスランド語に至る．北方を故地とするゲルマン族にとって，厳しい冬を乗り切ることは最大の関心事であったから，「冬＝年」は容易に理解できる．冬は必ず毎年やってくるが，夏は短く，かつ弱々しく，それどころか一度も夏らしくもならず次の冬に直結することも稀ではなかったから，「冬＝年」は理にもかなっていた．これはまた，多くの民族が「日」の単位として，太陽の照る「日」

第 2 歌 章

ではなく，より多くの神秘性と危険性をはらむ「夜」を用いたこととも類似している．北欧では冬の陽は弱く，昼と夜の区別もはっきりしないことが多いが，しかし夜は確実に訪れてくるのだから（夜の重要さはこの他に，とりわけ暦の基準とした月と関連することは当然である）．すでにタキトゥスも，ゲルマン人のもとでは冬の対極として夏があり，春と秋は二次的なものであったことに言及している（『ゲルマーニア』26章）． **uncro**：両数所有代名詞 unka の女性単数与格． **êr than**：「…より以前に」．than（英 than, 独[古] denn）は比較の接続詞．これに続く動詞は多くの場合接続法となる（quâmi）． **thit**：強い指示代名詞．ただし，C写本では that．

146) **than**：「それから」と考えてもよいし，144行の wit habdun aldres êr の êr とゆるく関連させて，「…するより，より以前には」と比較の接続詞として解することもできる．言わんとしていることは結局同じである． **at-samna**：*adv.*「共に，一緒に」（独 zu-sammen）．96行 gisamnod の註を参照． **antsibunta**：数詞「70」．ant- はおそらく数詞 hund「100」の崩れた形で，sibunta「70」（原義は「7番目の10」），ahtoda「80」，nigonda「90」という3種の語頭に付いて，「100に近い，100を目指しての」という冗語的意味を持った．antsibunta wintro は副詞的対格「70年のあいだ」．

147) **gibenkeon endi gibeddeon**：「（昼は）長椅子を共にする者にして（夜は）臥所を共にする者」．gi-benkeo, gi-beddeo は共に *swm.* 複数主格．gi-benkeo は *stf.* bank「長椅子，ベンチ」（独 Bank, 英 bench）に集合・共同を表す接頭辞 gi-（ラテン語 co-, com- に対応：独 Gebirge, Gewässer 等）をつけ，語尾に行為者の -o をつけたもの．「長椅子を共にする者」とは，ゲルマン人の間では「同等の者，親しい者」のことで，現代独語の (alle) durch die Bank「ひとしなみに，ひとり残らず，例外なしに」という表現にかすかに名残をとどめている．しかし gi-benkeo という語は他のゲルマン語には見られず，『ヘーリアント』作者の新造語かもしれない．これに対して gi-beddeo「ベッドを共にする者；夫，妻」は古英語には多く見られ（また古高独語にも散見するが），古英語系の表現であろう．『ヘーリアント』作者は

『ヘーリアント（救世主）』

まずこの語に注目して，次に耳に快い頭韻のペアーとして gi-benkeo を作ったのではなかろうか．ゲルマン人のベッドの最初は床に毛皮を敷いた程度のものであったが，次第に壁ぎわにベンチ状の簡易なベッドを作りつけるようになり，カロリング朝頃からは現今のものにかなり近くなった．この頭韻ペアー gibenkeon endi gibeddeon は，この箇所では「長年にわたる仲のよい夫婦」，いわば「偕老同穴」（詩経）のようなほほえましい響きを持っていることは確かであり，聴衆の耳に親しく聞こえたであろう．ただし，大広間の壁ぎわに並べたベッドに多くの者が一緒に寝ることが，まだ少なくとも庶民階級では珍しくなかったザクセン族の社会では, gibeddeon は必ずしも男女の「同衾」を意味しなかったことも忘れてはなるまい．**sîdor**：*konj*．「…以来」（独 seit，英 since）．元来は sîd「遅い」の比較級．**te brûdi**：「花嫁として，妻に」．*stf*. brûd（独 Braut，英 bride）の単数与格．語源未詳．**gecôs**：*stv*.（II）(gi)kiosan「選ぶ」（英 to choose，独［古］kiesen）の過去．12行に初出．

148) **sô**：従属接続詞「もし…ならば；…なのだから」．62行に既出．この sô に導かれる従属文が，その中に多くの他の要素を取り込みながらも156行前半まで続き，そこで再度同じ sô によるまとめの従属文が反復され，そして157行後半の sô から主節が始まるという構成．**thes**：次行の接続詞 that 以下を先取りする指示代名詞 that の属格．属格であるのは動詞 gigirnan が属格目的語を要求するため．**iugudi**：*stf*. iugud「青年期」（独 Jugend，英 youth）の単数与格．**gigirnan**：*swv*.「達成する」の不定形．属格目的語をとる．「好んで，欲して」の意の gern(o)（独 gern, 77行に初出）からできた *swv*. girnian（英 to yearn）に完了相化の gi- がついて「欲してそれを獲得する」の意．

149) **môstin**：話法助動詞 môtan「許されている；できる；ねばならぬ」の接続法過去．仮設的内容なので接続法．

150) **fôdean**：*swv*．「はぐくむ，育てる；産む」の不定形．英語 food「食物」, to feed「餌をやって飼う」，独語 Futter「餌」, futtern（＝to feed）

— 92 —

第 2 歌 章

などと同語源のゲルマン共通語. **flettea**：*stn*. flet「居間, 部屋, くつろげる家, 居酒屋」の単数与格. もともと「広くて平坦な」の意の *adj*.（英 flat）の名詞化で,「入口にすぐ続く平らな土間」が原義. 英語では今も flat「フラット」として残っているが, 独語では南独方言に「玄関ホール」の意の Fletz や Flöz が残るのみ. **nu**：*konj*.「今や, ところが」（独 nun, 英 now）. 148行の sô 以下が過去のことだったのを受けて現在に視点を移す. **sus**：*adv*.「このようにして」. *adv*. sô に *adv*. thus（英 thus）がついたもの. そしてこの thus 自身も指示詞 th- に sô のついたものである. **gifrôdod**：*adv*.「年老いた」. 73行初出の fruod／frôd「老成した, 経験豊かな, 賢い」と同源の *swv*. frôdon「老成させる」の過去分詞.

151) **unc**：「私たちふたりから」. 奪格機能の与格. **eldi**：*stf*.「老齢」の単数主格. habad の主語. もちろん *adj*. ald からできた名詞. **binoman**：*stv*. (Ⅳ) bi-niman「ある人から（与格）…を（対格）奪う」（独 nehmen）の過去分詞で, habad と結んで現在完了. niman は全ゲルマン共通単語. ただし英語では古英語末期にノルド語系の takan に取って代られた. **elleandâdi**：*stf*. ellian-dâd「力のわざ, 肉体的力量」の複数対格. ellian「力, 勇気」（語源不詳で69行に既出）と dâd「わざ, 行為」（独 Tat, 英 deed）の合成語.

152) **that**：150行の sus と相関する接続詞：独語 so...daß, 英語 so... that. **siuni**：*stf*. siun「視覚, 眼力」の単数与格. 独語 Ge-sicht や英語 sight と同じく *stv*. sehan（独 sehen, 英 to see）からの派生語. ôga「目」（独 Auge, 英 eye）とはややニュアンスが異なるが, しかしここでは頭韻の必要から選ばれた語である. **gislekit**：*swv*. slekkian「鈍くする, 弱くする」の過去分詞. この動詞は「緩んだ, だらけた」の意の *adj*. slak（独 schlaff, schlack, 英 slack）から作られた. **sîdun**：*stf*. sîda「脇腹, 腰部」（独 Seite, 英 side）の複数与格. ここでは生殖力の座としての腰部のこと. **lat**：*adj*.「だらけた, 怠惰な；遅い」. 142行の例は時間的に「遅い」（英 late）ことだったが, ここは「弱い, 萎えた」の意. ドイツ語でも中世末期までは laß

― 93 ―

『ヘーリアント（救世主）』

が「疲れた」の意で存続したが，後に müde に取って代られた．

153) **flêsk**：*stn*.「肉」(独 Fleisch，英 flesh) の単数主格． **unc**：奪格的与格． **antfallan**：*stv*. (Ⅶ-1) ant-fallan「…から (与格) 離れ落ちる」(独 entfallen) の過去分詞． **fel**：*stn*.「皮膚，肌」の単数主格．現代独語 Fell「動物の毛皮」より意味が広く，新高独語初期までは人間の皮膚にも用いられた．古英語 fell も後に古ノルド系の skin (♣独 schinden「皮を剝ぐ」) に取って代られた．現代独語の俗語で「図々しい，面の皮が厚い」ことを ein dickes Fell haben というのは，Fell の古義が生き延びているのである． **unscôni**：*adj*.「美しくない」(独 unschön)．skôni は独語 schauen と同源で，「見るべき，見るに値する」が原義．(なお unskôni の日本語「醜い」も「見にくい」から)．

154) **lud**：*stm. /f*.「容姿」の単数主格．語源未詳でこの 1 例しか登場せず，「容姿」という訳にも諸説ある．ゴート語 ludja や独の雅語 Antlitz「かんばせ」の -litz と同源だろうと考えられている． **giliden**：*stv*. (Ⅰ) lîdan「行く，過ぎ去る」の過去分詞．独語 leiten や英語 to lead はこの lîdan の使役動詞で「行くようにさせる」が原義．興味深いことに現代独語 leiden「悩む，(害を) 蒙る」も lidan を出発点としている．つまり「この世を生きぬいて行く，現世を通過する」ことはすなわち「涙の谷である辛い世を行く」ことであり，「悩み，辛い思いをする」ことにほかならぬというキリスト教的発想が強く働いて，とりわけ南独の宗教界から広まったのだという． **lîk**：*stn*.「身体，肉体」の単数主格．現代独語 Leiche「死体」に名残が見られるほか，*adj*. 語尾の独語 -lich, 英語 -ly, 独語 gleich, 英語 like などもこの名詞から派生した事は118行 sulik の註で述べた．英語の動詞 to like も「同じ姿形である」→「うまく適合する」→「好ましい」→「好む」と発展したものである． **gidrusnod**：*swv*. drusnon「ひからびる；落ちる」の過去分詞．一見したところ独語 dürr「ひからびた」, durstig「のどが乾いた」, 英語 thirsty などと同源と思えるが，それならば *thrusnon であるはずである．音韻法則上は英語 dry, 独語 trocken, ゴート語 driusan「倒れる」, 古英語 drēosan,

第 2 歌 章

古ザクセン語 driosan などと同源ということになる.

155) **andbâri**：*stn*.「外見, 姿, 容姿」の複数主格. and- は独語 ent- や entgegen「対して」に対応し, -bâri は *stv*. beran「運ぶ, 担う」の派生詞. 原義は「人の顔前に対峙するもの, 人に呈示される姿や形」のこと. 独語 Gebärde「態度, ふるまい」もほぼ同源で, 中世末期までは「外見」をも意味した. **ôdarlîcaron**：*adj*. ôdarlîk「別の形の, 異なった」の比較級（弱変化）中性複数主格. ôdar＝独語 ander, 英語 other. -lîk は118行, 154行註を参照.

156) **megincraft**：*stf*. megin-kraft「大きな力」の単数主格. *stn*. megin だけでも「力, 能力」を表すので megin-kraft は同義反復である. megin は mugan「できる, 能力がある」（独 mögen, 英 may）や maht（独 Macht, 英 might）と同根であることは言うまでもない. 英語においては名詞としては with might and main「全力を尽して」という頭韻成句としてしか残っていないが, 形容詞 main「主要な, 広大な」として重要な働きをしている. 『ヘーリアント』の megin もこれに似て「大きな, 強力な」の意 *adj*. として, また頭韻に便利な合成語の一部として頻出する：megin-sundea「大罪」, megin-thioda「多勢の人々」など. **sô**：148行の sô と同機能. **giu**：(iu とも) *adv*.「既に, かつて」. 同義のゴート語 ju, 古英語 geo とともにラテン語 iam「既に」と同源と思われる. 26行に初出の io／gio／eo（独 je）とは別語. **managan dag**：副詞的対格.

157) **sô mi...**：148行の Sô で始まる従属節を受ける主節：「それでは私には…」. **mi thes uundar thunkit**：「私には奇妙に思われます」. 主語は非人称 it であるが, 表面には出ない. thunkit は *swv*.（非人称動詞）thunkian「…のように思われる」（独 dünken）の 3 人称単数現在. 人の与格(mi)と物の属格(thes)を目的語としてとる. これは *stv*. thenkian「考える」（独 denken, 英 to think）の作為動詞で, すなわち「考えさせる, 思わせる」. これが非人称動詞として「考えられる, 思われる」となった. **uundar**：*stn*.「驚き, 不思議なこと」（独 Wunder, 英 wonder）の単数主格. いわゆる主

『ヘーリアント（救世主）』

格補語で，独語の es dünkt（又は scheint）mir ein Wunder（zu sein）に相応する．

 158）**mugi**：mugan の接続法現在．

 ★天使ガブリエルの言葉はほぼ「ルカ」1章13節以降に対応する（ただし16，17節のあまりにザクセン人聴衆に縁遠そうな箇所は略してある）のに対し，ザカリアの抗弁は142行から158行まで厖大に増幅してある．エリザベトとは同年で20歳で結婚，それから現在まで70年云々というのは，どんな典拠に基づいているのだろうか．「ルカ」では単に Ego enim sum senex, et uxor mea processit in diebus suis「私は老人ですし，妻も年をとっています」（18節）とあるだけである．147行の gibenkoen endi gibeddeon や152行の「腰の力が弱まった」という表現などはかなり露骨にセクシャルですらあり，このあたりは『ヘーリアント』作者がザクセン人聴衆をミステリー（ガブリエルの出現）と多少の好色性とで引きつけようとした感さえある．第1歌章がやや紋切り型であるのと対照的で，作者は第2歌章のここをひとつの山場としたかったのではあるまいか．

【訳　文】

 第 2 歌章

 さてその時がやってきた——それは賢者たちが
言葉をもって語っていたことだったが——すなわち神の高殿の奉仕を   95
ザカリアが果たすべき時が．あまたの人々が集まった，
このエルサレムの町に　ユダヤの民の多くが，
あまたの民衆がこの聖所に．皆はここで世を統べる神に
たいそうへりくだってうやうやしく　乞い願うことにしていた，
主なる御方の恩寵を．彼らの罪を天の主が   100
何とぞ許してくださるようにと．人々は立っていた，
聖なる家を取り巻いて；さて気高き男は

第 2 歌 章

神殿の中に歩み進んだ。他の人々は待っていた,
聖所をぐるりと取り巻いて, ユダヤ人たちは待っていた,
かの長老が　神の御意志のとおりに　　　　　　　　　　105
奉仕し終えるのを。さて彼は香をささげ持ち,
聖所のずっと奥に進んだ。そして祭壇のまわりを
香炉をささげて歩んだのだ, 偉大なる主への奉仕として。
——うやうやしくも執り行った, 彼の主への
神への奉仕を, いそいそと熱をこめて,　　　　　　　　110
清らかな思いをもって, 誰でも主なる神にはそのように
仕えるべきであるように——ところが恐怖が彼を襲った,
驚愕がこの神殿で：そこに神の御使いの姿を見たのだ,
この聖所の中で。かの者は口を開きこう語りかけた；
この老祭司に　恐れてはならぬと命じ,　　　　　　　　115
怯えてはならぬと命じた。「汝の行いは」と彼は言った,
「統べる御方の心にかなっている。汝の言葉もまたそうだ。
汝の拝礼にも主は満足しておられる。汝はかくも強い想いを
ただ主おひとりにかけているのだから。私は主の使い,
ガブリエルと呼ばれる者。常に神の御前に立ち,　　　　120
唯一の支配者の御前に仕えておる。主の命を受けていずこかに
遣わされる時以外は。さて主はこのたび私をここに遣わされた,
汝に告げるようお命じになった：汝には子が生まれることを,
汝の老いたる妻によって　子が与えられるということを,
今, 汝のその身に, 言葉に聡き子が。　　　　　　　　125
その子は決してその身に　強き果実酒を飲むことはないだろう,
またぶどう酒をも, この世にある間は。彼はそのように運命によって,
天のはからいにより, 神の御力によって定められている。
神は私に命じられた, 汝に告げるように：その子は天帝のしもべとなる定め。
また命じられた, 汝らがその子を心してはぐくみ,　　　　130

『ヘーリアント（救世主）』

誠を尽して育てるようにと。また仰せられるには，
天国においてその子に　多くの名誉を与えようと。
神が仰せられるには，その良き人はヨハネという名を
持つべきとのこと。だから汝らがそう呼ぶようにとお命じになる，
その子が生まれたその時には。また仰せられるには，その子は　　　　135
この広き世界において　キリストの従者となるべしと，
神みずからの子息たる御方の。また仰せられるにはこの両者は
神を知らせる使命を帯びて　まもなくこの世に現れると。
そこでザカリアは口を開き，主の使いであるこの者に向かって
語って言った，これらの出来事と　　　　　　　　　　　　　　　　140
これらの言葉を不思議に思って：「どうしてそんな事が」と彼の言，
「こんな年齢であり得ましょうぞ。もう私ども二人には遅すぎます，
あなたのお言葉のように　そのようなことを為すのは。
と申しますのも私どもは　二人とも等しく20回の冬を若者として
この世で過ごしておりました。それから　彼女が私の許に参りました。　145
そして私が彼女を妻としてから　はや70回の冬を
同じ長椅子，同じ寝床を　分かちあってきたのです。
若い頃に私たちが　望んでも叶わなかったとすれば，
つまり私たちの　後継ぎを得て
我家ではぐくむことですが——今、私たちは老いさらばえて，　　　　150
老齢が私たち二人から　元気をすっかり奪ってしまいました。
視力はすっかり衰えて　腰はまったく萎えました。
身体の肉は落ち果てて　皮膚は醜く，
見る影とてもありません。身体はひからび，
二人の姿も形も　以前とは異なってしまいました，　　　　　　　　　155
気力も体力も。かくも長い年月を
この世に生きながらえてきたのです。だから不思議としか思えません，
お言葉のようなことが，どうして起こり得ましょうぞ。」

第 3 歌 章

      Thô uuarđ that hebencuninges bodon   harm an is môde,
160 that hi is giuuerkes sô   uundron scolda
      endi that ni uuelda gihuggean,   that ina mahta hêlag god
      sô alaiungan,   sô he fon êrist uuas,
      selbo giuuirkean,   of he sô uueldi.
      Skerida im thô te uuîtea,   that he ni mahte ênig uuord
                                                                           ⌊sprekan,
165 gimahlien mid is mûđu,   'êr than thi magu uuirđid,
      fon thînero aldero idis   erl afôdit,
      kindiung giboran   cunnies gôdes,
      uuânum te thesero uueroldi,   Than scalt thu eft uuord
                                                                           ⌊sprekan,
      hebbean thînaro stemna giuuald; ni tharft thu stum uuesan
170 lengron huîla,'   Thô uuarđ it sân gilêstid sô,
      giuuorđan te uuâron,   sô thar an them uuîha gisprak
      engil thes alouualdon: uuarđ ald gumo
      sprâca bilôsit,   thoh he spâhan hugi
      bâri an is breostun.   Bidun allan dag
175 that uuerod for them uuîha   endi uundrodun alla,
      buhuuî he thar sô lango,   lofsâlig man,
      suuîđo frôd gumo   frâon sînun
      thionon thorfti,   sô thar êr ênig thegno ni deda,
      than sie thar at them uuîha   uualdandes geld
180 folmon frumidun.   Thô quam frôd gumo

『ヘーリアント（救世主）』

　　　　ût fon them alaha.　　Erlos thrungun
　　　　nâhor mikilu:　　uuas im niud mikil,
　　　　huat he im sôđlîkes　　seggean uueldi,
　　　　uuîsean te uuâron.　　He ni mohta thô ênig uuord sprecan,
185　giseggean them gisidea,　　bûtan that he mid is suîdron hand
　　　　uuîsda them uueroda,　　that sie ûses uualdandes
　　　　lêra lêstin.　　Thea liudi forstôdun,
　　　　that he thar habda gegnungo　　godcundes huat
　　　　forsehen selƀo,　　thoh he is ni mahti giseggean uuiht,
190　giuuîsean te uuâron.　　Thô habda he ûses uualdandes
　　　　geld gilêstid,　　al sô is gigengi uuas
　　　　gimarcod mid mannun.　　Thô uuarđ sân aftar thiu maht
　　　　　　　　　　　　　　　　　　　　　　　　⌊godes,
　　　　gicûđid is craft mikil:　　uuarđ thiu quân ôcan,
　　　　idis an ira eldiu:　　scolda im erƀiuuard,
195　suîđo godcund gumo　　giƀidig uuerđan,
　　　　barn an burgun.　　Bêd aftar thiu
　　　　that uuîf uurdigiscapu.　　Skrêd the uuintar forđ,
　　　　geng thes gêres gital.　　Iohannes quam
　　　　an liudeo lioht:　　lîk uuas im scôni,
200　uuas im fel fagar,　　fahs endi naglos,
　　　　uuangun uuârun im uulitige.　　Thô fôrun thar uuîse man,
　　　　snelle tesamne,　　thea suâsostun mêst,
　　　　uundrodun thes uuerkes,　　bihuî it gio mahti giuuerđan sô,
　　　　that undar sô aldun tuêm　　ôdan uurđi
205　barn an giburdeon,　　ni uuâri that it giƀod godes
　　　　selƀes uuâri:　　afsuoƀun sie garo,
　　　　that it elcor sô uuânlîc　　uuerđan ni mahti.

第 3 歌章

      Thô sprak thar ên gifrôdot man,   the sô filo consta
      uuîsaro uuordo,   habde giuuit mikil,
210 frâgode niudlîco,   huuat is namo scoldi
      uuesan an thesaro uueroldi: 'mi thunkid an is uuîsu gilîc
      iac an is gibârea,   that he sî betara than uui,
      sô ic uuâniu, that ina ûs gegnungo   god fon himila
      selbo sendi'.   Thô sprac sân aftar
215 thiu môdar thes kindes,   thiu thana magu habda,
      that barn an ire barme: 'hêr quam gibod godes', quađ siu,
      'fernun gêre,   furmon uuordu
      gibôd, that he Iohannes   bi godes lêrun
      hêtan scoldi.   That ic an mînumu hugi ni gidar
220 uuendean mid uuihti,   of ic is giuualdan môt'.
      Thô sprac ên gêlhert man,   the ira gaduling uuas:
      'ne hêt êr giouuiht sô', quađ he,   'ađalboranes
      ûses cunnies eftho cnôsles.   Uuita kiasan im ôđrana
      niudsamna namon: he niate of he môti'.
225 Thô sprac eft the frôdo man,   the thar consta filo mahlian:
      'ni giƀu ic that te râde', quađ he,   'rinco negênun,
      that he uuord godes   uuendean biginna;
      ac uuita is thana fader frâgon,   the thar sô gifrôdod sitit,
      uuîs an is uuînseli: thoh he ni mugi ênig uuord sprecan,
230 thoh mag he bi bôcstaƀon   brêf geuuirkean,
      namon giscrîban'.   Thô he nâhor geng,
      lagda im êna bôc an barm   endi bad gerno
      uurîtan uuîslîco   uuordgimerkiun,
      huat sie that hêlaga barn   hêtan scoldin.
235 Thô nam he thia bôk an hand   endi an is hugi thâhte

『ヘーリアント（救世主）』

```
       suîđo gerno te gode:     Iohannes namon
       uuîslîco giuurêt    endi ôc aftar mid is uuordu gisprac
       suîđo spâhlîco:     habda im eft is sprâca giuuald,
       giuuitteas endi uuîsun.    That uuîti uuas thô agangan,
240    hard harmscare,    the im hêlag god
       mahtig macode,     that he an is môdsebon
       godes ni forgâti,    than he im eft sendi is iungron tô.
```

［福音書との対応］159－170行は「ルカ」1章20節，174－180行は同21節，180－190行は同22節，190－192行は同23節，192－196行は同24節，196－199行は同57節，201－214行は同58節，66節，59節，214－220行は同60節，221－224行は同61節，225－231行は同62節，231－238行は同63節，238－239行は同64節をそれぞれ骨子としている．

［Tatianとの対応］196－199行がTat. 4章に．

【註　解】

159) **that**：指示代名詞．次行の接続詞 that を先取りする．**bodon**：*swm*. bodo「使者」(独 Bote) の単数与格．既に134行 gibiodan の註でふれたように，印欧祖語 *bheudh-「目覚める，気づかせる，告知する，命令する」(独 ge-bieten) に由来し，フランク王国においては (強権を委託された)「代官，全権大使」(ラテン語 missus regis) のことで，単なる走り使いのことではなかった．**harm**：*adj*.「遺憾な；苦々しい」．名詞 (独 Harm, 英 harm) が *adj*. として転用されたもの．

160) **is giuuerkes**：「彼 (＝神) のわざを」．is は前行の hebencuning を受ける．giuuerkes は *stn*. gi-werk「働き，わざ」(独 Werk, 英 work) の単数属格．動詞 wundron の属格目的語．

161) **gihuggean**：*swv*.「思い至る，考えつく」．22行に初出の名詞 hugi

— 102 —

第 3 歌 章

から作られた動詞. **mahta**：＜mugan. C写本では接続法 mahti となっており，その方が文法的には正しい. 163行の giwirkean と結ぶ.
　162）**sô...sô**：同等比較の *adv*. 独語 so...wie, 英語 as...as. **alaiungan**：*adj*. ala-jung「極めて若い」の男性単数対格形. jung に強意の前綴り ala-, al- をつけたもの. 前行 ina に対する目的格補語なので対格語尾をとっている. al- にアクセントがあるので êrist と頭韻を踏むことが可能になる.　**fon êrist**：「全く最初に」という成句. êrist は *adv*. êr の最上級（独 ehest, erst）が名詞として固定した形.
　163）**selbo**：161行の god につく弱変化男性単数主格.　**of**：＝ef. 従属接続詞「もし…なら」（英 if, 独 ob）.　**he**：＝god.
　164）**Skerida**：*swv*. skerian「分け与える,（命令を）渡す，指令する」の過去. 現代英語 to share と同源と思われる.　**te uuîtea**：「罰として」. wîtea は *stn*. wîti「罰；悩み；邪悪さ」の単数与格. ゴート語以来の共通ゲルマン語であるが中世末期には使われなくなり，独語 Ver-weis「譴責，叱責」の -weis にかすかに残る. もとはラテン語 videō「見る」などと同根で「見て気づく」→「気づいて処罰する」となったと説明されるが，しかし他説では「行く」が原義で（古ザクセン語では gi-wîtan），「突き進む」→「追求する」→「処罰する」となったとも説かれている.
　165）**mûdu**：*stm*. mûd「口」（独 Mund, 英 mouth）の単数具格.　**êr than**：「…より以前には」.　**thi**：与格.　**magu**：*stm*.「息子，少年」の単数主格. 核となる意味は「若い」で，magađ「少女」（独 Magd, Mädchen, 英 maid[en]）なども同根と思われる. ゴート語 magus は「子供」であるが，ただし聖母マリアがわが子イエスを指す時は常に magus を用い，一般的な sunus（独 Sohn, 英 sun）を用いないので，magus は母系，sunus は父系の呼称ということも考えられる. しかし『ヘーリアント』においては，magu と sunu の間にそのような明確な区別は認められない.　**uuirdid**：＜werđan.
　166）**erl**：*stm*.「立派な男性，貴人」の単数主格. 前行 magu の言い換え.

『ヘーリアント（救世主）』

ゴート語になく，西ゲルマン語と北ゲルマン語に見られるこの語の由来は不詳．英語に earl「伯爵」として残る他は人名に用いられるくらいである．**afôdit**：*swv*. a-fôdian「生む」の過去分詞．150行に初出の fôdian は「養育する」が第一義だが，完了相化の前綴り a- のついた afodian は「生む」の意味しかない．

167) **kindiung**：*adj*. kind-jung「幼児のように若い，みどり子の」だが，ここでは「みどり子として」ほどの意．古高独語には類似表現は見られないのに，古英語には cild-geong という表現が散見するので，kind-jung も英国布教団系の語であろう．　**cunnies gôdes**：「良き一族の」．kunni は74行に初出．この属格は前行の magu や erl と結んでもよく，また述語的属格とも考えられる．

★福音書には言及されていない「良き一族の」は，ゲルマン族の血の貴さを尊ぶ伝統の表れで，以降頻出する．ゲルマン性を長く保持したザクセン族の聴衆を意識したのだろう．

168) **uuânum**：（wânam とも）*adj*.「美しい，美事な」．*stf*. wân「希望，期待」からの派生語であるが，語源不詳．ラテン語 venus「愛欲，優美」と関連づける説もある．なお現代独語 Wahn「妄想」も同源．　**eft**：*adv*.「再び」．43行初出の aftar と同根で元来は「背後から；前例をなぞって」の意．

169) **stemna**：*st*./*sw*. *f*.「声」（独 Stimme）の単数属格．ノルド語以外の全ゲルマン語に共通単語だが語源不詳．　**tharft**：話法助動詞 thurban「…の必要がある」の現在２人称単数．現代独語 dürfen のように「してはならない」の意ではない．現代独語の「許される」は16世紀以降生じた新義．「必要」を表す古義は bedürftig「乏しい，貧困の」や Bedürfnis「欲求，需要」などに残る．　**stum**：*adj*.「おしの，口がきけない」（独 stumm）．独語 stammeln, stottern, 英語 to stutter「どもる」などと同根．

170) **lengron huîla**：「それ以上長い期間」．lengron は *adj*. lang の比較級（弱変化）女性単数対格．*stf*. hwil(a)（独 Weile，英 while）も副詞

第 3 歌章

的対格. **sân**：*adv*.「すぐに, 即刻」(英 soon). ゴート語 suns. 語源不詳.
gilêstid：*swv*. (gi)lêstian「従う, (言われたように)実行する」(独 leisten) の過去分詞. 印欧祖語 *leis-「足あと」に由来し (今も独 Leisten「靴型」や Gleis「軌道, レール」に残る), 「足あとをたどる」が原義. 現代独語 lehren や lernen, 英語 to learn も同根で, 「手本をまねる」すなわち「まなぶ」ことである. 古ザクセン語においてはこの「従う」という原義がまだ意識されていただろうから, この gilêstian を現代独語 leisten と全く同義としてはまずいだろう. **sô**：次行の sô と相関する.

171) **giuuorđan**：(gi)werđan「生じる」の過去分詞. ward...giwordan は一種の過去完了とも解せるが, 要するに「たちどころに」というような瞬時性を示すのであろう. **te uuâron**：*adv*. として「本当に, 実際に」. *stn. /f.* wâr(a)「真実」(独 Wahrheit)の複数与格. 現代独語で in Wahrheit という表現に相当するのが te wâron である. ラテン語 vērus と同根 (英 very).

173) **sprâca**：*st. /sw. f.* sprâka「言語, 言葉」(独 Sprache, 英 speach) の単数属格. 次の動詞 bilôsian の属格目的語. **bilôsit**：*swv*. bi-lôsian「奪う」の過去分詞. 人の対格と物の属格を伴って「人から物を奪う」. ここでは ald gumo が主語となって受動文構造を作っている. この動詞の語根 lôs(独 los, 英 loose, less) は87行に初出. **thoh**：従属接続詞「…ではあるが, …にもかかわらず」(英 [al]though). この従属節の定動詞は接続法となるのが原則. **spâhan**：*adj*. spâhi「賢い, 明晰な」の語源については125行註を参照.

174) **bâri**：*stv*. (IV) beran「担う, 保持する」(英 to bear, 独 gebären)の接続法過去3人称単数. 合成語の gi-beran は123行に初出. **breostun**：*stn*. breost, briost「胸, 心」(独 Brust, 英 breast) の複数与格. この語は独語 Brot, 英語 bread「パン」などと同根で「ふくらんだ物」, すなわち女性の乳房が原義. だから「胸, 心, 心中」の意味では常に複数形を用いた.

『ヘーリアント（救世主）』

　★172行後半以下は「明晰な思いを胸に抱いていたにもかかわらず，その老人は言葉の能力を奪われた」の意であるが，これは169行の stum「おしの」という語と密接に関連している．この当時「口がきけないこと」はすなわち「知能が劣っていること」と直結して理解されていたから，thoh「…にもかかわらず」という接続詞が用いられたのである．現代独語の俗語 doof「ばかな」が taub「つんぼの」の訛りであり，また dumm「ばかな」が英語 dumb「おしの」と同源であることも思い起こされる．この種の肉体的障害は，古代社会にあっては神(々)からの罰と信じられることが多く（このザカリアの例が正にその典型である），そこから賤民視などの差別意識も生じた．

bidun：<*stv*. bîdan「待つ」の過去3人称複数．　**allan dag**：*adv*. としての対格：「終日」．

　175）**uuerod**：98行や103行の例とは異なって複数と意識されている．

　176）**bihuuî**：*adv*. bi-hwî「なぜ，何故に」．具格支配の *präp*. bi（独 bei，英 by）と疑問代名詞 hwat（独 was，英 what）の具格 hwî とからなる合成語．他に te hwî とも言い，hwî だけでも同義である．　**lango**：*adj*. に -o をつけて *adv*. を作ることができる．　**lofsâlig**：*adj*.「賞賛に値する」．81行初出の lof（独 Lob）と48行および76行でふれた sâlig（独 selig）の合成語．sâlig は多くの場合ラテン語 beatus「祝福された；（天国に召されて）幸福な」の意味で用いられ，現代独語 lobselig はもっぱら「高徳の故…氏」を指すが，古くはこの例が示すように決して故人に限定されなかった．それどころか，キリスト教とは無縁の古ノルド語 Edda 詩にも lofsæl kona「賞賛さるべき女性」は登場しており，この表現そのものはキリスト教以前のゲルマン語に属すると思われる．しかし極めて稀な語であり，『ヘーリアント』にはこの1例しかない．

　177）**frâon**：単数与格．frôio／frôho／frâho「主君」の語源等は109行註を参照．

　178）**thorfti**：169行に初出の thurban の接続法過去．wundrodun の内容を表す間接話法．　**sô**：176行の sô と結ぶ．　**êr**：*adv*.「かつて，以前に」

第 3 歌 章

(独♣ eher)． **ênig**：代名詞としての用法．次の複数属格 thegno と結ぶ．
thegno：*stm*. thegan「(若い)従士，家来；男；使徒」(独 Degen，英 thane)の複数属格．ここでは「神に仕える者，祭司」ほどの意．この語はギリシャ語 téknon「子供」と同源で元来は「少年」を表したが，「小姓，従者」を経て一方は「キリスト・神の従者」→「12使徒」にまで，他方は「武器を携える一人前の男」→「男性」に発展した．なお92行および110行の jungarskepi「聖職者として神に仕えること」の註を参照．

179) **than**：時の従属接続詞「…した時に」(独 als, wenn，英 when, as) であり，前行の êr と結ぶ比較の *adv*.（英 than）ではない． **sie**：ênig thegno を受けるから文法上は単数 he であるべきところ．しかし内容的には sie の方が自然． **geld**：90行に初出．

180) **folmon**：*stm*. (*pl*) folmos「両手(のひら)」の与格．具格の機能で「(両)手でもって」の意．ラテン語 palma「平手，手のひら」(英 palm．なお「ヤシ，シュロ」の英 palm，独 Palme も葉の形が広げた手に似ているところから) と同源と思われる．ゴート語には見られないが，古英語，古高独語には(やや古風な語として)散見する．おそらくは頭韻詩において hand の同義語として便利に使われたものであろう．

181) **ût**：*adv*.「内から外へ」(英 out，独 aus)． **thrungun**：*stv*. (Ⅲ-1) thringen「押し寄せる」(独 dringen) の過去3人称複数．

182) **nahor**：*adv*. nâh「近く」(独 nah) の比較級(独 näher；ちなみに英 near も元は比較級)． **mikilu**：23行に初出の *adj*. mikil「大きい」の具格．比較級とともに用いて「その分だけ多く，いっそう」の意．(独 um so…, bei weitem…, 英 the more…)． **im**：＝erlos の(複数)与格． **niud**：*stm*.「欲求，願望」の単数主格．次行 hwat 以下を受け，「彼が何を言わんとするか(聞くこと) を切に望んだ」の意．英・独語とも現在は消滅しているが，独語 niedlich「かわいらしい，小ぎれいな」にわずかに残る．原義は「人の欲をそそる」だったが，優美な商品などに用いられた結果，18世紀以降今の意味になった．

『ヘーリアント（救世主）』

183) **sôdlîkes**：*adj.* sôdlik「真実の」の名詞化，中性単数属格．hwat と結んで「真実の何を」→「どんな真理を」．*stn.* sôd「真理」はおそらく梵語 satra「真理」と同根と思われる．共通ゲルマン語であったが東・西ゲルマン語では中世中期に消滅し，北ゲルマン語にのみ残る：ノルウェー語，スウェーデン語 sann，デンマーク語 sand「真実の」．

184) **uuîsean**：*swv.*「指し示す，導く」（独 weisen）の不定形．wîsean／wîsian の原義は「賢くする」で，5行に初出の *adj.* wîs「賢い」（独 weise, 英 wise）の作為［使役］動詞．**te uuâron**：171行に初出．

185) **gisidea**：*stn.* gisidi「人々，仲間」の単数与格．64行，122行，127行などの註を参照．集合名詞として常に単数．元来の「武装した主従の一団」というニュアンスは薄れて，「人々」「群集」ほどの意．**bûtan**：(biûtan) *konj.*「…を除いては」（英 but that）．*präp.* bi と *adv.* ûtan（英 out, 独 außer）の合成語．ちなみに英語 but も原義は「ただし…の点を除けば」である．**suîdron**：*adj.* swid(i)「強い」の比較級女性単数与格．swidra hand「より強い方の手」とは「右手」のこと．swidi については70行註を参照．「左手」は winistra hand で，語源はおそらく「より友好的な手」であり，70行の註で説明した wini「友，味方」の関連語．

187) **lêra**：*st./sw. f.*「教え」（独 Lehre）の単数ないし複数対格．**lêstin**：170行に初出の lêstian の接続法過去3人称複数．lêstidin の縮約形．lêra と lêstian が同語源であることも170行註で言及した．**forstôdun**：*stv.* (VI) far-standan「理解する」（独 verstehen, 英 to understand）の過去3人称複数．古ザクセン語，古高独語，古英語とも「①防御する；②妨害する；③理解する」の3種の意味を兼備しており，その意味発展を正確にたどることは難しい．いずれの場合もゲルマンの議決機関である民会で「立って」意見を述べることが核心にあるのだろう．「防御および妨害」の far- は容易に納得がいく．そもそも人前で(far)一席弁ずるためには内容をよく理解していないといけないから，③が生じたのだろうか？　ちなみに英語 to understand の under- は「下」ではなく，「仲介，介在」の under- であろう．

第 3 歌章

188) **gegnungo**：*adv.*「明らかに，現実に」．古英語 gegnunga 以外に類語を見ず，英国布教団系語彙のひとつと思われる．語源ははっきりしないが gegin（独 gegen, 英 a-gainst）と関連すると思われ，すると「眼前に見るように明らかに，ありありと」が原義だったかもしれない．ge- は接頭辞ではなく，アクセントを帯びて gódcundes と頭韻を踏む．**godcundes**：*adj.* god-kund「神の種族の，神に由来する，神の，神聖な」の名詞化，中性単数属格で次の huat と結び「何か神聖なこと」．godkund はラテン語 divinus の自由翻訳語で，おそらくフランク王国共通の教会用語のひとつ．ゴート語以外の全てのゲルマン語に見られる．-kund は74行初出の kunni, 62行の kuning, 63行の knôsal，ひいては kind にも関連する「生殖，誕生，種，種族」系語彙に属する（S. Berr は誤って「知る」——つまり独 kennen や英 to know などの類に結びつけているが）合成用語で「…の種に属する」の意．

189) **forsehen**：*stv.* (V) far-sehan「見てとる，気づく」の過去分詞．**thoh**：従属接続詞．**is**：前行 godkundes huat を受ける人称代名詞 it の属格で，行末の wiht「何か」と結び「それについては何ひとつ」の意．

190) **Thô habda he…gilêstid**：一見過去完了のように見えるが，ここは実は「ルカ」(1-23)：「やがて務めの期間が終わって自分の家に帰った」に対応しているのだから，むしろ「遂にやりおおせた」ことを強調している完了形なのだろう．ラテン語 Et factum est, ut impleti sunt dies officii eius… の impleti sunt あたりのニュアンスを表現しようとしたのかもしれない．

191) **al sô**：「…であった全くそのように」．

192) **gimarcod**：128行に既出．was と結んで状態的受動．**mid mannun**：39行に初出．**sân aftar thiu**：「その後すぐに」．慣用句．

193) **quân**：*stf.*「女；妻」の単数主格．ゴート語 qēns, あるいは qinō をはじめとする全ゲルマン共通単語であるが，この時期にはもう古風となっていたのか，『ヘーリアント』にはこの1例，および quena が2例登場するだけで，wîf や idis, frôio, frôho の方が圧倒的に多い．これに対し古英語

『ヘーリアント（救世主）』

cwēn は頻度が高いが，しかしこの語も早く衰退して現代英語 queen「女王」にしか残っていないのを見れば，古英語でもやはり古層の語ではあったのだろう． **ôcan**：「妊娠させる」の意の，しかし不定形は確認されていない強変化動詞の過去分詞．事実上は *adj.* と見なしてよい点で ôdan「恵まれた」(124行)と類似する．294行に女性単数対格の giocana が登場する．語源はおそらく「増やす」で，ラテン語 augēre や独語 wachsen と同根．『ヘーリアント』には類語の *swv.* ôkian「増やす」は2例見られる．古高独語には見られない語なので北海ゲルマン語系，もしくは英国布教団系の語なのだろう．

194) **eldiu**：151行初出の eldi 「老齢」の単数与格． **im**：＝Zacharias と Elisabeth の二人にとって．

195) **godcund gumo**： 主格．前行 erbiward の言い換え．

196) **burgun**：*stf.* burg「城，町，都市」(独 Burg, 英 borough)の複数与格．語源等は57行 Rûmuburg の項でふれたが，すでにゴート語においても (baurgs)「町」や「町の塔」の意味で頻用された古いゲルマン語である．この箇所の使用は頭韻の理由が第一であろうが，「町々において」とは「現実にこの世において」ほどの意と思われる．この語は後にゲルマン世界を越えて広く通用するようになり，後期俗ラテン語に burgensis「市民，町人」や burgus「町」が現われ，そこから現代仏語の bourgeois が成立した．

197) **uurdigiscapu**：中性複数対格．127行に初出．月が満ちて子が生まれるのを「運命（の定め）を待った」と表現しているわけである． **Skrêd**：*stv.* (I) skrîdan「進行する」(独 schreiten) の過去．

198) **gêres**：*stn.* gêr「年（月）」(独 Jahr, 英 year) の単数属格．次の gital と結んで「ある一定数の年月」の意．おそらく「過ぎ行く」の意の印欧語（たとえばラテン語 ire「行く」）に基づくのだろう．「過ぎ行くもの」が原義とすれば必ずしも厳密な「年」に限らず，「歳月，月日，時間」をも意味してよく，この箇所もむしろ「月日」である． **gital**：*stn.* 「数」(独 Zahl, 英［古］tale「総額」) の単数主格．94行の (gi)tellian の註を参照．

199) **lioht**：*stn.*「光；（比喩的に）…の世界」(独 Licht, 英 light) の

— 110 —

第 3 歌 章

単数対格．比喩的用法の場合にはこの箇所のように属格名詞と結ぶことが多い：manno lioht「人間の世界」，godes lioht「天国」．『ヘーリアント』作者は lioht のこの用法を大変好んだ．ゴート語や古英語，古高独語ではそう頻繁な用法ではないから，詩人の個性が表れている用法と言えよう． **im**：いわゆる「所有の与格」． **scôni**：*adj*．（独 schön）．153行の unscôni を参照．

200) **fel**：153行註を参照． **fagar**：*adj*．「美しい，優しい，穏やかな」（英 fair）．古い共通ゲルマン語だが語源未詳．ラテン語 pāx「平和」や独語 fegen「清掃する」と同根という説がある． **fahs**：*stn*．「頭髪」の単数主格．古英語，古高独語，古ノルド語には頻出するが『ヘーリアント』にはこの1例しか登場しない．おそらくギリシャ語 pékos「羊毛」と同源と思われる． **naglos**：*stm*．nagal「爪」（独 Nagel，英 nail）の複数主格．中世盛期以降になると，とりわけ(貴)婦人の美しくバラ色に輝く，手入れの行き届いた爪が美質のひとつとしてもてはやされるが，この箇所のように乳幼児の爪が問題にされるのは極めて珍しい．

201) **uuangun**：*swn*．wanga「ほほ，ほお」（独 Wange)の複数主格． **uulitige**：*adj*．wlitig「輝くほど美しい，見映えのする」の複数主格．wliti「輝き」の *adj*．ゴート語 wlaiton「見まわす」，wlits「外見，顔」から想像がつくように「見る」が原義．独の雅語 Antlitz「顔，かんばせ」も接頭辞 ant- と，この(w)lits との合成と思われ，「向い合って見える外観」が原義らしい．

★ 199行 lîk から201行 wlitige に至る幼児ヨハネの美しい外見の描写は福音書にはなく，作者の自由な書き入れである．ゲルマン族においては，美しく立派な外貌と良き血筋とは英雄の資質として欠くべからざるものであった．

fôrun：＜faran．「乗り物で行く」という意味ではないことは122行の註でふれた．

202) **snelle**：*adj*．snel「勇気ある，大胆な」の複数主格．前行 wîse と同じく man (複数) につく *adj*．あるいは名詞化されて「勇者たち」と解し

— 111 —

『ヘーリアント（救世主）』

てもよい．極めてゲルマン英雄叙事詩的な表現であり，福音書の雰囲気には全くそぐわない．「ルカ」（1－58）では単に「近所の人々（や親類は）」と記されているだけであるのに対し，『ヘーリアント』では「賢者にして勇士たる男たちは」となってしまう．snel の現代独語は schnell「素早い」であるが，これは「勇敢な」→「躊躇しない」→「手早い」→「速い」と意味変化したもの．類似例は独語 bald「まもなく」にも見られる：独語 bald も原義は「勇気ある」(英 bald）であった．**tesamne**：*adv*．「ともに，一緒に」(独 zusammen）．語根にある saman の意味については 96 行註を参照．**suâsostun**：*adj*．swâs「親しい，身内の」の最上級，（弱変化）複数主格．ゴート語では swes で，ラテン語 suus「自分の」などとともに元来は 3 人称の再帰形容詞（♣独 sich，英 self，羅 se，sibi など）だったと思われる．**mêst**：*adv*．「最も」(英 most，独 am meisten）．前の suâsostun という最上級をさらに強調する（文法的には不必要な）副詞最上級．

203) **thes uuerkes**：141 行註に記したように wundron は属格目的語をとる．werk は「神のわざ」とも解せるが，ここでは「出来事」ほどの意だろう．次の biwhî の疑問節をこの werk という語でまとめる．

204) **tuêm**：数詞 twêne／twô／twê「2」(英 two，独 zwei）の与格．ここでは「2人の者」の意．**ôdan**：124 行に初出．**uurdi**：werđan の接続法過去．

205) **barn**：前行 that 以下の文の主語．**an giburdeon**：「生誕することにおいて，誕生という形をとって」．49 行初出の gihurd（独 Geburt，英 birth）の複数与格．頭韻のため使われたと言ってよく，意味や複数形にそれほどの重要さはない．M 写本では an burgun「町々において」となっている．**ni uuâri that**：「もし…でないとしたら」．121 行の ne sî that をも参照．wâri は wesan の接続法過去．ちなみに現代独語 nur「ただ…だけ」は，この ni warî が融合して 1 語になったもの．

206) **afsuobun**：*stv*．(VI) af-sebbian「気づく，わかる」の過去 3 人称複数．sebbian は *swm*．sebo「気持ち，心」と関連し，ラテン語 sapere「(味

第 3 歌 章

わって)知る」と同源という説もある． **garo**：*adv*．「全く，完全に」(独 gar)．
「準備ができた」の意の *adj*. garu (独 gar「煮物に火が通った」) の副詞．
語源は諸説あるが，決定的なものはない．

207) **it**：＝barn，すなわちヨハネ． **elcor**：*adv*．「さもなければ，それ
以外には」．同義のゴート語 aljaleiko からわかるように alja-「別の」(ラテ
ン語 alius「別の」) と leiko「…という形態の」(154行 lîk 註を参照) との
合成語の，さらに比較級が出発点である．alja- は独語では eli, elli となり，
たとえば elilendi「別の国の，外国の」を経て現代独語 elend「悲惨な，哀れ
な」に残っている (これは追放刑に処せられて，もはや何らの法の庇護の下
にもいない異郷暮しの困難さに由来する)． **uuânlîc**：*adj*．「容貌が美しい」．
168行 wânum「美事な」と同源であり，おそらくラテン語 venus「愛欲，優
美，ヴィーナス」とも同源．wân は「希望，思い」だから wânlîk は「好ま
しい姿形の，見目よい」が出発点であろう．

★ヨハネの容姿の美しさに驚嘆して，こんな美しさは神の働き以外の何物
でもない，と人々が悟るこの箇所も福音書にはなく，ザクセン人聴衆の耳に
入りやすい，そして理解しやすい語り口を作者が試みたことの証拠であろう．

208) **the**：無変化の関係代名詞． **filo**：不定代名詞中性単数対格「多くの
こと」(独 viel[es])．次行の属格 wîsaro wordo につく． **consta**：動詞
kunnan (独 kennen／können，英 can) の過去3人称単数．古ザクセン語
においては「知っている，…の術を心得ている」という他動詞と，「…できる」
という助動詞とが kunnan という過去現在動詞 (文法VI-§9，§10) の中で未
分化のまま一体となっている．ここでは他動詞．

★このあたりの原拠である福音書「ルカ」(1－59) ではヨハネの誕生後8
日目になって，割礼を施すために人々がやって来たのであるが，『ヘーリアン
ト』作者は割礼云々は完全にカットし，賢い長老が名を問うために口を開く
という，ゲルマン好みの情景に仕立てている．

210) **frâgode**：*swv*. frâgon／frâgoian「質問する」(独 fragen) の過
去3人称単数．古ノルド語以外のゲルマン語に共通の語で，ラテン語 precārī

－ 113 －

「願う，頼む」と同源とされる．**niudlîco**：*adv*.「熱心に」．182行の niud「欲求」の派生語．

211) **mi thunkid**：157行註を参照．非人称動詞で，現代英・独語なら非人称主語 es や it を補足するところ：「that 以下のように私には思われる」．**uuîsu**：*st./sw. f.* wîsa「やり方，仕方」（独 Weise，英 wise）の単数与格．古いゲルマン語で，ラテン語 vidēre「見る」と同源であり，元来は「外見，様子」を意味したが，後に「流儀，行動様式」などを表すようになった．この箇所も「外見，様子」でぴったりする．**gilîc**：*adj*.「等しい，同じの」（独 gleich，英 like）．154行註で述べたように lîk「身体，肉体」を語源に持ち，「同じ姿形をした」が原義．この gilîk の機能の解釈は意見の分かれるところで，he，すなわちヨハネを主語とする主格補語とする見解もあるが（すると gilîk は男性単数主格），私はそうではなく中性単数対格が固定した副詞ととらえ，「（…でも…でも）等しく」と解釈する．その方が次に述べる iac ともうまく適合する．

212) **iac**：（giak，gek とも）*konj*.「そしてまた，ならびに」．ja「そして」と87行初出の ak との合成語か？ 単なる「そして」ではなく，bediu…jak…「…も…も」（英 both…and，独 sowohl…als auch）のように併立を強調する時に用いられる．**gibârea**：*stn*. gibâri「態度，様子」（独 Gebaren，Gebärde）の単数与格．「運ぶ，担う」の beran と同源で，「自分の身の運び方，処し方」が原義．**betara**：gôd の比較級（英 better，独 besser），弱変化．

213) **uuâniu**：*swv*. wânian「思う，希望する」の現在1人称単数．207行 wânlîk の註を参照．wân の「望み，願望，思い」が極端に走ったのが現代独語 Wahn「幻想，妄想」で，近世になって新たに成立した語である．だから wânian には「妄想を抱く」というような意味はまだない．**gegnungo**：188行註を参照．

214) **sendi**：*swv*. sendian の接続法過去．（接続法現在なら sendie／sendia）．現代英・独語の感覚からすれば接続法の完了形を用いるべきところ

第　3　歌　章

だが，これは中世末期にラテン文法の影響でそうなったのであり，それ以前は単純な接続法過去で過去の事柄を表すことができた．**sân aftar**：192行註を参照．

215) **thiu môdar**：単純に見れば thiu は定冠詞だが，ここは前行末の慣用句 sân aftar thiu の thiu と意味が2重になっていると思われる．môdar（英 mother, 独 Mutter）は，fader, brôder, swester, dohtar とともにいわゆる「親族呼称の r- 語幹名詞」を成し，単数全格と複数主・対格とが同形である（文法II-I-§8）．**magu**：165行註を参照．

216) **barme**：*stm*. barm「膝，ふところ，胸」の単数与格．ゴート語 barms をはじめとしてゲルマン共通語．おそらく印欧祖語 *bher-「運ぶ，担う」に由来し，「子供を妊娠して（または，はぐくんで，抱いて）いるところ」が原義．したがって下腹部から太もも，胸あたりの部分を広く指し，現代独語の Schoß に近い．**hêr**：*adv*.「ここへ」（独 hier, hierher, 英 here）．

217) **fernun**：*adj*. fern「前回の，この前の」の弱変化中性単数与格．共通ゲルマン語彙のひとつ．印欧祖語 *per-「通過した」を源とし，独語 fern や英語 far とも同族であろう．現代独語 Firn「万年雪（原義は古い雪）」，firn「（雪やワインが）古い」に名残をとどめている．**gêre**：198行初出の gêr「年月」の単数与格．fern を弱変化させた fernun gêre は固定表現となっているが，古い具格の機能を引き継いだ与格．**furmon**：*adj*. formo「第一の，最初の」の弱変化中性単数具格．おそらくラテン語 prīmus と同源で，元来は for「前の」の最上級形であったため弱変化になると思われる．英語 first も古英語 fyrmost の発展した形であり，この formo と極めて近い関係にある．word の具格 wordu との成句 furmon wordu は文字通りには「最初の言葉をもって」だが，意味の上では「最も重い言葉をもって」→「熱心に，切実に」ほどのことであろう．頭韻をそろえる機能の方がここでは重要のようだ．

218) **gibôd**：*stv*. (II) gibiodan（独 gebieten）の過去3人称単数．ただしこれを214行の名詞 gibod「命令」の繰り返しとする説もある．**bi**：「…に従って」．

— 115 —

『ヘーリアント（救世主）』

219) **hêtan**：自動詞，「…という名である」． **gidar**：話法助動詞 (gi)durran「あえて…する」（英 dare）の現在1人称単数．

220) **uuendean**：*swv*．「まわす，転じる，改める」（独 wenden）の不定形．前行の代名詞 that が目的語． **mid uuihti**：熟語的前置詞句．否定詞とともに「決して…でない」（独 mitnichten）．wiht については83行註を参照． **is**：次の動詞 giwaldan の属格目的語．

221) **gêlhert**：*adj*．「不遜な，心のおごった」．gêl- は英語 gay「楽しい」と同源で「陽気な；心おごった」を表す．独語では15世紀以降これから geil「好色な，みだらな」が生じた．後半部の -hert は *swm*. herta「心，心臓」（独 Herz, 英 heart）からの派生形容詞． **gaduling**：*stm*．「近親者，同族の者」の単数主格．ゴート語 gadiliggs「いとこ」以来のゲルマン共通語．原義は「合致，まとまり，一体」で英語(to)gather，独語 Gatte「配偶者」，Gattung「（同じ）種族」なども同系語．

★この不遜な親戚の男も『ヘーリアント』作者が創作した人物．「ルカ」（1－61）ではただ「人々は」とある．悪役を創作してドラマ性を高めようとしたのであろう．

222) **giouuiht**：(eowiht) *pron*．「何かあるもの」．既出の wiht「もの，こと」（83行）に，不定性を強調する gio-, eo- がついたもの．たいては否定文で，属格の修飾辞とともに用いられる．ここでは nieman「誰も…ない」（独 niemand）の意味である． **adalboranes**：*adj*. adal-boran「高貴な生まれの，良き血筋の」の中性単数属格．giowiht と結ぶ．*stn*. aḍali「貴族」（独 Adel）と，*stv*. beran「生む」の過去分詞「生まれた」が結合したもの．ここでもゲルマン人の貴種尊重が強調されている．

223) **eftho**：*konj*．「あるいは，または」（27行に初出）． **Uuita**：(wita) *interj*．「さあ；さあ…しようではないか」．単なる間投詞としてだけでなく，この箇所のように不定詞と結んで独語 Laßt uns…! 英語 Let us…! の如き働きをする．おそらく *stv*. (gi)wîtan「行く」の接続法が固定したもの．仏語の間投詞 Allons!「さあ」が動詞 aller「行く」から来ているのと対応す

— 116 —

第 3 歌 章

る現象と思われる． **ôdrana**：*adj*．ôđar／âđar の男性単数対格．

224) **niudsamna**：*adj*．niud-sam「好ましい，美しい」の男性単数対格．182行註で扱った niud「欲求」からの派生語．ほとんど現代独語の niedlich「愛らしい」に類似する． **niate**：*stv*．(Ⅱ) niotan「楽しむ，享受する」（独 ge-nießen）の接続法現在 3 人称単数．要求話法．ヨハネはまだ自らそれを喜ぶことはできないわけだが，「もしできるものなら，喜んでもらおうではないか」という含意．niotan は niud や niud-sam と同源で，原義の「欲しがる」が「うまく入手して，喜んで使う，わがものとして享受する」に発展した．

225) **mahlian**：139行註でふれたように mahlian は単に「語る」のではなく，人民集会などで堂々と論ずること．雄弁というニュアンスが強い．

226) **ni...negênun**：二重否定ではない．**gibu**：*stv*．(Ⅴ) geban（独 geben, 英 to give）の現在 1 人称単数．共通ゲルマン語であるこの動詞はラテン語 habēre「つかむ，保持する，所有する」と同源であり，「つかむ」→「つかんで差し出す」→「与える」という意味推移をたどった．一見したところではラテン語 habēre に対応するのは hebbian（独 haben, 英 to have）のように感じられるが，hebbian に対応するのはラテン語 capere「とらえる，つかむ」である． **that**：次行の that 節を先取りする． **te râde**：「良策として，忠言として」．râde は *stm*．râd「忠告，助言，得策」（独 Rat）の単数与格．ラテン語 ratiō「計算，配慮，理性」と同源である．したがって印欧祖語 *rēdh- の原義は「配置，配慮，考慮」と思われる．古代ゲルマン人が主に呪符として用いたルーネ文字（独 Runen, 英 runes）の「配置」を読解しようといろいろ「考慮」すること，これがすなわち独語 raten「助言する」ことであり，同時に英語 to read「読む，解読する」ことでもあった．独語 reden「語る，話す」も to read と表裏一体の関係にあると言えよう．**rinco**：*stm*．rink「(若い)戦士；男」の複数属格．次の nigên と結ぶ．古ゲルマン的語彙のひとつ．語源ははっきりしないが，おそらく「剛直な，まっすぐな者」が原義で，ラテン語 rēx「王」とも同源と思われる．**negênun**：

『ヘーリアント（救世主）』

不定代名詞 nigên「誰も…ない」(独 kein, 英 none) の男性単数与格．nigên の構成は，否定詞 ni に，「もまた」の意の -g- (独 auch, 羅 -que)，そして数詞の ên のついたもの(ちなみに独語 kein は否定辞 ni-, ne- が脱落した形である)．語尾変化は ên，すなわち形容詞の変化．

227) **biginna**：biginnan の接続法現在．「…し始める」という意味はほとんどなく，一種の冗語であることは140行註で述べた．

228) **uuita**：223行に初出．**is**：「それについて」．it の属格．次の動詞 frâgon が人の対格（thana fader）と物の属格を目的語として取るため．**fader**：(独 Vater, 英 father) 単数対格．いわゆる「親族呼称の r- 語幹名詞」(215行の môdar と同類)．

229) **uuînseli**：*stm*. wîn-seli「ワイン(を飲むための)広間，酒宴の間，客間」の単数与格．ゲルマン人がローマ文化との接触によって初めて知り，愛飲するようになったワイン(＜羅 vīnum)については127行註でふれた．後半の seli (独 Saal) は，元来はゲルマン人の１箇の広い部屋だけから成立している住宅のことだったが，早い時期に「宴会を開き，客人を泊めることもできる領主層の大広間」に意味が移った(これに対し一般農民層の家は hûs と言った)．この seli から後に独語 Geselle「徒弟，仲間」(原義は「同室者」)や Gesellschaft「社会，会社」が出来たことは周知のとおり．127行やこの箇所から，９世紀前半の中北部ドイツにおいてワインが既にかなり一般的になっていたことがわかる．ワインは，改宗後は教会の聖餐式の必需品として知られたが，それ以前にすでに広く愛飲されるようになっていた．ただし北方の人々には「舶来品」であるから，その享受者は領主や高級聖職者などの富裕層に限られただろう．この箇所もザカリアを貴人として描くためのひとつの背景であろうか．上述の seli の意味からも，領主の館などを作者は念頭において wînseli と言ったように思われる．古英語詩『ベーオウルフ』の wīn-sele は王宮の「酒宴の広間」のことであるが，そこでは実際にはビールしか飲まれていない．

230) **thoh**：前行の従属接続詞 thoh「…にもかかわらず」に応ずる主文章

第 3 歌 章

冒頭の adv.：「しかしながら」. bi：「…で，によって」. 現代独語と違って，bi は手段を示すことができる点で現代英語に近い. bôcstabon：*stm*. bôk-staf「文字」(独 Buchstabe) の複数与格. bôk については 8 行の註を参照. staf は「細い棒」(独 Stabe, 英 stuff) のことで，そこで bôk-staf は一般には「ブナ (独 Buche, 英 beech) の小枝」が原義とされる. ローマの史家 Tacitus の "Germania" において，ゲルマン人の占いは「果樹から切り採られた若枝を小片に切り，ある種の印をつけて，これを無作為に，偶然にまかせて白い布の上にバラバラと撒き散らす. ついで(司祭または家長が)神に祈り，天を仰いで，一つまた一つと取り上げること三たびにして，取り上げられたものを，あらかじめそこにつけられた印に従って解釈するのである」と記す (泉井訳，岩波文庫, 10 章「神意の推知」).「そこにつけられた印」とは呪術的古文字であるルーネ文字のことと一般には解釈されており，そこで上記の「ルーネ文字をつけた若枝の小片」がすなわち「文字」そのものを表すようになったというわけである. もちろん『ヘーリアント』の時代には bôk はすでに羊皮紙の書物ないし蠟を塗った筆記板，あるいは樹皮の手簡類のことであり，bôkstaf もラテン文字のことであって，もはや誰も「ブナの小枝」とは思わなかったであろう. この語は，古英語 bōcstæf から大陸ゲルマンの間に広まったもののようである. brêf：*stm*.「文章；文書」(㊣独 Brief) の単数対格. ラテン語 breve scriptum「短い文書」の前半部は中世ラテン語で brevis「文書」という名詞になっており，そこから「記録，公文書」の意でゲルマン人の間に普及した. 現代独語 Brief の「手紙」という意味は 13 世紀頃からである. geuuirkean：ここでは「作成する」，つまり「書く」の意.

231) **giscrîban**：7 行の註を参照. bôk, bôkstaf, brêf などとともにゲルマン人がローマ人から学んだ一連の文化語彙のひとつ.

232) **legda**：*swv*. leggian (独 legen, 英 to lay) の過去. *stv*. liggian (独 liegen, 英 to lie) という自動詞から作られた作為動詞. **im**：次の barm と結ぶ「所有の与格」. **bôc**：*stf*.「筆記板」の単数対格. 8 行註でふ

『ヘーリアント（救世主）』

れたように bôk は複数では「書物，聖書」，単数では「筆記板」．木や金属の板に蠟を塗ったもので，これに先のとがった鉄や骨製のペンで文字を書いた．このローマ由来の便利な筆記板（pugillārēs）にゲルマン人は好んでブナの小片を用いたところから bôc という名になったことも，8 行註で言及．これを木簡として束ねれば一種の書物となるので，複数は「書物」を意味するのである．またブナの樹皮を使ったメモ用紙類とも考えられる．**bad**：*stv*. biddian「頼む」（独 bitten， ☙ 英 to bid）の過去 3 人称単数．

233) **uurîtan**：*stv*.（Ⅰ)「(ひっかいて)書く」（英 to write，独 ritzen）．すでに 7 行の skrîban に註記したように，「文字を書く」という行為にドイツ語はラテン語 scrībere をそのまま借用したが，英語はそれを翻訳借用して今日の to write に至っている．『ヘーリアント』では大部分が skrîban だが，(gi)wrîtan も 6 例見られる．多くは頭韻の必要による使用である．**uuord-gimerkiun**：*stn*. word-gimerki「言葉のしるし，記号」の複数与格．具格機能の与格で「文字をもって」の意．「言葉のしるし」とは「文字」のことだが，この合成語は 1 度しか登場しない．リズムの都合で作られた新造語であろう．(gi)merki は独語 Marke，英語 mark．

234) **hêtan**：他動詞，「呼ぶ」．

235) **nam**：*stv*.（Ⅳ) niman（独 nehmen）の過去．**thâhte**：<*swv*. thenkian（独 denken，英 to think）．

236) **gerno**：「一心に」ほどの意．**Johannes namon**：「ヨハネという名を」．

237) **giuurêt**：<(gi)wrîtan．**ôc**：*konj*.「なおまた」（独 auch，英［詩］eke）．ラテン語 augēre「増える」などに見られる「増加，追加」の *aug- が語根．**uuordu**：具格．

238) **habda**：主語はザカリア．**im**：利害・関心の再帰代名詞与格．**is sprâca**：次の giwald につく属格：「自分の言語の力を」．

239) **giuuitteas**：*stn*. giwit「分別，理性」（英 wit，独 Weis-heit；< witan）の単数属格．やはり前行の giwald にかかる．**uuîsun**：（211 行初

— 120 —

第 3 歌 章

出の) *swf*. **wîsa**「(行動の) やり方, 仕方」(独 Weise, 英 wise) の単数属格. giwald にかかる. **uuîti**：「罰」(164行に初出).

240) **hard**：*adj*.「厳しい, 困難な」(英 hard, 独 hart). **harmscare**：*stf*.「人に課された罰, 苦悩」の単数主格.「苦悩」の意の harm (独 Harm, 英 harm；*adj*. は159行に既出) に *stf*. skara「分割, 分け与え；指令」のついたもの. skara はおそらく *sker-「切り分ける」に由来し, 独語 scheren「刈る」, 英語 to share「分かつ」などと同源. 動詞 (gi)skerian「分け与える；規定する；命ずる」は散見するが, 名詞 harm-skara はこの1例のみ. 古英語 hearm-scearu も稀な単語だが, しかし古高独語, 特に南独では珍しくなく, 英国布教団以前に普及していた南独教会用語のように思われる.

241) **mahtig**：前行 hêlag god につく主格補語. **macode**：*swv*. makon (英 to make, 独 machen) の過去. **that**：接続法の定動詞 (forgâti) を伴っていることからわかるように目的を示す従属接続詞 (独 auf daß, 英 in order that). **môdsebon**：*swm*. môd-sebo「心, 胸中」の単数与格. 第1行に初出の môd (独 Mut, 英 mood) に続く sebo はそれだけでも「心, 気持」の意味で用いられ, だから môd-sebo は同義反復ということになる. 頭韻詩では多くの同義語が必要となるので, このような同義反復語は珍しくない. sebo は語源未詳だが, ラテン語 sapere「味わう；(味わって) 知る」と同源という説がある. これについては206行の af-sebbian「気づく」にも註記した.

242) **godes**：forgâti の属格目的語. **forgâti**：*stv*. (V) far-getan／for-getan「忘れる」(英 to forget, 独 vergessen) の接続法過去3人称単数：「忘れないように」.「把握する, (記憶に) 捕捉しておく」の意の getan (英 to get) に,「非…, 反…」の意の前綴り far-, for- のついたもの. 属格の目的語をとる. **than**：135行に初出の時間の従属接続詞「(もし)…の時は」(英 if, when, 独 wenn, als 等に対応). **he**：＝god. **im**：＝Zacharias. **sendi**：sendean の接続法過去. **iungron**：*swm*. jungaro「弟子, 門弟, 奉公人」(独 Jünger) の単数対格. *adj*. jung の比較級の名詞化で,

― 121 ―

『ヘーリアント（救世主）』

おそらくラテン語 iūnior をなぞった翻訳借用語であろうことについては既に92行 jungarskepi の註においてふれた．確かにキリスト教用語ではあるが，どこかに武将 hêrro に仕える「小姓」のような響きがある． **tô**：114行に初出の *adv.* であり，*präp.* の te と混同してはならない．

　★239－242行は『ヘーリアント』作者の自由な補足説明．

【訳　文】

　　第3歌章

　すると天帝の使者の心は　愁いに満たされた，
ザカリアが　天帝の働きに疑念を抱き，次のことを　　　　　　　　160
考えてもみないので。すなわち聖なる神は自らの手で，
ザカリアを若い盛りの頃と　全く同じ若者に
作ることもできることを――もしそれをお望みにさえなれば。
そこで天使は罰として　ザカリアの口がたったひとつの言葉すら
発することを禁じてしまった，「汝に子供が生まれるまで，　　　　165
汝の老いた妻から　気高い男子が出生するまで，
良き血筋の　みどり子が誕生するまで，
光輝に満ちてこの世に。その時が至れば再び言葉を話すがいい，
汝の声を意のままにしてよい。もはやその後はおしである
必要はないのだから。」するとたちまちそれは実行に移され，　　　170
本当にそのようになった，この神殿において，支配者の
使者が告げたそのように：老人はたちまち
言葉を失ったのだ，心の中には賢明な思いが
変わらずあったにもかかわらず。さて人々は一日中
神殿の前で待ち続け，みんながいぶかしく思っていた，　　　　　175
何ゆえかの賞賛に値する人，かくも老練なる人が，
これほど時間をかけて　主なる神に

第 3 歌章

礼拝をせねばならぬのかと。いかなる司祭の前例もなかった,
支配する御方の神殿の中で　両手でうやうやしくいけにえを
捧げた時に。さてかの老人が　　　　　　　　　　　　　　180
神殿から現われた。男たちは争って
彼のところにつめかけた：皆たいそう知りたがっていたのだ,
彼が皆にどんな真理を　告げんとするのか,
何を教えてくれるのか。だが彼は一言も話せなかった,
人々に語ることができなかった, ただ自分の右手でもって　　185
男たちに示すことしかできなかった, 我らの主なる御方の
教えを守るようにということを。人々はそこで悟った,
彼が神殿で明らかに何らかの　神の御わざを
その目で見たのだということを, 自分の口では何ひとつ語り
教えることはできぬけれども。かくして彼は我らの支配者に　　190
供え物をなし終えたのだった, 人々との間に取り決められていた
自分の当番のその時に。すると間もなく神の威徳が,
偉大な力が告げられた：すなわちかの婦人は身重となった,
彼の妻がその年齢で。夫妻にはあとつぎが
実に神に類する人間が　与えられることになったのだ,　　　195
彼らの子供がこの現世において。かくして妻は
運命の定めを待つことになった。冬が過ぎ,
一連の月日がたった。そしてヨハネが
この世の人々のところにやってきた。彼の姿形は美しく,
肌はなめらかで, 頭髪や爪もそのとおり,　　　　　　　　200
ほおは輝くばかりであった。すると賢き男たちがやってきた,
勇敢なる者たち, 同族の最も近しい者たちが連れだって。
彼らはこの出来事に驚嘆していた。何ゆえ起こり得たのかと,
こんなに老いた二人の間に　子供が授かるということが,
母の胎内から, もしそれが神御自身の命令でないとしたら。　　205

『ヘーリアント (救世主)』

彼らにははっきりと　わかったのである，
もしそうでなければ　かほど美しい子となるはずがないと。
さて彼らのうちのひとりの老人，たいそう賢い言葉にたけた老人，
大いなる知恵をもった人が　口を開いて
真剣にこう尋ねた，この子の名前はこの世においては　　　　　　　　　　210
どんなものであるべきかと。「この子の生まれ方も
またその姿形を見ても，我等より優れた御方と思われる。
わしの考えでは，明らかにこの子は　神おんみずからが天の国から
お遣わしになったのだ。」するとその子の母親が
こう語ったのだ，息子を自らの胸に抱いた　　　　　　　　　　　　　　　215
その婦人が：「ここに神様の命令が」と彼女は言った，
「昨年　最も優れた御言葉で伝えられました，
この子を，神のおさとしに従ってヨハネと
名付けるようにと。私の心の中には，このお言葉に
背く気持は毛頭ありません，たとえそれが可能だとしても。」　　　　　　220
するとひとりの男が，彼女の肉親の者が不遜にもこう言った，
「いまだかつて」と彼は言う，「われら高貴な一族一門の誰かが
そんな名前であったことはない。この子には別のもっと良い名を
選ぼうではないか。この子もそちらを嬉しがるだろうて。」
すると再びあの長老が，弁論の才に長じたかの老人が言った：　　　　　　225
「わしは誰に対しても」と彼は言う，「それは勧められぬ，
神の御言葉に　背くなどということは。
むしろそれを親父殿に問おうではないか，老熟した知恵に満ち，
ぶどうの酒の宴会の間に座しているお人に。一言も話せぬとはいえ，
文字をもって　書くことはできるはず，　　　　　　　　　　　　　　　230
我が子の名を書くことは。」そして彼はかの老人のもとに行き，
ひざに一枚の筆記版をのせて　熱を込めて頼むのだった，
彼の英知をもって　文字によって書き記すように，

第 3 歌 章

自分らがこの聖なる幼児を　どのように呼ぶべきかを。
すると彼は筆記版を手に取り，心の中にひたすら強く　　　　　　235
神を念じた：彼はヨハネという名前を
しっかりと書き，しかもその後では自らの言葉をもって
明瞭に語りさえした。彼は再び言葉の力と
精神および行動の力を取り戻したのだ。彼の罰は終わったのだ，
あの厳しい咎めは，聖なる神が　　　　　　　　　　　　　　　240
威力をもって与えた罰は。将来再び神の使いが老人のもとに
遣わされるその時まで，決して神を忘れぬよう与えた罰は。

第 4 歌 章

     Thô ni uuas lang aftar thiu,   ne it al sô gilêstid uuarđ,
     sô he mancunnea   managa huîla,
245 god alomahtig   forgeben habda,
     that he is himilisc barn   herod te uueroldi,
     is selbes sunu   sendean uueldi,
     te thiu that he hêr alôsdi   al liudstamna,
     uuerod fon uuîtea.   Thô uuarđ is uuisbodo
250 an Galilealand,   Gabriel cuman,
     engil thes alouualdon,   thar he êne idis uuisse,
     munilîca magađ: Maria uuas siu hêten,
     uuas iru thiorna githigan.   Sea ên thegan habda,
     Ioseph gimahlit,   gôdes cunnies man,
255 thea Dauides dohter: that uuas sô diurlîc uuîf,
     idis anthêti.   Thar sie the engil godes
     an Nazarethburg   bi namon selbo
     grôtte geginuuarde   endi sie fon gode quedda:
     'Hêl uuis thu, Maria', quađ he,   'thu bist thînun hêrron
     ⌊liof,
260 uualdande uuirđig,   huuand thu giuuit habes,
     idis enstio fol.   Thu scalt for allun uuesan
     uuîbun giuuîhit.   Ne habe thu uuêcan hugi,   ⌈herod,
     ne forhti thu thînun ferhe: ne quam ic thi te ênigun frêson
     ne dragu ic ênig drugithing.   Thu scalt ûses drohtines
     ⌊uuesan

第 4 歌 章

265 môdar mid mannun   endi scalt thana magu fôdean
    thes hôhon hebancuninges.   The scal Hêliand te namon
    êgan mid eldiun.   Neo endi ni kumid,
    thes uuîdon rîkeas giuuand,   the he giuualdan scal,
    mâri theodan.'   Thô sprac im eft thiu magađ angegin,
270 uuiđ thana engil godes   idiso scôniost,
    allaro uuîbo uulitigost: 'huô mag that giuuerđen sô', quađ
                                                             ⌊siu,
    'that ic magu fôdie?   Ne ic gio mannes ni uuarđ
    uuîs an mînera uueroldi.'   Tho habde eft is uuord garu
    engil thes alouualdon   thero idisiu tegegnes:
275 'an thi scal hêlag gêst   fon hebanuuange
    cuman thurh craft godes.   Thanan scal thi kind ôdan
    uuerđan an thesaro uueroldi.   Uualdandes craft
    scal thi fon them hôhoston   hebancuninge
    scadouuan mid skimon.   Ni uuarđ scôniera giburd,
280 ne sô mâri mid mannun,   huand siu kumid thurh maht godes
    an these uuîdon uuerold.'   Thô uuarđ eft thes uuîbes hugi
    aftar them ârundie   al gihuorben
    an godes uuilleon.   'Than ic hêr garu standu', quađ siu,
    'te sulicun ambahtskepi,   sô he mi êgan uuili.
285 Thiu bium ic theotgodes.   Nu ik theses thinges gitrûon;
    uuerđe mi aftar thînun uuordun,   al sô is uuilleo sî,
    hêrron mînes;   nis mi hugi tuîfli,
    ne uuord ne uuîsa.'   Sô gifragn ik, that that uuîf antfeng
    that godes ârundi   gerno suîđo
290 mid leohtu hugi   endi mid gilôbon gôdun
    endi mid hluttrun treuun.   Uuarđ the hêlago gêst,

that barn an ira bôsma;　　endi siu an ira breostun forstôd
iac an ire sebon selbo,　　sagda them siu uuelda,
that sie habde giôcana　　thes alouualdon craft
295　hêlag fon himile.　Thô uuarđ hugi Iosepes,
is môd giuuorrid,　　the im êr thea magād habda,
thea idis anthêttea,　　ađalcnôsles uuîf
giboht im te brûdiu.　He afsôf that siu habda barn undar
　　　　　　　　　　　　　　　　　　　　　⌊iru:
ni uuânda thes mid uuihti,　　that iru that uuîf habdi
300　giuuardod sô uuarolîco:　　ni uuisse uualdandes thô noh
blîđi gibodskepi.　Ni uuelda sia imo te brûdi thô,
halon imo te hîuuon,　　ac bigan im thô an hugi thenkean,
huô he sie sô forlêti,　　sô iru thar ni uurđi lêđes uuiht,
ôdan arbides.　Ni uuelda sie aftar thiu
305　meldon for menigi:　　antdrêd that sie manno barn
lîbu binâmin.　Sô uuas than thero liudeo thau
thurh then aldon êu,　　Ebreo folkes,
sô huilik sô thar an unreht　　idis gihîuuida,
that siu simbla thana bedskepi　　buggean scolda,
310　frî mid ira ferhu:　　ni uuas gio thiu fêmea sô gôd,
that siu mid them liudiun leng　　libbien môsti,
uuesan undar them uueroda.　Bigan im the uuîso mann,
suîđo gôd gumo,　　Ioseph an is môda
thenkean thero thingo,　　huô he thea thiornun thô
315　listiun forlêti.　Thô ni uuas lang te thiu,
that im thar an drôma quam　　drohtines engil,
hebancuninges bodo,　　endi hêt sie ina haldan uuel,

第 4 歌 章

    minnion sie an is môde: 'Ni uuis thu', quađ he, 'Mariun
                                                                  ⌊uurêđ,
    thiornun thînaro;   siu is githungan uuîf;
320 ne forhugi thu sie te hardo;   thu scalt sie haldan uuel,
    uuardon ira an thesaro uueroldi,   Lêsti thu inca
                                                                  ⌊uuinitreuua
    forđ sô thu dâdi,   endi hald incan friundskepi uuel!
    Ne lât thu sie thi thiu lêđaron,   thoh siu undar ira liđon
                                                                          ⌊êgi,
    barn an ira bôsma.   It cumid thurh gibod godes,
325 hêlages gêstes   fon heƀanuuanga:
    that is Iesu Krist,   godes êgan barn,
    uualdandes sunu.   Thu scalt sie uuel haldan,
    hêlaglîco.   Ne lât thu thi thînan hugi tuîflien,
    merrean thîna môdgithâht.'   Thô uuarđ eft thes mannes
                                                                               ⌊hugi
330 giuuendid aftar them uuordun,   that he im te them uuîƀa
                                                                                ⌊genam,
    te thera magađ minnea: antkenda maht godes,
    uualdandes gibod.   Uuas im uuilleo mikil,
    that he sia sô hêlaglîco   haldan môsti:
    bisorgoda sie an is gisîđea,   endi siu sô sûƀro drôg
335 al te huldi godes   hêlagna gêst,
    gôdlîcan gumon,   antthat sie godes giscapu
    mahtig gimanodun,   that siu ina an manno lioht,
    allaro barno bezt,   brengean scolda.

『ヘーリアント（救世主）』

[福音書との対応] 243-249行までは自由補足，249-256行は「ルカ」1章26節，27節，256-262行は同28節，262-264行は同30節，264-269行は同31節，32節，33節，269-273行は同34節，273-281行は同35節，281-288行は同38節，291-292行は「マタイ」1章18節，295-305行は同19節，312-325行は同20節，326-327行は同21節，329-338行は同24節．305行以下に補足文が多い．

[Tatianとの対応] 249-256行は Tat. 3章，291-292行は Tat. 5章．

【註 解】

243) **ni..., ne...**：先行する主文が否定の時，後続の ne... は「…することなしに」（独 ohne daß）の意の従属文である．つまりこの箇所は「そのように実行されることなしに，その後長くそのままであることはなかった」→「その後いくらもたたぬうちに，そのように実行された」の意となる．この種の二重否定文においては，もし主文の時制が過去なら従属節の定動詞は直接法，現在なら接続法という習慣がある． **al sô**：次行冒頭の sô と相関して「…であるように全くそのように」．

244) **mancunnea**：4行に初出の stn. mankunni「人類」の単数与格．**managa huîla**：副詞的対格．

245) **forgeben**：stv. (V) for- (または far-)geban「約束する」の過去分詞．for-, far-geban には①「与える」，②「約束する」，③「許す」，の3種の意味がある．同じ構成の合成動詞はゴート語 fra-giban をはじめとして，古英語，古高独語，古ノルド語の各言語に見られるが，「約束する」という意味は古ザクセン語にしか見出されない．

248) **te thiu that**：「…という目的のために」．9行，16行に既出．**alôsdi**：swv. a-lôsian「解放する，救出する」（独 erlösen）の接続法過去．47行 a-gangan のところで註記した接頭辞 a- に，87行に初出の lôs をつけて動詞としたもの（独 lösen，英 to loose）． **al**：代名詞，中性単数対格．次の liudstamna という複数属格名詞と結ぶ．al, ful, half, ginôg（独 genug,

第 4 歌 章

英 enough) などは元来独立語として用いられる数量詞である． **liudstamna**：*stm*. liud-stamn「人々，民衆」の複数属格．前の al について「あらゆる人々，人類」．stamn（独 Stamm, 英 stem）は印欧祖語 *stā（独 stehen, 英 to stand）に由来し，「立っているもの，立体，柱，木の幹」，さらに「柱」からは「船のへさき」，「木の幹」からは，そこからたくさんの枝葉が茂るイメージによって「家系，系統，種族」という意味が生じた．したがって liud-stamn は同義反復語である．古英語にはなく，古高独語，古ザクセン語にのみ登場する．

249) **uuisbodo**：*swm*.「使者，天使」の単数主格．bodo の使用例は多いが（語源は159行に註記），wis-bodo はこの1例しかない．また古英語や古高独語にも対応語は見られない．この wis- については諸説あり，wîs- ととれば「賢い，教え導く」（独 weise, 英 wise）であり（5行註を参照），wis-ととれば「確実な」（独 ge-wiß）の意となろう．後者はラテン語 vidēre の過去分詞と同源で「すでに見られた」→「既知の，よく知られた」→「確実な」となった．大天使（独 Erzengel, 英 archangel）ガブリエルを特別視して wîs-と冠したとも，神から特別に信任を受けた「確実な者」として wis-と冠したとも考えることができる．

250) **Galilealand**：「ガリラヤ」の対格．Ga-にアクセントを置く．**cuman**：ward kuman については94行註を参照．

251) **thar**：運動を示す動詞 kuman と結んで独語 dahin, wo...の意．**uuisse**：過去現在動詞 witan「知っている」の過去3人称単数．witan は上述のように印欧祖語 *ueid「見る」（ラテン語 vidēre）に由来し，「見てしまって知識を得ている」が原義．英語 wit, witness なども同源．

252) **munilîca**：*adj*. munilîk／munalîk「愛らしい」の女性単数対格．*stm*. minnea「愛」，*swv*. minnion「愛する」とともに印欧祖語 *men-「想う」に由来する多くの語彙のひとつ（独 Minne, meinen, 英 mind, to mean, 羅 meminī など）．**magad**：*stf*.「乙女，処女」（独 Magd, Mäd-chen, 英 maid[en]）の単数対格．165行初出の magu「少年，息子」の女性対応語

— 131 —

『ヘーリアント（救世主）』

と考えてよいだろう． **Maria**：主格．ヘブライ語 Mirjam のギリシャ・ラテン語形．現代独語と異なって Ma- にアクセントを持つ．

253) **iru**：再帰代名詞，女性単数与格．続く(gi)thîhan が与格の再帰代名詞をとるため． **thiorna**：*swf*.「若い娘，乙女」の単数主格だが主語ではなく主格補語：「若い乙女に成長していた」．178行に初出の thegan「若い男」（独 Degen，英 thane）の女性対応形と思われる．英語では早く廃れたが，独語では長らく「下女」として用いられ，さらに現代の Dirne「娼婦」に至る．ただし独方言では今なお Mädchen の意味を保っている(Dirndl など)．**githigan**：*stv*.（Ⅰ）(gi)thîhan「成長する」（独 gedeihen）の過去分詞．与格の再帰代名詞をとる．**Sea**：単数対格．**habda**：次行の gimahlit と結んで過去完了．

254) **Ioseph**：前行 ên thegan の名前．**gimahlit**：*swv*. gimahlian（対格目的語とともに）「ある人と婚約する」（独 ver-mählen「結婚させる」）の過去分詞．「公式に話す，公表する」を原義とするこの動詞については139行に註記した．**gôdes cunnies man**：良き血筋の尊重はゲルマン古代の特徴であり，改宗の遅かったザクセン族ではとりわけそうであった．

255) **thea Davides dohter**：単数対格，この文の冒頭の sea の説明．マリアがダビデの娘（子孫）であるとは聖書には書かれていない．ダビデの子孫であるヨセフの婚約者だったからこう表現したとも考えられるが，実は救世主を出すのはダビデの家系と決まっていたので（「サムエル記」下，7 章12節など），ごく早い時期からマリアもダビデの子孫と考えられていたらしい．『ヘーリアント』作者もその一般的知識からこう書いたのだろう．dohtar（独 Tochter，英 daughter）は「親族呼称の r- 語幹名詞」のひとつ．**diurlic**：*adj*.「誉め称うべき，貴重な」（独 teuer，英 dear）．27行，83行の註で言及したように，ラテン語 gloria が背後に透けて見えるように思われる．

256) **anthêti**：*adj*. ant-hêti「敬虔な」．ゴート語 and-haitan「誓約する，誓願を立てる；約束する」（独 ver-heißen）からわかるように，hêtan（独 heißen）を核にした合成語のひとつ．「誓願を立てた，信仰に打ちこんでいる」

<pre>   第 4 歌 章</pre>

が原義． **sie**：単数対格．

　257) **Nazarethburg**：「ナザレの町」．-burg については196行の註を参照． **selbo**：self の弱変化男性主格．the engil につく．

　258) **grôtte**：*swv*．grôtian「呼びかける，挨拶する」(英 to greet，独 grüßen) の過去． **geginuuarde**：*adj*．gegin-ward「面前の，対面している」の女性単数対格．256行の sie につく目的格補語：「面前のマリアに」．gegin (独 gegen) は英語では a-gain(st) に残り，-ward，-werd はラテン語 versus と同源で，英語 -wards，独語 -wärts に残る． **fon gode**：「神から (の挨拶を)」の意． **quedda**：*swv*．queddian「話しかける，挨拶する」の過去．116行で見た *stv*．queđan から作られた弱変化動詞．

　259) **Hêl**：*adj*．「健全な，癒された；幸福な」(独 heil，英 whole, hale)．wesan と結ぶ述語形容詞．もちろん hêlag (7行に初出) や heliand (50行の註参照) と同源．スラヴ語やケルト語の類例から，おそらく「良き前兆の」を表す宗教的表現だったろうと推測されている．独語の挨拶 Heil dem Präsidenten！Schi Heil！などに見られるように，今なお健在の表現である． **uuis**：(wis) wesan の 2 人称単数命令形． **thînun hêrron**：単数与格．

　260) **uualdande**：waldand の与格．前行 hêrron の言い換え． **uuirdig**：*adj*．「(…にとって) 貴重な，価値がある；親愛な」(独 wert，英 worth[y])．117行初出の werđ と同義だが，werđ よりやや頻度が高い． **giuuit**：23行や239行に既出．「ルカ」のガブリエルの言葉には相応する表現はなく，何よりもまず頭韻のために用いられたことは確かである．だが同時に「叡智」が中世初期においてキリスト教のキーワードのひとつと見なされていた証拠でもある．頻繁に用いられる wîs もこれを物語る．

　261) **enstio**：*stf*．anst「恩恵，恵み」(独 Gunst) の複数属格で次の fol と結ぶ．gast などと同じく複数は i-Umlaut によって幹母音 a が e になる (文法 II-I-§5)．現代独語 Gunst は *ge-unst，同系の動詞 gönnen「恵む」は *ge-unnan からと考えられ，ともに今は消失した unnan「恩を施す」に由来する．anst はこの unnan の派生名詞． **fol**：(ful) 属格支配の *adj*．

『ヘーリアント（救世主）』

（独 voll von…, 英 full of…）．**for allun…uuîƀun**：「すべての女性に先立って，最高の女性として」．これは「ルカ」（1－42）においてはザカリアの妻エリザベトがマリアに言う言葉である．

262) **giuuîht**：*swv.*（gi）wîhian「祝福する，崇拝する」（独 weihen）の過去分詞．wîh「神殿」（90行），wihrôk「乳香」（106行）などとともに「いけにえとしての聖獣」（ラテン語 victima）を出発点とする．独語では古来の wîh 系語彙は後に英語由来の hêlag 系語彙に取って代られるが，この動詞に関しては『ヘーリアント』ではまだ（gi）wîhian の方が hêlagon より優勢である．**habe**：hebbian の 2 人称単数命令形．**uuêcan**：*adj.* wêk「柔かい，弱い，臆した」（英 weak，独 weich）の男性単数対格．

263) **forhti**：*swv.* forhtian「恐れる」（独 fürchten，英 to frighten）の 2 人称単数命令．ここでは与格目的語をとる自動詞．**ferhe**：（ferh, fera）*stn.*「心，魂；生命」の単数与格．この与格は難解で，具格機能，前置詞 an の脱落，「利害の与格」など，意見が分かれる．ferah は 9 行初出の firihos「人間」と関連するらしいが，語源は不詳．**frêson**：*stf.* frêsa「危険，危害，損害」の複数与格．2 度しか登場しないこの語の由来は不詳だが，ゴート語や古英語，古高独語の対応語の用例から見て「試練，誘惑」が原義らしい．

264) **drugithing**：*stn.*「ごまかし，欺瞞」（独 Trug, Betrug）の単数対格．この 1 例しかない稀な単語．drugi は古ノルド語 draugr「幽霊」や，「まやかしの姿」が原義である英語 dream，独語 Traum などと同源と思われる．-thing は27行に註記したように，元来は「民会；裁判；訴訟沙汰」を意味した．この箇所にもまだかすかに法律用語の響きが感じられる．

265) **mid mannun**：「人々のただ中で」→「この世で，現世において」．

266) **hôhon**：*adj.* hôh「高い，崇高な」（独 hoch，英 high）の弱変化男性単数属格．**Hêliand**：単数対格．ラテン語 salvator の翻訳であることは50行に註記．頭文字の大書は「ルカ」（1－31）で et vocabis nomen eius Iesum「その子をイエスと名づけなさい」の大書された Iesum をなぞったも

第 4 歌 章

のであろう.『ヘーリアント』には固有名詞 Iêsus は極めて稀で, わずか5回しか見られない. 頭韻の必要の他に, 語義のはっきりしない外国の固有名詞 Iêsus よりは普通名詞 Hêliand の方が聴衆にわかりやすいという伝道上の理由があったと思われる.

267) **eldiun**：*stm*.（*pl*）eldi「人々」の与格. 151行初出の eldi「老齢, 年齢」とともに ald（独 alt, 英 old）に由来し,「齢を重ねた者, 成人；世代」等の意味を持つ. werold（<wer-ald「人の世代」→「世界」）の後半部ももちろん同源. **Neo**：(nio, nia) *adv*.「決して…ない」(独 nie, 英 never). 常に否定詞 ni とともに用いられ, 一種の同義反復. そもそも neo 自身が ni と26行初出の *adv*. eo「常に, かつて」(独 je, 英 ever) の融合語である. この eo は「時」の意のラテン語 aevum やギリシャ語 aiōn, また独語 ewig「永遠の」とも同源.

268) **giuuand**：*stn*.「転回；終末」の単数主格. 独語 wenden, winden, 英語 to wind 等と同根. **the**：関係代名詞.

269) **mâri**：*adj*.「名高い, 立派な」の男性単数主格.「大きい, 立派な」が原義で, 独語 Mär, Märchen（元来は「名高い話」）や, 人名 Dietmar, Volkmar（ともに「立派な, 名高い軍勢」が原義）などに残る. **theodan**：*stm*.「首領, 王, 支配者」の単数主格. 63行に初出. **angegin**：*adv*.（与格名詞に後置して）「…に向って, 対して」(独 entgegen, 英 against). an- は and-, ant-（ギリシャ語 ánti-, ラテン語 ante-）の縮約形.

270) **uuiđ**：52行に初出の前置詞で, たいてい「逆らって, 反抗して」の含意がある. sprekan とともに用いられる時は対格支配. **idiso**：複数属格. 次の scôniost と結ぶ. **scôniost**：*adj*. skôni（独 schön, 153行初出）の最上級女性単数主格. 比較級, 最上級は弱変化が多いが単数主格は強変化も珍しくない.

271) **uulitigost**：wlitig（201行初出）の最上級.

272) **fôdie**：接続法現在. **mannes**：次行の *adj*. wîs の属格目的語：「男というものを知っている, 経験している」.

『ヘーリアント（救世主）』

273) **uueroldi**：「人生，生涯」であって「世界」ではない（36行，127行註を参照）．**is uuord**：単数とも複数ともとれる．対格．**garu**：*adj*．「準備のできた」の中性（単数／複数）対格．206行の*adv*. garoと同根．語源未詳だが「熱くなった」を原義とする説が有力（現代独語gar「食物に火が通った」やgären「発酵する」も類縁語）．

274) **thero idisiu**：単数与格．idisの与格がidisiuであるのはこの1例のみ．**tegegnes**：*adv*．「に向かって」．269行のangeginと同じく与格とともに．

275) **an thi**：thiは対格．**hebanuuange**：*stm*．heban-wang「天の園，天国」の単数与格．wang「庭」はすでにゴート語（waggs）でも「天国」の意で使われ，古英語や古ノルド語，古高独語においても「緑地」として頻出する．もとは「屈曲」を表し（この点で独語Wange「ほほ，ほお」も同源であろう），「川の屈曲したところ」→「水ぎわの緑地」→「生活しやすい，好ましい緑の平地」となったと思われる．現在も南独方言には「斜面状の牧草地」をWangというところがある．放牧や居住に好適な緑地を「天国」の言い換えに用いるところに，ゲルマン人の理想的住環境がどんなものであったかがうかがえて面白い．なお，この「天の園」のイメージに，創世記の「エデンの園」（ラテン語paradisus volptatis）が影響を与えたことは間違いない．

276) **Thanan**：*adv*．「そこから；それゆえに」（独dannen）．

279) **scadouuan**：*swv*．skadowan「陰でおおう」（英 to shadow，独be-schatten）．この箇所は「ルカ」（1−35）の「いと高き方の力があなたを（陰で）おおうだろう」virtus Altissimi obumbrabit tibiのほぼ直訳．ただし頭韻の必要から次のskimonも用いられることになる．**skimon**：*swm*．skîmo「光，輝き」（英shimmer，独Schimmer）ととるか，短母音の*swm*. skimo「陰」ととるか，見解が分かれるが，上記「ルカ」の箇所からすると後者の方が妥当だろう（obumbrare「陰でおおう」）．

280) **mâri**：*adj*．「高名な，立派な」（269行に初出）．前行giburdにかかか

第 4 歌 章

る．**mid mannun**：265行に既出：「人の世において」（頻出する慣用句）．**siu**：＝giburd．

282) **aftar them ârundie**：「このお告げの後に」とも，「このお告げに従って」とも解釈できる．**al**：頭韻アクセントを持つ．**gihuorben**：*stv.* (III-2) hwerban「向きを変える；ある方向に行く」の過去分詞．方向を示す前置詞 an を伴う．受動文．この動詞は現代独語 werben「…を得ようと努める，宣伝する，募集する」に残るが，これらの意味も全て「何かを得ようとして，その方向に向きを変える」から発している．

284) **ambahtskepi**：*stm.*「奉公，奉仕」（独 Amtschaft）の単数与格．ambaht- は極めて古くケルト民族から取り入れられた単語で，既にゴート語にも andbahts「下男，家来」が見られる．多くの場合主君に対する（不自由民の）隷属的奉仕を意味した．**sô**：先行する sulik と結んで，独語 solch...wie, 英語 such...as に相当する．**uuili**：助動詞 willien の直接法 3 人称現在．接続法ではない．

285) **Thiu**：*stf.*「下女，はしため；乙女」の単数主格．253行の thiorna「乙女」と同根．両者とも印欧祖語 *teku̯-「走りまわる，走り使いする」に由来し，現代独語 dienen や Dienst, Diener などにまで至っている．**theotgodes**：*stm.* thiod-god「（万民の）神，偉大な神」の単数属格．thiod「民衆，万民」はこのような合成語では「万人に関わる」→「偉大な，非常な」の意を表す：たとえば thiod-welo「最高の善，至福」など．**gitrûon**：*swv.* (gi)trûon「信頼する」（独 ver-trauen）の現在 1 人称単数．属格の目的語(theses thinges)をとる．この動詞は名詞 treuwa「誠実さ」（独 Treue, 英 true）から作られ，結局英語 tree「（元来は柏類の）樹木」と同源であるらしいことについては131行の註でふれた．

286) **uuerde**：*stv.* (III) werđan の接続法現在 3 人称単数，非人称構文．「（私にとって）…のままになりますように」．aftar は「…に応じて，従って」．

287) **nis**：＝ne is. 次行にまたがって 3 回 ne が繰り返される．**tuîfli**：*adj.* twîfli「疑いをもった」（独 zweifelnd）．名詞 tweho「疑い」（独 Zweifel）

『ヘーリアント（救世主）』

の派生語だが，元来数詞 twê（英 two，独 zwei）に「重なった」の意の接尾辞 -fli（♣英 fold，独 faltig）がついたもので，「二重の可能性がある」が原義．おそらくラテン語 duplus（英 double，独 doppelt）のなぞりとして既にゴート語に tweifls があり，他のゲルマン諸語も同様な経過をたどってこの系統の語彙を作ったと思われる．古英語も twēo や twēolic を用いていたが，中英語からラテン・フランス系の doubt 一色になった．だがその出発点のラテン語 dubitāre「疑う」も，もちろん数詞 duo「2」から派生したのである．

288) **uuîsa**：211行に初出．「流儀，（行動）様式」だが，ここでは word に対比的に「行動」そのもの．頭韻のため少々無理に挿入した語の感じがある．**gifragn**：*stv.*（Ⅲ-2）gi-fregnan「聞き知る」の過去1人称単数．210行初出の frâgon「尋ねる」（独 fragen）と同義の強変化動詞 fregnan に完了相化の接頭辞 gi- がついたもの：「尋ね終えている」→「聞き終えて知っている」．この箇所は『ヘーリアント』の語り手が直接顔を出している稀な例のひとつであるが，しかしゲルマン古詩では詩節冒頭を「われ聞きおよびけるは」で始めるのは伝統であった．たとえば古高独語詩『ヒルデブラントの歌』は Ik gihorta đat seggen で始まる．　**antfeng**：*stv.*（Ⅶ-1）ant-fâhan「受け取る，受け入れる」（独 emp-fangen）の過去3人称単数．fâhan（独 fangen）は「しっかりつかむ」が原義．

290) **leohtu**：*adj.*「明るい，明晰な」（英 light，独 licht）の男性単数具格．**gilôbon**：*swm.* gi-lôbo「信仰，信念」（独 Glaube，英 be-lief）の単数与格．-lôbo は *adj.* liof（独 lieb，英 love）と関係し，「好ましいと思われる事物，正しいと思われること」を意味した．ゴート語以来全てのゲルマン語において，この系列の語が「信仰」の意味に用いられている．ラテン語 *f.* fides の翻訳語だから女性名詞となるべきなのに，何故かフランク王国教会の圏内では男性であり（『ヘーリアント』もその1例），これに対し南独教会語では女性名詞となっている．

291) **hluttrun**：111行初出の *adj.* hluttar（独 lauter）の複数与格．

第 4 歌 章

treuun：*stf*. treuwa（独 Treue, 英 tru-th）の複数与格.
　★288行の So gifragn ik 以下291行前半までは作者による自由な挿入文. 次から「マタイ」を主な典拠にして語り始めるので，「まとめ」のような数行を必要と感じたのだろう.
Uuard：「聖霊が彼女の胎内に生じた，その子供が」のようにも，また「聖霊が彼女の胎内でその子供となった」とも解することができる.
　292) **bôsma**：*stm*. bôsom「胸，胸乳；腹部，母胎」（英 bosom, 独 Busen）の単数与格. 後続の breost (174行初出) と同じく「ふくらんだ物」が原義だが，「下腹部，ふところ」の方に重点があり，したがって単数で用いられる. これに反し breost は「胸乳」に重点があるためにいつも複数で用いられる.
　293) **iac**：212行初出. an ira breostun と an ire sebon selbo との同時性，併立性を強調する接続詞. **sebon**：*swm*. sebo「心，心情」の単数与格. 241行 môd-sebo に初出. 語源不詳. **them**：指示代名詞男性単数（または複数）与格. 関係代名詞 the の機能をも取りこんでおり「彼女が伝えたいと思った人には誰でも」の意.
　294) **sie**：対格目的語. **giôcana**：193行初出の ôcan と同じく, 不定形は確認されていない動詞「妊娠させる」の過去分詞がさらに女性単数対格の *adj*. となったもの. 直前の sie の補語：「万能者の力が彼女を妊娠させられた状態に保っていた」が原義. もちろん既にかなり過去完了に近づいていて「…の力が彼女を妊娠させたのだった」と考えて差し支えない.
　★291行 endi から295行 hêlag fon himile までの内容は作者による説明的補足. 「マタイ」本文だけでは簡潔すぎ, 唐突に思われそうな箇所の隙間を埋め, 無理なく聴衆に理解させようとしている. しかし「自分がそうしたいと思った人には誰にでも語った」というのは過剰説明だろう.
　296) **giuuorrid**：*swv*. worrian「混乱, 当惑させる」の過去分詞. 同義の *stv*. (III-2) werran から新規に作られたもので, この1例しか登場しない. この強変化と弱変化の混在は現代独語の verwirren まで続き, この語の

『ヘーリアント（救世主）』

過去分詞は verworren, verwirrt の双方がある． **the im... habda,... giboht te brûdiu**：「すでに自分の花嫁として婚約していたヨセフは」． habda は298行 giboht と結ぶ過去完了助動詞．

297) **anthêttea**：256行初出の *adj*．「敬虔な」の女性単数対格． **adal-cnôsles**：*stm*．adal-knôsal「高貴な一族，良き血筋」の単数属格．ゲルマン人，とりわけ古習を遅くまで残したザクセン族の貴種尊重傾向については既に何度かふれた．

298) **giboht**：*swv*．buggean「買う」（英 to buy）の過去分詞．296行の habda と結ぶ．利害の与格再帰代名詞（ここでは im）を伴って（im）te brûdiu buggean で「妻とする，結婚する；婚約する」の意ではあるが，原義は「妻として買い受ける」だった．民俗学の「売買婚」の「花嫁代償」（独 Brautkauf，英 bride wealth, bride price）を踏まえた表現．花嫁代償とは，婚姻に際し花婿側から花嫁側に代償として贈られる財貨やサービスであり，人身売買ではない．東アジアやアフリカでは今日も盛んであり，日本の結納や欧米の婚約プレゼントもこの名残である．——この動詞は古ザクセン語のほかゴート語 bugjan，古英語，古ノルド語に存在するが高地独語になく，語源不詳． **afsôf**：< af-sebbian（206行初出）． **undar iru**：「彼女の胎内に」．undar は「中に」，iru は sia の与格．

299) **uuânda**：< *swv*．wânian（213行）．属格目的語（thes）をとる． **mid uuihti**：220行参照． **iru**：与格再帰代名詞． **habdi**：接続法過去．

300) **giuuardod**：*swv*．(gi)wardon（与格再帰代名詞とともに）「身を守る；世話をする」（英 to ward，独 warten）の過去分詞．79行 erbi-ward の -ward と同根の動詞．iru は現代独語 sich，英語 herself となるところ． **uuarolîco**：(waralîko) *adv*．「注意深く，用心深く」．直前の(gi)wardon の同族語で，「用心，防御」の *stf*．wara からの派生語． **uuisse**：< witan．主語はヨセフ．

301) **blîdi**：*adj*．「明るい，楽しい」（英 blithe）の中性単数対格．語源未詳だが，blêk（独 bleich）と同源と思われる．ギリシャ語 euaggélion「楽

第 4 歌 章

しい知らせ,福音」の直訳の可能性もある. **gibodskepi**:「告知,お告げ」. 8行のgibodskepiとは意味が異なり,138行のbodskepiと同義である. しかし中性である点で男性のbodskepiと異なる. **uuelda**:主語はヨセフ.

302) **halon**: *swv*.「連れてくる;受け取る」(独holen)の不定形. 与格再帰代名詞を伴う. 原義は「呼びかける」で, ラテン語calō, 独・英語hallo「ハロー」(もとは渡し舟に対し,「連れていくように」との命令語)などと同源. **te hîuuon**:「妻として」. hîwa「妻」の単数与格. ゲルマン語 *hîw-は「家庭,家族」を表し, 古高独語にはhî(w)o「夫,家族の長」も登場するので(『ヘーリアント』にはたまたま例が見られないが), hîwaはその女性形と考えてよい. 『ヘーリアント』中のsin-hîwun「夫婦」, gihîwian「結婚する」などや, 現代独語Heiratのhei-も同源である.

303) **forlêti**: *stv*. (VII-1) far-lâtan「去る,見捨てる」(独ver-lassen)の接続法過去. **iru**:マリアを指す与格. **uurdi**:werđanの接続法過去. 主語はwihtで「…の何物も生じないように」の意. **lêdes**:101行初出lêdの属格. wihtに結ぶ.

304) **arbides**: *stn*. arbidi／arbedi「困難,苦労」の単数属格で, やはり前行のwihtにかかる. 現代独語Arbeitの前身であるが, 印欧祖語の段階では「孤児」を意味した(♣英orphan). 古代社会の孤児は早くから他家に仕え, 苦労せねばならなかったところから次第に「辛い仕事,苦労,災厄」の意を得た. 単なる「仕事」となったのは中世末期のことである(79行のerbi-wardの註をも参照). 他方スラブ語ではこの語は「下男下女,奴隷」となり, 14世紀にrobâte「賦役」として中高独語に取り入れられた. これをさらに「奴隷として働く人造人間,ロボット」(英robot, 独Roboter)として用いたのがチェコの劇作家チャペックだった(1920年). **Ni uuelda**:主語はヨセフ. sieは対格. **aftar thiu**:「それゆえに,その理由で」.

305) **meldon**:「訴え出る;裏切る」(独melden). 語源未詳. 独語では中世盛期に「告訴」という法律的意味が薄れ, 単なる「申告する」になった. しかしこの箇所ではまだ法律的色合いが濃い. **antdrêd**:116行に初出.

『ヘーリアント（救世主）』

sie：対格目的語． **manno barn**：barn は複数主格．6 行 liudo barno の註を参照．

306) **lîbu**：*stn*．lîf（英 life，独 Leben）の奪格機能の具格：「生命から」． **binâmin**：*stv*．(IV) bi-niman「奪う」（独 nehmen）の接続法過去 3 人称複数．人の対格（sie）と物の具格（奪格）（lîbu）をとる：「彼女をその生命から奪い取る」． **thau**：*stm*．「慣習」．古英語 dēaw は頻繁だが古高独語にはなく，『ヘーリアント』にもこの 1 例しかない稀な単語．おそらく古英語系語彙のひとつだろう．

307) **then**：＝thene，than(a)．定冠詞男性単数対格．**êu**：*stm*．êo「法，法律」の単数対格．thê aldo êo は「旧約聖書」をも意味するが，ここは単に「古来の律法」．この極めて古いゲルマン共通単語は，元来は「時，永遠」を表し，次に「不朽の法」を表したが，今も独語 Ehe「結婚」——法律中最も重要なもののひとつ——として法的意味を保持している．独語 ewig「永遠の」ももちろん同源である．

308) **sô huilik sô**：「誰であれ…の者は」．関係代名詞にも関係形容詞にも用いられるが，この場合は次の idis につくので後者． **an unreht**：「不正に」（独 Unrecht）．語根 reht（独 Recht，英 right）は印欧祖語 *reĝ-「まっすぐ」に由来し，「正義，法律，王権，右側」など多様な意味に用いられる． **idis**：主格で sô hwilik idis sô の意味． **gihîuuida**：*swv*．gihîwian「結婚する」の過去．302 行初出の hîwa「妻」の註記を参照．しかしここでは「性行為をする」の意．

309) **that**：接続詞．309 行 thau の内容説明を導く． **simbla**：*adv*．「常に」．77 行に初出の simblon の註を参照． **bedskepi**：*stm*．「ベッドを共にすること，同衾」の単数対格．ここでは前行の an unreht gihîwida の具体的内容であり，正式な婚姻以外の共寝を指す．この語は『ヘーリアント』にこの 1 例しかなく，古英語「創世記」にある gebedscipe との関連が推測される． **buggean**：298 行初出．ここでは「代価を支払う，償う」の意．

310) **frî**：*stn*．「（高貴な身分の）婦人，女性，妻」の単数主格．古英語に

第 4 歌 章

のみ対応語 frēo, frīo があり，当然女性名詞となっているのに，古ザクセン語のこの語が中性であるのは奇妙である．「愛する，庇護する」の意の印欧祖語 *prāi-に由来し，英語 friend, 独語 Freund, 英語 free, 独語 frei などと同源．ゲルマンの愛の女神 Frija の名もここから来ている．また「金曜日」の独語 Frei-tag, 英語 Fri-day は，ラテン名の Veneries dies「愛の女神 Venus に捧げられた日」を，Venus=Frija との発想のもとにゲルマン語に翻訳借用したもの．**ferhu**：263行に初出の *stn.* fer(a)h／fera「生命」の具格．**gio**：*adv.* =eo, io（独 je）. 26行 eo の註，267行 neo の註を参照．
fêmea：(fêhmia) *swf.*「乙女，女性，婦人」の単数主格．古英語と古ノルド語にしか対応語がない稀な語で，語源もはっきりしないが，ラテン語の fēmina が古英語に取り入れられ，そこから古ザクセン語や古ノルド語に伝わったのだろうと考えられる．この箇所のこの語は308行で指摘された，淫行を冒した女性のこと．**sô gôd**：「たとえ淫行以外の点ではどんなに善良であっても」の意．

311) **leng**：*adv.* lango「永く」（独 lange）の不規則な比較級．**môsti**：「許される」を第一義とする助動詞 môtan の接続法過去．独語 messen「測る，量る」と同源で，「量って割り当てられる，天の意志でその程度まで許されている」が意味の出発点（15行に既出）．

314) **thero thingo**：thenkian の属格目的語，複数．**thiornun**：253行初出 thiorna の単数対格．

315) **listiun**：*stm.* list「知恵, 賢明さ」の複数与格．具格機能の与格で，ほとんど副詞と見なしてよい：「さまざまな知恵を働かせて」→「賢明に；ひそかに」．list は170行の (gi)lêstian と同語源で,「手本に従うこと」から「学習」を経て「知恵」に至った．現代独語 List「策略, 悪だくみ」は今は否定的な意味にしか用いられないが，以前はそうでなかったことがこの箇所からもわかる．**te thiu**：「…に至るまで」（独 bis dahin, daß…）. thiu は指示代名詞 that の具格．

316) **drôma**：*stm.* drôm「夢」（英 dream, 独 Traum）の単数与格．

『ヘーリアント（救世主）』

独語 trügen「だます」, Be-trug「たぶらかし」と同源かと思われるが，定説はない．『ヘーリアント』で15例見られる drôm および動詞 drômian の中心的意味は「楽しい行為（をする）」であり，おそらく「夢」の drôm（3例のみ）とは別語なのだろう．

317) **hêt sie ina haldan uuel**：「彼女をよく庇護するように彼に命じた」．hêt の対格目的語が ina, haldan の目的語が sie. hêt は使役動詞なので不定詞 haldan を従える：独語 hieß ihn sie halten gut または hieß ihn, sie gut zu halten. haldan の意味については130行に註記．

318) **minnion**：*swv*．「愛する，思いをかける」（独［雅］minnen）の不定形で前行 hêt と結ぶ．印欧祖語 *men-「思う」に由来し，ギリシャ語 ménos, ラテン語 meminī などの他に，英語 mind, to mean, 独語 meinen など多くの類縁語を持つ．ゲルマン神話の主神オーディンに，日々世界の情報をもたらす2羽の鳥の1羽の名は Muninn「記憶する者」だった（もう1羽は Huginn「思う者」．22行 hugi の註を参照）．日本語の「思う」もそうであるが，「思い」は「愛」に直結し，minnion はもはや一般的「思い」には用いられない．ドイツの中世盛期文学における Minnesang, Minnesänger の隆盛でもわかるように，minne は「愛」以外の何物でもなかった．現代の Liebe や lieben が一般的になってくるのは，従来の minne があまりに「肉体的愛」という性格を強く帯びてしまったので，新たな言葉が必要と感じられるようになった中世末期以降である．『ヘーリアント』では「愛する」はこの minnion か friohan のみに限られる．**uuis**：wesan の thu に対する命令形．**Mariun**：Maria の与格．-a に終わる女性名は弱変化．**uurêd**：(wrêd) *adj*．「立腹した；悩んだ；邪悪な」（英［詩］wroth, wrath, wrathful）．与格を伴い「…に対して立腹する」．語源はおそらく「ねじ曲がった」で，英語 to writhe「身もだえする」や名詞 wreath「花輪，リース」などと同源．英国布教団系の語彙のひとつか．

319) **githungan**：*adj*．「きちんとした，身持ちのよい」（独 gediegen）の女性単数主格．253行初出の *stv*．（Ⅰ）(gi)thîhan「成長する，栄える」（独

第 4 歌 章

gedeihen）が以前は *stv.*（Ⅲ）だった時の古い過去分詞が *adj.* に固定したもの．この時代には過去分詞としては githigan が用いられる（253行）．

320) **forhugi**：*swv.* far-huggian「悪く思う，軽蔑する」の thu に対する命令．huggian「思う，考える」に否定的接頭辞 far-（独の ver-achten などの）がついたもの． **te hardo**：「あまりに厳しく」．hardo は240行初出 *adj.* hard の副詞形．「あまりに厳しくマリアを軽蔑してはならぬ」という，福音書には対応文のないこの挿入句は，『ヘーリアント』作者自身の，この事態に対する軽いとまどいを示すか？ または修辞学でいう Litotes で，実は「決して悪く思ってはならぬ」の意とも解せるが，しかし Litotes を聞き慣れていたとも思えぬ当時の聴衆のことを考えれば，聴衆の心にこの箇所で当然沸くであろう疑惑やとまどいを，いくらかでも和らげようとする作者の試みではあるまいか．

321) **uuardon**：300行に初出．属格（ira）をとる． **Lêsti**：命令形． **inca**：所有代名詞2人称両数の女性単数対格． **uuinitreuuua**：(wini-treuwa) *stf.*「貞節，夫婦間の愛情」の単数対格．70行初出の wini と，131行初出の treuwa との合成語．この1例のみで，古英語における同義語 wine-trēow との関係が推測される．

322) **dâdi**：＜dôn． **friundskepi**：*stm.*「愛情，友誼」（独 Freundschaft，英 friendship）の単数対格．friund の原義（単なる「友人」ではない！）については310行の註記を参照．

323) **Ne lât...**：lâten の命令形．本動詞 wesan を補って考えるとよい． **thi**：与格「汝にとって」． **thiu lêdaron**：「それゆえにいっそう不快な女に（させてはならない）」．thiu は指示代名詞中性単数具格の副詞的用法で比較級について「その分だけいっそう」（英 the＋比較級，独 desto［＜des diu］）．lêdaron は101行初出の名詞 lêđ からできた *adj.* lêđ「いやな，不快な」（独 leid，英 loath）の比較級女性単数対格．sie（＝Maria）の目的格補語．名詞化と考えてもよい：「汝にとってその分だけいっそう不快な女」． **lidon**：*stm.* lid「四肢，手足；身体」（独 G-lied，英 limb）の複数与格．

— 145 —

『ヘーリアント（救世主）』

複数では比喩的に「身体」の意．なおこの undar は「…の間に」の意であって「下に」ではない．**êgi**：êgan の接続法現在．

326) **Iesu**：主格．この他に Hiesu, Iesus など，写本によってばらつきがある．「キリスト」は頻出するが，固有名詞イエスは全部で5例しか登場しない．**êgan**：*adj.*「自己の，私有の」（独 eigen，英 own）．41行に初出の動詞 êgan「所有する」の過去分詞から発展した *adj.* で原義は「所有された」．

328) **thi**：対格．**tuîflien**：*swv.*「疑う」（独 zweifeln）の不定形．もともとは数詞 twê の派生語であることは，287行の twîfli に註記した．

329) **merrean**：*swv.*「混乱させる」の不定形．共通ゲルマン語だが語源不詳．**môdgithâht**：môd-githâht *stf.*「心中の思い，心情」の単数対格．githâht（独 Gedanke）は118行に初出．同義反復語と言ってよく，頭韻形成のための便宜的合成語．これにも古英語 môd-geþōht や mōd-geđanc の影響を考えてよいだろう．

330) **that he im…**：that は接続詞．im は再帰代名詞与格．**te them uuîba**：「その女性に対して」．**genam**：*stv.* (IV) gi-niman「取る」（独 nehmen）の過去．目的語は次行の minnea.

331) **minnea**：(minnia) *stf.*「愛情」の単数対格．318行 minnion の註を参照．**antkenda**：*swv.* ant-kennian「認める，悟る」（独 er-kennen）の過去．

333) **môsti**：môtan の接続法過去．ここでは「…できる」に近い．

334) **bisorgoda**：*swv.* bi-sorgan「保護する，世話をする」（独 be-sorgen）の過去．85行初出の名詞 sorga（独 Sorge，英 sorrow）からの派生語．**an is gisîdea**：「自分の手もとで，自分の家で」．*stn.* gisîdi「道連れ，仲間，従者，人々」は64行に初出．ここでは「自分の身内として」という意で，この場合 an という前置詞を伴う．**siu**：主格．**sûbro**：*adj.* sûbri「清らかな」（独 sauber）の副詞．西ゲルマン語にのみ見られる単語で，ラテン語 sōbrius「酔っていない，しらふの」から発展した俗ラテン語 sūber「まともな，きちんとした」を借入したという説が有力．**drôg**：106行初出

第 4 歌章

の dragan（独 tragen，英 to draw）の過去．「（胎内に）懐妊している」の意で，次行の gêst と gumon がその目的語．

★333行の hêlaglîco と，ここの sûƀro という2つの副詞によって作者は「マタイ」（1-25）の「（男の子が生まれるまで）マリアと関係することはなかった」non cognovit eam ということを婉曲に表現している．

335) **te huldi godes**：「神の心にかなうように」．

336) **gôdlîcan**：*adj*. gôd-lîk「良き」の男性単数対格． **antthat**：ant-that（antat, untat とも）接続詞「…するまで」． *präp*. ant「まで」と that の融合語． **sie**：対格． **giscapu**：*stn*.（*pl*）「定め，掟，運命」の主格．127行の wurd-giscapu の註を参照．独語 Geschöpf「被造物」に類似しているが，独語の方が「造られた物の総体」であるのに対し，giscapu は「（神によって）造られた定め，決まり」という，やや法律的含意があるように思われる．

337) **mahtig**：前行 giscapu につくので中性複数主格． **gimano-dun**：<（gi）manon の過去複数．89行に初出． **ina**：=gumon. **an manno lioht**：199行の liudeo lioht と同義．

338) **bezt**：*adj*. gôd の最上級，中性単数対格． **brengean**：*swv*. 「連れてくる」（独 bringen, 英 to bring）．

★305-312行まで作者は「マタイ」に直接書かれていないことを詳細に補足説明している．ユダヤの婚姻法によると，婚約した女性はすでに相手の妻であり，その間の不貞は姦淫と見なされ，死罪に相当した（「申命記」22章他）．この補足説明がないと「良き血筋の」「賢き人」「善良な男」であるヨセフの優しい心遣いが聴衆に伝わらないことになる．

【訳　文】

第4歌章

　さてその後全てがそのようになるのに　時間はかからなかった，

『ヘーリアント(救世主)』

あの御方が人類に　はるか以前から，
全能の神が，約束してくださったそのようになるのに。　　　　　245
すなわち御自身の天の御子を　この世界に，
御自身の男の子を　遣わしてくださるという約束であった，
それはこの御子によって　全ての人間が救われるためであった，
人々がその罪から。さて主の賢き使者が，
ガリラヤの地に，ガブリエルがやってきた，　　　　　　　　　　250
全てを統べる御方の天使が，その地にひとりの少女が居るのを知って，
愛らしき娘が；その名はマリアといい，
美しい乙女に育っていた。ひとりの若者が
ヨセフが彼女と婚約していた，良き血筋の男性が
このダビデの娘と。彼女は讃むべき女性，　　　　　　　　　　　255
信心深い婦人だった。さて神の御使いは
ナザレの町に来て　彼女の前に立ち
その名を呼んで　神からの挨拶を告げた。
「恵みあれ、マリアよ」と彼は言う，「汝は主の御心にかなう者，
統べる御方の。なんとなれば汝は英知を備えておるから，　　　　260
恵みに満ちた女よ。汝は全ての女性に先がけて
祝福される定めにある。心ひるんではならぬ，
心の中に恐れをもってはならぬ。汝に害を与えんと来たのではなく，
かついかなる欺瞞も心に抱いてはおらぬ。汝はこの世において
我らが主の母となり，かのご子息を生むのである，　　　　　　　265
崇高なる天の主のご子息を。その御方は『救い主』というお名前を
この世において持つであろう。未来永劫にわたってこの御方が，
偉大なる民の統率者が，支配なさるこの広大な世界には，
決して終りというものがない。」すると乙女は答えた，
神の御使いに向かって，最も美しい婦人，　　　　　　　　　　　270
あらゆる女性の中で最も光り輝く女性は。「なぜ有り得ましょうか，

第 4 歌 章

私が男の子を生むなどと。私はこれまで一度も男の人を
知っておりませんものを。」だが全能の御方の御使いは
この乙女に返す言葉を　既に持っていたのである：
「汝のもとに聖なる御霊が　天上の楽園から降るであろう,　　275
神の御力によって。この聖霊によって汝は子供を
この世において得るのである。統べる御方の御力が
至高の天の帝のところから　汝をすっかり
その陰の中に包むであろう。いまだかつてこれより麗しい誕生が,
これほど栄ある誕生がこの世にあったためしはない。なんとなれば　　280
神の御力によってこの地上に生じるのだから。」すると乙女の心は
このお告げを聞いて　全く神の御意志の方へと
すぐに転じたのである。「さようなれば喜んで」と彼女は言う,
「神がお望みのそのままに　お役に立ちたく存じます,
私は万民を治める神のはしため。このことを信じます。　　285
あなたさまのお言葉のとおりに,神の御心のままになりますように,
わが主なる君の。私の心は疑いなど持ちません,
私の言葉も行いも。」私の聞き及んだところでは,こうして
彼女は神のお告げを　心から喜んで受け入れたのである,
明るい思いと　良き信仰と　　290
曇りなき誠意をもって。そして聖霊が
彼女の胎内に子供として宿った；彼女はそれをわが胸の中で,
心の中ではっきり悟り,誰であれ話したく思った人には打ち明けた,
万物の支配者の御力によって　自分が妊娠していることを,
天の聖なる御力によって。するとヨセフの心は　　295
彼の気持はかき乱された,彼はすでにこの乙女を
この信仰篤き女性,良き家柄の婦人を
妻とすべく約していたのだから。彼女の懐胎に気づいた時,
彼にはもはや信じられなかった,この乙女が

— 149 —

『ヘーリアント（救世主）』

慎重に身を処してきたとは。この時はまだ彼は主なる神の　　　　　　　　300
嬉しいお告げを知らなかったのだ。彼は彼女を花嫁として，
妻として迎える気持を失った。そして心中思い悩んだ，
いかにして彼女に災いや　困難が生ずることなく
離縁することができるかと。これを理由として彼女を公然と
人々の前に訴えたくはなかったのだ：人の子らが彼女の命を　　　　　　305
奪うだろうと危惧していたから。この人々の慣わしはそうだった，
古き律法の定めによって，ヘブライの民のもとでは，
いかなる乙女であれ　清からぬ身をもって婚姻を結んだ者は，
必ずやその共寝の罪を　自分の命で償うこととなっていたのだ，
その少女は。どんな美質をそなえた女性であっても　　　　　　　　　　310
もはや人々に立ち混じって　それ以上生きることは許されなかった，
この世の中にあって。この賢き人，
かくも善良な男であるヨセフは　心の中で
さまざまに思いをめぐらせた，どのようにしたらこの乙女を
秘密裏に去らせることができるかと。ところがほどなくして　　　　　　315
彼の夢の中に主の天使が　現れたのだ，
天帝の御使いが。そして彼に，彼女を大切に守り，
心の底から彼女を愛するように命じた：「マリアを怒ってはならぬ」と天使は言う。
「汝のいいなずけのことを。彼女は身持ち正しき女，
あまりに悪く思ってはならぬのだ；彼女を大切に守り，　　　　　　　　320
世間から庇ってやらねばならぬ。汝らの誠実なる愛を
これまでどおり守るがよい，夫婦の情愛をよく保つのだ！
あの娘を疎ましく思ってはならぬ，たとえ娘がその胎内に
子をみごもっているにせよ。その子は神のお言いつけで，
聖霊の命によって　天の楽園からいらっしゃる。　　　　　　　　　　　325
それこそがイエス・キリスト，神ご自身の御子，

− 150 −

第 4 歌 章

この世を統べる御方の御子息である。この女人を大切に守るのだ,
うやうやしく神聖に。汝の心に疑いを起こさせてはならない,
汝の思いを混乱させてはならない。」そこで彼の心は再び
この言葉によってもとのようになり，かの女性に対して 330
この処女に対して愛情を取り戻した：神の力を悟ったのだ,
万能の神の命令を。彼の決意は固かった,
乙女を神聖なるそのままに　守らねばならぬと。
彼女を手元において世話をした。こうして乙女は清らかな身で,
神の御心のそのままに　胎内において聖なる霊を, 335
その良き人をはぐくんだ；　遂に神の決定が彼女に
力強くお命じになり，乙女があらゆる人の子の最善なる者を
現世の光のもとに　連れ出すこととなったその時まで。

第 5 歌 章

     Thô uuarđ fon Rûmuburg   rîkes mannes
340 obar alla thesa irminthiod   Octauiânas
     ban endi bodskepi   obar thea is brêdon giuuald
     cuman fon them kêsure   cuningo gihuilicun,
     hêmsitteandiun,   sô uuîdo sô is heritogon
     obar al that landskepi   liudio giuueldun.
345 Hiet man that alla thea elilendiun man   iro ôđil sôhtin,
     heliđos iro handmahal   angegen iro hêrron bodon,
     quâmi te them cnôsla gihue,   thanan he cunneas uuas,
     giboran fon them burgiun.   That gibod uuarđ gilêstid
     obar thesa uuîdon uuerold.   Uuerod samnoda
350 te allaro burgeo gihuuem.   Fôrun thea bodon obar all,
     thea fon them kêsura   cumana uuârun,
     bôkspâha uueros,   endi an brêf scribun
     suîđo niudlîco   namono gihuilican,
     ia land ia liudi   that im ni mahti alettean mann
355 gumono sulica gambra,   sô im scolda geldan gihue
     heliđ fon is hôbda.   Thô giuuêt im ôc mid is hîuuisca
     Ioseph the gôdo,   sô it god mahtig,
     uualdand uuelda: sôhta im thiu uuânamon hêm,
     thea burg an Bethleem,   thar iro beiđero uuas,
360 thes heliđes handmahal   endi ôc thera hêlagun thiornun,
     Mariun thera gôdun.   Thar uuas thes mâreon stôl
     an êrdagun,   ađalcuninges,

第 5 歌 章

    Dauides thes gôdon,   than langa the he thana druhtskepi
                                                                                                                   ⌊thar,
    erl undar Ebreon   êgan môsta,
365 haldan hôhgisetu.   Sie uuârun is hîuuiscas,
    cuman fon is cnôsla,   cunneas gôdes,
    bêđiu bi giburdiun.   Thar gifragn ic, that sie thiu berhtun
                                                                                                                      ⌊giscapu,
    Mariun gimanodun   endi maht godes,
    that iru an them sîđa   sunu ôdan uuarđ,
370 giboran an Bethleem   barno strangost,
    allaro cuningo craftigost: cuman uuarđ the mâreo,
    mahtig an manno lioht,   sô is êr managan dag
    biliđi uuârun   endi bôcno filu
    giuuorđen an thesero uueroldi.   Thô uuas it all giuuârod
                                                                                                                      ⌊sô,
375 sô it êr spâha man   gisprocan habdun,
    thurh huilic ôdmôdi   he thit erđrîki herod
    thurh is selƀes craft   sôkean uuelda,
    managaro mundƀoro.   Thô ina thiu môdar nam,
    biuuand ina mid uuâdiu   uuîƀo scôniost,
380 fagaron fratahun,   endi ina mid iro folmon tuuêm
    legda lioƀlîco   luttilna man,
    that kind an êna cribbiun,   thoh he haƀdi craft godes,
    manno drohtin.   Thar sat thiu môdar biforan,
    uuîf uuacogeandi,   uuardoda selƀo,
385 held that hêlaga barn: ni uuas ira hugi tuuîfli,
    thera magađ ira môdseƀo.   Thô uuarđ that managun cûđ
    oƀar thesa uuîdon uuerold,   uuardos antfundun,

  thea thar ehuscalcos ûta uuârun,
  uueros an uuahtu, uuiggeo gômean,
390 fehas aftar felda: gisâhun finistri an tuuê
  telâtan an lufte, endi quam lioht godes
  uuânum thurh thiu uuolcan endi thea uuardos thar
  bifeng an them felda. Sie uurđun an forhtun thô,
  thea man an ira môda: gisâhun thar mahtigna
395 godes engil cuman, the im tegegnes sprac,
  hêt that im thea uuardos uuiht ne antdrêdin
  lêđes fon them liohta: 'ic scal eu', quađ he, 'liobora thing,
  suîđo uuârlîco uuilleon seggean,
  cûđean craft mikil: nu is Krist geboran
400 an thesero selbun naht, sâlig barn godes,
  an thera Dauides burg, drohtin the gôdo.
  That is mendislo manno cunneas,
  allaro firiho fruma. Thar gi ina fîđan mugun,
  an Bethlemaburg barno rîkiost:
405 hebbiad that te têcna, that ic eu gitellean mag
  uuârun uuordun, that he thar biuundan ligid,
  that kind an ênera cribbiun, thoh he sî cuning obar al
  erđun endi himiles endi obar eldeo barn,
  uueroldes uualdand'. Reht sô he thô that uuord gisprac,
410 sô uuarđ thar engilo te them ênun unrîm cuman,
  hêlag heriskepi fon hebanuuanga,
  fagar folc godes, endi filu sprâkun,
  lofuuord manag liudeo hêrron.
  Afhôbun thô hêlagna sang, thô sie eft te hebanuuanga
415 uundun thurh thiu uuolcan. Thea uuardos hôrdun,

第 5 歌 章

    huô thiu engilo craft   alomahtigna god
    suîđō uuerđlîco   uuordun loƀodun:
    'diuriđa sî nu', quâđun sie,   'drohtine selƀun
    an them hôhoston   himilo rîkea
420 endi friđu an erđu   firiho barnun,
    gôduuilligun gumun,   them the god antkennead
    thurh hluttran hugi.'   Thea hirdios forstôdun,
    that sie mahtig thing   gimanod haƀda,
    blîđlîc bodskepi: giuuitun im te Bethleem thanan
425 nahtes sîđon;   uuas im niud milil,
    that sie selƀon Krist   gisehan môstin.

[福音書との対応] 339－350行は「ルカ」2章1節および3節, 356－367行は同4節, 5節, 6節, 7節, 376－378行は「ルカ」2章4節についての Beda の註解, 378－382行は「ルカ」2章7節およびそれについての註解, 386－390行は「ルカ」2章8節, 390－395行は同9節, 395－399行は同10節, 399－404行は同11節, 405－409行は同12節, 409－424行は同13節, 14節, 15節, 424行以降は同16節.
[Tatian との対応] 386－390行冒頭部は Tat. 6章.

【註　解】

  339) **uuard...cuman**：94行に註記. **rîkes mannes**：すなわち次行の Oktaviân のこと.

  340) **oƀar**：前行の *adj.* rîki と結び「あらゆる地上の民に権力を持つ」.
irminthiod：*stf.*「諸国の民, 全人類」の単数対格. irmin-（古英語 eormen-, 古高独語 erman-, irman-）はおそらく印欧祖語 *er-, *or-「発生する, 生起する」に由来し（たとえばラテン語 orīrī）,「そびえ立った, 巨大な」が原

『ヘーリアント（救世主）』

義．ゴート語の英雄 Aírmanareiks (Erminaricus) や，トイトブルクでローマ軍団を壊滅させた Arminius（独 Herrmann）の名もこの irmin- から来ていると思われる．とりわけ有名なのが，カール大帝がザクセン戦役において切り倒させた Irminsul（独 Irminsäule）で，宇宙を支えると考えられた祭祀用巨樹ないし巨柱のことだったらしい．irmin- は「巨大な，強力な」の他に「宇宙全体の，全ての」をも表し，この箇所の irmin-thiod 例は後者に属すると考えられる．古高独語の英雄詩『ヒルデブラントの歌』Hildebrandslied にも irmin-deot および irmin-got が登場する．古ノルド語では jǫlmun-grund「大地」など．**Octauiânas**：人名 Octaviân の属格．次行 ban にかかる．帝政ローマの初代皇帝 Gaius Julius Caesar Octavianus（B.C.63－A.D.14）のこと．元老院から Augustus「尊厳者」という尊称を受け，後にこれはローマ皇帝全員の尊称ともなった．Vulgata の「ルカ」（2－1）には Caesar Augustus とあり，古高独語 Tatian と Otfrid では単に「皇帝」keisor／keisur という普通名詞になっている．『ヘーリアント』の作者だけが初代皇帝の家族名 Octavianus にこだわったことになる．もちろん頭韻とリズムの便宜も考えた上のことであろうが．オクタヴィアヌスの人口調査は B.C.29年のことである．

　341) **ban**：*stm.*／*n.*「命令，指令」（英 ban，独 Bann「破門，禁制」）の単数主格．現代の英・独語で最も中心的な「教会破門，追放刑」という意味は，この時代にはまだ確立していない．もともとはギリシャ語 phōné「声，音声」と同源で，裁判の判決が高らかに発声されて初めて有効となることから，次第に「命令」という重要な法律用語になったのであろう．**obar thea is brêdon giuuald**：「彼の広大な領土の至る所へ」．thea is のように定冠詞（thea）と所有代名詞（is）が重ねて用いられることは珍しくない．brêd は *adj.* 英語 broad，独語 breit の弱変化女性単数対格．giuuald はここでは「権力」ではなく「権力の及ぶ範囲，領土」．

　342) **cuman**：過去分詞．**kêsure**：*stm.* kêser, kêsur の単数与格．語源などは初出62行の註を参照．**cuningo gihuilicun**：複数属格 kuningo

第　5　歌　章

に56行初出の不定代名詞 gi-hwilik（独 welch，英 which）の複数与格のついたもの．gi- は「各々の」の意の接頭辞だから単数に用いられるのが普通だが（gi-hwe, gi-hwat は常に単数），gi-hwilik はしばしば複数にもなる．

343）**hêmsitteandiun**：現在分詞 hêmsittiand(i)「自分の土地に居住している」の名詞化，すなわち「領地所有者，領主，王侯」の複数与格．hêm（独 Heim，英 home）はゴート語 haims「村落，領地」からわかるように元来は「一族郎党がかたまって住むところ」の意．つまり hêmsittiandi は kuning とほぼ同義ということになる．**sô uuîdo sô**：独語 so weit wie, 英語 so far as．**is**：＝Oktaviân．**heritogon**：58行初出，複数主格．領国支配のために皇帝から各地に派遣された総督（代官）たちのことであり，前行の kuning や hêmsittiandi とは異なる．

344）**landskepi**：*stn.*「国土，領国」（英 landscape，独 Landschaft）の単数対格．obar につく．**liudio**：複数属格．次の giuueldun の属格目的語．**giuueldun**：45行に初出の属格支配の *stv.* giwaldan「支配する」の過去3人称複数．

★総督（代官）の領国支配について「ルカ」（2－1）にこんなに詳しい記述はない．そこで Murphy は，『ヘーリアント』作者が，フランク帝国の代官の圧政の下に苦しんでいるザクセン族の聴衆の共感を容易に得られるように，この数行を補入したのだとする（Murphy，note 22）．

345）**Hiet　man**：この man は不定代名詞（独 man）．hiet＜hêtan．**elilendiun**：*adj.*　eli-lendi「外国の，異郷の，国外流出した」の弱変化複数主格．eli- は60行の eli-thioda に註記したようにラテン語 alius「別の，他の」と同源．-lendi は land の派生語尾．単に「外国」の意味から，次第に国外追放などで自国の法の庇護を受けられぬ状況に用いられるようになり，それは悲惨な結果にも至り得ることから，早くも11世紀には「悲惨な，みじめな」という意味が生じ，現代独語の elend「みじめな」となった．**man**：「男たち」の意の名詞（独 Männer，英 men），主格．**ôdil**：*stm.*「（高貴な一族の）部族所有地；原籍地，本貫，故郷」．語源未詳だがおそらく「父譲りの土

『ヘーリアント（救世主）』

地」(ギリシャ語 átta, ラテン語，ゴート語 atta「お父ちゃん」)が原義．独語 Adel「貴族」もこの同系語と思われ，元来は「父系，父方の親族」だったのが「由緒ある一族，貴族」に発展したのだろう．edel はその *adj*. である．**sôhtin**：*swv*. sôkian「探し求める，訪ねる」(独 suchen, 英 to seek)の接続法過去3人称複数，間接命令．

346) **helidos**：15行に初出の helid (独 Held) の複数主格．前行 thea elilendiun man の言い換え．**handmahal**：*stn*. hand-mahal「集会地，民会；原籍地，出身地」の単数対格．ôdil の言い換えで，sôhtin の目的語．古英語や古高独語には現れない珍しい単語である．-mahal は139行, 254行で見た gi-mahlian「(民会で)発言する，公表する，婚約する」(♣独 Gemahl「夫君」)と同源で，「話し合い，議論，議論の場，民会」となった．hand は法廷で証人が手で行う宣誓の形式からか？　いずれにせよ hand-mahal は各自が所属する部族集会，民会のことだったように思われるが，『ヘーリアント』のこの箇所ではもっと広く「原籍地」を意味している．「ルカ」(2－3)で「人々は皆，登録するためにおのおのの自分の町へ旅立った」ut profiterentur singuli in suam civitatem における civitas「町」を，odil と hand-mahal の2語で再現しているわけである．**angegen iro hêrron bodon**：「彼らの主君(＝皇帝)の使者たちをそこで迎えるために」．hêrron は hêrro の単数属格．bodon は bodo の複数与格．

347) **quâmi**：kuman の接続法過去3人称単数．主語は gihue で, 345行の hiet man that に続く間接命令文．**cnôsla**：66行初出の knôsal の単数与格．**gihue**：不定代名詞 gihwe「誰でも」の主格．gi- は独語 je-der, 英語 ea-ch の前半に残る「各」を表す接頭辞, hwe は独語 wer, 英語 who と同源．**thanan**：ここでは関係副詞「そこから…したところの」．**cunneas uuas**：74行初出の kunni「一族」の属格．wesan とともにいわゆる「述語的属格」．

349) **samnoda**：ここでは自動詞 (独 sich versammeln)．

350) **te allaro burgeo gihuuem**：「全ての町々のそれぞれどの町にも」

− 158 −

第　5　歌　章

という贅語表現（Pleonasmus）．gihuuem は gi-hwe の与格．

351) **cumana uuârun**：kuman の過去分詞を *adj*. として複数主格語尾をつけている．完全な過去完了時制になるにはもう一歩，といった趣がある．

352) **bôkspâha**：*adj*. bok-spah(i)「文筆の技に長じた」の複数主格．bôk は 8 行および232行の，spâh(i)は125行の註を参照．いわゆる「刀筆の吏」のことであって，必ずしも学識ある者のことではない．**uueros**：*stm*. wer「男，人間」の複数主格．98行 werod の註を参照．**an brêf**：単数対格．brêf「文書」の意味推移については230行に註記．skrîban は an を伴うことが多い．skrîban の「ひっかく」という原義が an「…に」に痕跡をとどめているのではあるまいか．

354) **ia…ia**：ja…ja「…も…も」．**land…liudi**：この頭韻表現は『ヘーリアント』には 5 例見られ，現代独語 Land und Leute「世間，国情」のルーツを見る思いがする．**that**：前行の suîdo と結ぶ「結果」の接続詞．**im**：bodon を受ける 3 人称複数与格の人称代名詞．**mahti**：mugan の接続法過去．主語は mann．**alettean**：*swv*. a-lettean「（ある人に対して）保留する，拒絶する」の不定形．**mann**：＝man．否定の ni, ne と結んで独語 niemand，英語 none の意．

355) **gumono**：前行の ni man と結ぶ複数属格．**gambra**：*stf*.「年貢，租税」の単数対格．古英語に gambe，古ノルド語に gamban という形で見られるが，語源不詳．**sô**：前の sulica と結んで一種の不定関係代名詞の働きをする．**im**：＝bodon．**geldan**：*stv*. (III-2)「支払う，償う」(英 to yield，独 ver-gelten) の不定形．すでに90行の geld「いけにえ，犠牲獣」で見たように，この語はもともと宗教用語であった．祭祀の捧げ物をする行為が geldan であり，祭政一致の古代社会ではたやすく「年貢，税」と結びついた．そこから独語 Geld「金銭」まではもうすぐで，16世紀以降はほとんどこの意味でしか用いられなくなった．

356) **helido**：前行 gihue にかかる複数属格．**gihue…fon is hôbda**：「各人がその頭数のままに，頭数で割り当てて」，つまり一人一人が支払う「人

− 159 −

『ヘーリアント（救世主）』

頭税」のことである．hôbda は stn. hobid「頭」（独 Haupt, 英 head）の単数与格．ラテン語 caput と同源で，caput と同じく「ひとり頭」や「一頭」のような数量詞として，また「主要な」の意味など，さまざまに用いられる．もともと金銭を知らなかったゲルマン人が金銭による「租税」というシステムを知ったのは，当然フランク王国以降のことである．『ヘーリアント』の時代にはもう hôbid-skat「人頭税」（独 Kopfsteuer）も知られていた．これはラテン語 capitis census の翻訳借用語であり，したがってこの箇所の fon is hôbda も hôbid-skat を言い換えたものと考えてよい．ちなみに現代独語において Haupt という語は独自にはほとんど用いられず，もっぱら Kopf になっているが，これは16世紀以降の現象である．

★ 350－356行までは「ルカ」その他に対応する記載はない．『ヘーリアント』作者が（あるいは何等かの著述に助けられて？）自由に挿入した解説的記述である．ローマから派遣された収税吏が忙しく文書を作成しては容赦なく租税を取りたてる様子が，この詩には珍しくきびきびと活写されていて，注目を引く．フランク帝国の代官たちの圧制にあえぐザクセン聴衆（そして自らもザクセン人であったにちがいない作者）の嘆きや怒りが，この箇所において鵞ペンの先から自然に流れ出てしまったのではなかろうか？

giuuêt：*stv*. (II) gi-wîtan「出発する，行く」の過去3人称単数．与格再帰代名詞（im）を必要とする．「（自分に一定の方角を）指し示す，教える」が原義で，英語 to wit, 独語 wissen, weisen と同語源．**hîuuisca**：*stn*. hîwiski「家族，家庭」の単数与格．302行の hîwa「妻」，308行の gi-hîwian「結婚する」，また現代独語 heiraten などと同語源．ドイツ語においては「家庭」すなわち「夫婦と子供の結合体」という概念は長らくこの hîwiski（中高独 hîwische, hîwisch）で表されたが，16世紀頃から奉公人をも含んだ「一族郎党」というニュアンスの濃いラテン語 familia に取って代られた．ルターもまだ「家族」の概念には多く Haus を用いている．

358) **sôhta**：＜sôkian. **thiu uuânamon hêm**：「美しい故郷を」．
359) **thar**：関係副詞．**iro beiđero**：siu bêđiu「彼ら両人」（中性複数）

第 5 歌 章

の属格．次行の handmahal にかかる．性を異にする対象物をまとめて複数とする時は中性複数とする．不定代名詞 bêđiu については138行の註を参照．

360) **thes helides...ôc thera...thiornun**：前行の iro beiđero を具体的に一人一人に分けて説明している．

361) **Mariun**：Maria の属格．-a に終わる女性の固有名詞は弱変化．**thes mâreon**：*adj.* mâri「名高い」(269行に初出)の名詞化，男性単数属格．すなわち363行に名が挙げられる David のこと．**stôl**：*stm*．「王座，玉座」(独 Stuhl，英 stool)の単数主格．独語 stehen，英語 to stand などと同源で，元来は高い台座の意．すでにゴート語以来，「玉座」や「法官席」のような権威の象徴でもある高い座席について用いられた．ゲルマン人の一般人の座席は低いベンチ(独 Bank，英 bench)だった．

362) **êrdagun**：*stm*．êr-dagos「かつての日々，昔日」の複数与格．êr- は元来は比較級だった(独 eher)．常に an êrdagun という形でのみ用いられる．**adalcuninges**：*stm*．adal-kuning「高貴なる王」の単数属格．ほとんど固有名詞と感じられてか，無冠詞であり，これは2114行のもう1例も同じである．古英語の ædel-cyning は常にキリストの別称であるが，『ヘーリアント』では世俗の王にも用いられる．

363) **than langa the**：70行に初出．ただし70行では不変化の関係代名詞 the は用いられていない．この the はほとんど接続詞と言ってよい．**druht-skepi**：*stm*．「支配権，王権」の単数対格．27行の drohtin「主君」の項でも註記したように，druht- は「(臣従する)軍勢」が原義．

364) **môsta**：＝独語 konnte，durfte．

365) **haldan**：môsta につく．ただし目的語は hôhgisetu．**hôh-gisetu**：*stm*．(*pl*)「高位の地位，玉座，王座」の対格．hôhgisetu haldan でほとんど「統治する」と同義．361行の stôl のヴァリエーション．gisetu は *vi*. sittian，*vt*. settian からの派生語で「座所，居住地」などを表した．複数形になっているのは玉座が大きくて，時に王妃や王子も共に座ったから，と Ilkow は『ベーオウルフ』(642行，1164行)の例をあげて説いている．ち

『ヘーリアント（救世主）』

なみに現代独語の Gesäß は意味が狭まって「尻，臀部」を指す． **Sie**：ヨセフとマリアのことであるから，M 写本の Siu の方がより正確な表記である．**hîuuiscas**：述語的属格：「ダビデの一族の出身だった」．

★このあたりも再三再四，ヨセフとマリアの良き血筋が強調され，ゲルマン的伝統に準拠した描写となっている．

367) **Thar gifragn ic**：288行註を参照． **sie**：マリアを指す対格．**giscapu**：常に複数(127行に初出)．これが主語で次行の gimanodun がその定動詞． **berhtun**：*adj*. berht(英 bright)． 8 行 berehtlîco の註を参照．

368) **gimanodun**：「予告を与えた」．「ルカ」(2－6)の「月満ちて」impleti sunt dies という自然現象的記述を，神の意志に重点を移して言い換えたもの．

369) **sîda**：*stm*. sîd「道中，旅路」の単数与格．語源等は122行の註に記した． **ôdan uuard**：「授けられた」．ward と過去になっているのは，そういうお告げがあって，そして実際にそうなったということを同時に示したかったからだろう．

370) **barno strangost**：「幼児の中で最強の者が」．「強い」の意の strang (英 strong)の最上級中性単数主格．現代独語 streng も以前は同義だったが，今は「厳格な」に意味が局限されている．

372) **sô**：従属接続詞「…のように」． **is**：前行の the mâreo を受け，次行の bilidi および bôcno filu とも結んで「その御方については」の意． **êr managan dag**：「はるか以前に」．êr は *adv*. で，managan dag は副詞的対格．

373) **bilidi**：*stn*. 「前兆，徴候」(独 Bild)の複数主格．語源不詳．**bôcno filu**：「予兆の多量さ」．*stn*. bôkan「前兆」は現代英語 beacon「のろし，合図標識」，独語 Bake「標識」などと同源だが，それ以上の語源は不明．ラテン語 būcina「ラッパ信号」がローマ軍団におけるゲルマン人傭兵によって早期に借用されたという説もある．同義の bôkan と bilidi は頭韻成句としてよく使用される．

第 5 歌 章

374) **giuuârod**：*swv.* gi-wâron「真実であると証明する」(独 bewahr-heiten) の過去分詞 (受動文). 語根にある wâr (独 wahr, 羅 vêrus) は171行に初出.

375) **spâha man**：複数主格. メシアの到来を予知し予言した「預言者」たちのこと. 単なる「賢者」にとどまらず「予見力」を持った人々であることが *adj.* spâh(i) によく表れている. (125行の註を参照).

376) **thurh huilic ôdmôdi**：「いかなる謙虚さによって」以下は, 前行 gisprocan habdun の内容を示す. hwilik (独 welch, 英 which) は常に強変化の疑問代名詞. 疑問代名詞 hwe (独 wer, 英 who) に形容詞を作る語尾 -lik (原義は「…の身体の」, 154行に註記) がついたもの. **ôdmôdi**：*stn.*「謙虚さ, へりくだり」の単数対格. キリスト教の根本概念のひとつで, ラテン語 humilitas の翻訳借用語. ôd- (古英語 ead-) は「気軽な, 楽な」を意味し, môdi は第1行に初出の môd (独 Mut, 英 mood) からできている. だから ôd-môdi の原義は「さわやかな気分, 軽い心」であり, キリスト教の浸透とともに「心穏やかなこと, 柔和さ」となって, 最後に humilitas の訳語となったらしい. この過程はまず古英語圏で進み, 後に大陸布教に伴って各地に広まった. しかし humilitas の持つ積極的な, 自発的な謙虚さはこの語ではあまり明確でなく, そこでしばらくすると南独に古くから布教していたアイルランド系布教団の用語である dio-muoti (独 Demut; de- は dienen, Diener などと同源で, 自己を無にして奉仕すること) が優勢となって今日に至っている.『ヘーリアント』はまだ完全に古英語 ead-mōd の影響下にあることがわかる. **erd-rîki**：*stn.*「地上界, この世界」(独 Erdreich) の単数対格.「天上界」heban-rîki の反対概念で, 教会ラテン語 regnum mundi の翻訳借用語と思われる. (heban-rîki は regnum caelorum の訳語). erda (41行に初出) はまず「土」を表し, 次に水, 河川, 海に対する「陸地」の意味をもつが, 宗教意識, とりわけキリスト教とともに第3の,「天」に対する「地」が大きな意味を持つようになった. erd-rîki はもちろんこの段階に属する (第4として「地球」の概念があるが, これが一般的知識とな

『ヘーリアント（救世主）』

るのはずっと後のことである）．

378) **managaro**：*adj.* manag の名詞化，複数属格．**mund-boro**：*swm.*「庇護者，後見人」の単数主格．he の同格説明語．古英語や古高独語にも共通で，法律用語の響きのするこの語は，『ヘーリアント』ではただ神およびキリストの言い換えとしてしか登場しない．mund- はラテン語 manus「手」と同源で，元来は「弱者を庇う手」を意味し，現代独語 Vormund「後見人」に残る．-boro は「負う人，担い手」で，*stv.* beran（英 to bear）の派生語．この mund-boro 系統の単語は長い間法律用語として用いられ（特に低独語地方やオランダにおいて――），現在も Momber(t) という苗字に名残が見られる．mund-boro がより低独語系であるのに対し，Vormund は高独語系で，現在は Vormund のみが存続している．

★372行から378行までは福音書に基づかない補足的挿入文である．さまざまの註解書が参照されたのであろう．

379) **biuuand**：*stv.* (III-1) bi-windan「…で巻く」（♣独 umwinden）の過去．**uuâdiu**：*stn./f.* wâd(i)「衣服，布地」（♣英 weed「喪章，喪服」）の単数具格．

380) **fagaron**：200行に初出の *adj.* fagar（英 fair）の複数与格．前行の mid がかかるため．**fratahun**：*stf.* (*pl*) frataha／fratoha／fratoa「装身具，宝石類」の与格．ゴート語，古ザクセン語，古英語にのみ現われる単語で語源不詳．現代英語 fret「雷文」とも同源という説もある．とにかく「華やかに飾り立てること」が原義であるらしい．

★「ルカ」（2－7）には単に「マリアは（子を）布にくるんで」としか書かれていないのに，『ヘーリアント』作者は「美事なる装身具でもって飾った」とし，しかも母は「女性の中で最も美しき者」となっている．マリア信仰がいよいよ進展しつつある時代の文学作品であることが実感される．

folmon：＜folmos（180行初出）．**tuuêm**：数詞 twêne の与格．

381) **legda**：＜leggian．**lioblîco**：*adv.* ＝独語 lieblich，英語♣ lovely．**luttilna**：*adj.* luttil「小さい」（英 little）の男性単数対格．西ゲ

第 5 歌章

ルマン共通語で，他に lut, luttik という形もあり，luttil は lut の縮小形であったのだろう．高地独語にも存在したが（古高独語 luzzil, 中高独語 lützel），やがて klein や wenig などに取って代られた．

382) **cribbiun**：*swf*. kribbia「飼葉桶，まぐさ桶」（独 Krippe, 英 crib）の単数対格．この西ゲルマン共通語の原義は「編みかご」だったらしい． **thoh**：従属接続詞．接続法の動詞を必要とする（habdi）．

★「ルカ」（2－7）ではこの飼葉桶のシーンの後に「宿屋には彼らの泊まる場所がなかったからである」とあるが，『ヘーリアント』作者はこれを採用しない．救世主の栄光ある誕生をみすぼらしい環境に置くのは，彼および彼の同胞たるザクセン貴族の趣味に合わなかったのだろう．本当は飼葉桶も省きたいところだったろうが，そこまでは思い切ることができず，したがって突如として現れる飼葉桶はこの章の中で不思議に浮き上がった存在になってしまう．thoh...の認容文も聴衆（および作者自身）への釈明の口ぶりである．

383) **bi-foran**：*adv*. ＝英語 be-fore, 独語 vorn(e)．

384) **uuacogeandi**：*swv*. wakon／wakogean「目覚めている，起きている」（独 wachen, 英 to wake, to watch）の現在分詞． **uuardoda**：*swv*. wardon「世話をする」（独 warten, 英 to ward）の過去．300行に初出．

385) **held**：「世話をする」の意の haldan は130行以降頻出．

★寝ずに赤子の世話をするマリア像は「ルカ」には描かれていない．作者はおそらく，カロリング・ルネッサンスで盛んになった，美しい挿絵入りの福音書写本の制作を直接・間接に知っており，そこからこのようなイメージを得たのだろう．

386) **thera magad**：属格ともとれるが，いわゆる「所有の与格」であろう． **that**：救い主が生まれたということ． **managun**：複数与格．*adj*. の名詞化． **cûd**：*adj*.「…に知られた」（独 kund, be-kannt）．独語 kennen, 英語 to know などの近縁語で元来は過去分詞だった．

387) **uuardos**：*stm*. ward「番人」（英 ward, 独 Wart, Wärter）の

『ヘーリアント（救世主）』

複数主格．もちろん 2 行前の wardon と同語源である． **antfundun**：*stv.* (III-1) ant-findan「見出す，気づく」の過去 3 人称複数．

388) **thea**：関係代名詞，複数主格． **ehuscalcos**：*stm.* ehu-skalk「馬飼い，馬の番人」の複数主格．前行の wardos を具体的に説明：「馬の番人として」．前半の ehu-「軍馬」はラテン語 equus「馬」と同源．ゲルマン語では古語になっていて，ゴート語には合成語に名残りがあるのみ，古高独語でも人名に痕跡をとどめるのみに対し，古英語には eoh「軍馬」という独立語が登場しており，古英語に語形が近いこの ehu も普通の馬ではなく，軍馬と理解してよいだろう．これに代わるより新しいゲルマン語は独語 Roß，英語 horse 系の語，あるいは独語 Mähre，英語 mare 系の語だった（独 Pferd は「脇街道用の駅馬」を表す俗ラテン語 paraverēdus が訛って 9 世紀頃に定着したもの）．後半の -skalk は「下男，家来」が原義で，現代独語 Schalk や Marschall「元帥」に残る．ちなみに Marschall は古高独語 marah (「馬」) -scalc で，原義は「馬係りの下男，馬丁」，すなわちこの箇所の ehu-skalk と同義ということになる．中世において軍馬担当官は武官の第一等官となり，遂に「元帥」に至ったのである（日本の官制の主馬頭もこれに類似する）．これを考えると，『ヘーリアント』の ehuskalk もただの「馬番人」だったかどうか．ところでこの箇所は「ルカ」（2－8）では単に et pastores erant in regione eadem vigilantes…「その地方で羊飼いたちが野宿をしながら…」とあるだけであり，当時の実状から pastores は羊飼いであることは確かである．「馬飼い」ではあり得ない．古高独語のイエス伝 Tatian も Otfrid もここは hirti（独 Hirt，英 herd）としており，『ヘーリアント』の特異性が目に立つ．つまり平和的かつ庶民的でもある羊飼いではなく，上述の Marschall の成立事情からもうかがえるように，いったん事あれば戦士ともなり得る「馬丁，馬卒」を登場させる方が，この光栄ある救世主生誕の場にはふさわしい，と作者は考えたのではなかろうか．Murphy は更に一歩を進めて，ゲルマン族のもとでは低い身分だった羊飼いが，この次の情景で救世主に拝謁するなどという怪しからぬことを，作者は避けたかったのだと

第 5 歌 章

説いている (Murphy, note 25). **ûta**：*adv*.「外で，戸外で」. 類似する ût (181行) や ûtan (104行) は特定の前置詞や副詞とともに用いられる傾向が強い．

389) **an uuahtu**：「見張り番についている」. uuahtu は *st./sw. f.* wahta「見張り，警戒」(独 Wache, 英 watch) の単数与格. 384行の wakon と同源. **uuiggeo**：*stn*. wig(gi)「馬」の複数属格. 全篇中にこの１例しかない wig(gi) は，古英語 wicg，古ノルド語 vigg 以外に類語がない稀な単語である. ラテン語 vehere「運ぶ，騎乗する」，独語 be-wegen，ひいては独語 Weg，英語 way などとも同根で，つまり人や物を「運ぶ者」が原義と思われる. 属格であるのは次の gômean が属格目的語をとるため. **gômean**：*swv*. gômian「見張り番をする，警固する」の不定形で，ここでは「見張りをするために」(独 um...zu) の意. ゴート語 gaumjan「気づく」以来のゲルマン共通語であるが，語源不詳．

390) **fehas**：*stm*. fehu「家畜；財産」の単数属格. 前行 wiggeo の言い換えなので，同様に gômean の目的語として属格. 印欧祖語 *péku は「羊毛」→「羊」が原義であるが（ラテン語 pecus），羊を代表とする家畜は財産そのものであり，また通貨代わりともなったところから，ラテン語 pecūnia「金銭」も生じた. 現代独語 Vieh は「家畜」であるが，すでにその祖型であるゴート語 faíhu は「家畜」の他に「金銭；資産」をも表していた. たとえばイスカリオテのユダがイエスを売る代償はギリシャ語では argúrion「銀」だが，ゴート語訳では faíhu となっている. このゲルマン語 faíhu は後に「荘園」の意味で後期ラテン語に取り入れられ (feudum, feum)，現代英・独・仏語の feudal や，英語 fee (「荘園の年貢」→「料金」) にまで至っている. **aftar**：与格支配の aftar が「…に沿って，あまねく…を」を意味することは 107行に註記. **felda**：*stn*. feld「野，原野」(独 Feld, 英 field) の単数与格. **gisâhun**：387行の wardos antfundun に続く. gi- の「完了相化」機能がよく働いている例. すなわち漠然と「見えた」のではなく，「突如…するのをありありと目にした」の意. **finistri**：*stf*.「暗黒，暗闇」(独 Finster-

nis)の単数対格．対格主語として次行の telâtan という不定詞と結ぶ．ドイツ語のみに見られるこの語は語源不詳．**an tuuê**：「ふたつに」(独 in zwei, entzwei)．中性対格形（男性は twêne，女性は twô，twâ）．蛇足ながら独語の *adv*. entzwei はこの an twê と同様に古高独語 in zwei に由来し，したがって分離や対比を示す接頭辞 ent- とは無関係である．

391) **telâtan**：*stv*. (Ⅶ-1) te-lâtan「分裂する，分かれる」の不定形．ただし Moritz Heyne は過去分詞とし，ここを「対格＋不定法」の構造とは見なさない (Heyne, 1905[4])．接頭辞 te- (ti-, to-) は分離を表す（独 zer-）．方向や場所を示す te (ti, to) から新たに生じた意味であるが，高地独語は ze (zi) とは形を異にする zir-, zur-, zar- を別に作り，現在の zer- となった． **lufte**：*stm*./*f*. luft「空気，大気，上空」（独 Luft）の単数与格．ゴート語をはじめとして全ゲルマン共通語彙のひとつ．語源不詳．

392) **uuolcan**：*stn*. wolkan「雲」（独 Wolke）の複数対格．西ゲルマン語に共通で，原義は「蒸気」．

★「ルカ」(2−9) では単に「主の栄光が周りを照らしたので」とあるところを，作者は「天の闇がふたつに裂け，神の光が輝かしく雲の間から射した」と精彩ある筆致で写実的に描出している．「創世記」や「黙示録」の描写に影響されたのかもしれず，またこの当時の彩色写本のイメージを用いたのかもしれない．とにかく，簡潔すぎる福音書の言葉にリアルな肉付けを作者が試みていることがよくわかる箇所である．

393) **an forhtun**：*stf*. forhta「恐怖」（独 Furcht，英 fright）の複数与格．*adj*. の forht は115行に既出．an forhtun wesan（または werdan)「恐れる」という形でよく用いられる．

396) **im**：thea wardos を主語とする再帰代名詞複数与格．antdrâdan が与格の再帰代名詞を必要とするので． **uuiht**：次行のlêdes と結ぶ． **antdrêdin**：116行に初出の ant-drâdan (-drêdan) の接続法過去，3人称複数．

397) **scal**：＜skulan．「べき」という当為性は薄く，ほとんど未来の助動詞に近い． **liobora**：比較級にしたのはもっぱらリズム上の必要から．

第 5 歌 章

398) **uuilleon**：*swm*. willio「喜ばしいこと，望ましいこと」の単数対格，前行の lioƀora thing の言い換え．印欧祖語 *u̯el-「欲する」に由来する willio の最も一般的な意味は「意志，意図」(独 Wille，英 will) であるが，古くは「望み」や「望ましいもの」，さらには「達成された望み」を経て「喜び」や「満足」をも意味した．ゴート語をはじめ，古英語，古高独語も古ザクセン語も全てそうであり，現在の独・英語よりもはるかに意味が広かった．独語 wohl, Wollust, willkommen, 英語 well, welcome など多くの語がここに端を発している．

400) **an thesero selbun naht**：「まさにこの同じ夜に」．定冠詞とともに用いる self は，独語 derselbe「同一の」に見られるように，英語 the same の意味となる． **naht**：*stf*.「夜」(独 Nacht，英 night) の単数与格．多くの印欧語に共通の語で，日数の単位に用いられるのも共通．その理由は，いずれの民族の場合も暦日の計算には何よりも月を基準にしたからである (145行 wintar の註を参照)．burg などと共に属格を -(e)s で作る特殊女性名詞（文法 I -§9）．

402) **mendislo**：*swm*.「喜び」の単数主格．mendian「喜ぶ」(526行) の語根 mend-（独 munter と同源？）に男性抽象名詞語尾 -islo がついたもの．類似のものに râdislo「なぞ」(独 Rätsel，英 riddle), irrislo「怒り」, herdislo「強さ」など．

403) **firiho**：firihos の属格． **fruma**：「利益」(52行に初出)． **fîdan**：*stv*. (III-1)「見つける」(独 finden，英 to find)．この期の古ザクセン語では d, th の前の n は消失して，その代りに前の母音が長音化する．finden の方が古形であり，『ヘーリアント』では双方が混在する．

405) **hebbiad**：命令法 2 人称複数． **that te têcna**：「それを証拠と（するがいい）」．この that は指示代名詞，後続 that ic eu... の that が関係代名詞で，独語 das, was..., 英語 that which... に相当する．têcna は *stn*. têkan「しるし，証拠」(英 token，独 Zeichen) の単数与格．ゴート語をはじめとして全ゲルマン共通単語．ラテン語 dīcere「示す，話す」, 独語 zeigen

『ヘーリアント（救世主）』

「示す」，英語 to teach も同源．
　406) **uuârun uuordun**：具格機能の複数与格：「真実の言葉をもって」．**that**：接続詞．**biuundan**：379行の biwindan の過去分詞．主語 he の補語．**ligid**：*stv*. (V) liggian「横たわっている」（独 liegen，英 to lie）の現在3人称単数．ゴート語 ligan 以来の全ゲルマン共通語．
　407) **al**：*adj*. all の名詞化，中性単数対格「万物」．
　408) **erdun**：erda（独 Erde，英 earth）の弱変化単数属格（41行，376行註を参照）．**eldeo barn**：「世の人々に（君臨して）」．eldeo は267行初出の eldi「人々」（原義は「世代」．werold の -old もこれ）の属格．barn は複数対格．
　409) **Reht sô…sô…**：「…した正にその時，…するや否や」．reht は副詞，先の sô は従属接続詞，後の sô は副詞．**gisprac**：gi- の完了相化機能が強く働いている．
　410) **engilo**：複数属格で後続の unrîm にかかる．**them ênun**：「そのひとり（の天使）に加えて」．ênun は数詞 ên の形容詞的用法（弱変化）．**unrîm**：*stm*. 「無数，大量，多数」の単数主格．『ヘーリアント』にはこの1例のみだが，古高独語や古英語，古ノルド語には rîm や rîn「数，計算」は多く見られ，un-rîm がすなわち「無数」（独 Unzahl）の意であることが容易にわかる．rîm の原義は「数える，計算する」で，たとえばギリシャ語の a-rith-mós「計算」（英 arithmetic）の中に見られる．ゲルマン語 rîm は「音節を数える，シラブルを整える」という意味で古フランス語に取り入れられ，後に「押韻」の意味を得て再びゲルマン語に逆輸入されたのが独語 Reim，英語 rhyme であった．
　411) **heriskepi**：55行および58行註を参照．
　412) **folc**：61行に註記したようにゲルマン人にとって folk はまず「軍勢」であり，次に「男の集団」，さらにそれらの男たちが所属する「一族集団」を経て，今日の独語 Volk，英語 folk に至った．
　★ただしここの heriskepi と folc は作者によるゲルマン化ではなく，原

第 5 歌 章

拠である「ルカ」（2－13）がすでに「天の大軍」multitudo militiae caelestis という軍隊表現を用いている．
filu：「多くを」という中性単数対格とも，「たくさん」という副詞ともとれる．

413) **lofuuord**：(lof-word) *stn*．「讃美の言葉」（独 Lobwort）の単数ないし複数対格．81行註を参照． **liudeo hêrron**：「人々の主なる御方に対して」．hêrron は単数与格．

414) **Afhôbun**：*stv*．(VI) af-hebbian「揚げる；始める」（独 auf-heben，英 to heave）の過去複数． **sang**：*stm*．「歌声」（英 song，独 Gesang）の単数対格．具体的には418行以下の歌のこと．「ルカ」（2－14）の「いと高きところには栄光，神にあれ，地には平和，御心にかなう人にあれ」はすでに6世紀頃から栄唱 "Gloria" として西欧教会の典礼歌に取り入れられ，改宗したゲルマン人には親しいものとなっていた．82行 hebankuning, 27行と83行の diurian の註を参照．

415) **uundun**：*stv*．(III-1) windan「回る，向きを変える」（独 sich wenden, winden, 英 to wind）の過去複数．

416) **craft**：多出する kraft のやや特殊な用法で「多勢，軍勢」の意．同時期の古高独語，古英語，古ノルド語の対応語にはこの意味の用例は見られないが，後の中高独語や中低独語では一般的な用法となり，現代独語 frische Kräfte「新たな兵力」などに至っている．

417) **uuerdlîco**：「うやうやしく」．*adj*．werđ「価値ある」（独 wert，英 worth）の副詞． **uuordun**：406行註を参照．

418) **diuriđa**：*stf*．「栄光，誉れ」の単数主格．*adj*. diuri（英 dear，独 teuer）から作られた抽象名詞．既に27行，83行にも註記したように，教会ラテン語 gloria の訳語としてフランク教会で定着しつつあった術語のひとつ（古高独語 Tatian も tiurida）． **sî**：wesan の接続法現在，要求話法．

419) **hôhoston**：*adj*．hôh（独 hoch，英 high）の最上級． **himilo rîkea**：himilo は himil の複数属格．rîkea は rîki の単数与格．himil が複

― 171 ―

『ヘーリアント（救世主）』

数なのは原拠の「ルカ」（2－14）で既に Gloria in altissimis Deo と複数になっているのに対応したのだろう．天上界が複数の天から成立しているというのはユダヤ人の伝統的な考えであり，旧約のみならず新約聖書においても天上界の複数形はごく一般的である：Pater noster, qui es in Caelis「天にまします我らが父よ」（主の祈り，「マタイ」〔6－9〕）．最高の神はその中で最も高い天に住み，キリストは第3の天に行ったと「コリント後書」（12－2）にはある．だから『ヘーリアント』の作者にも，またその聴衆にも複数形の himil は自然なものであったろう．

420）**fridu**：*stm*．「平和；庇護」（独 Friede[n]）の単数主格．ラテン語 pax の訳語．独語 frei, Freund, 英語 free, friend などと同じく「愛情；庇護」を意味する印欧祖語 *pri- を語源に持つ．ゲルマン古代においては法律的に守られた，あるいは強力な君主の下での「安全な状態」が主要な意味であり，日本語の平和とはいくぶんニュアンスを異にする．古高独語 Tatian はここを sibba という語にしている．この sibba は現代独語 Sippe で「一族間の平和な状態」が原義である．　**an erdu**：erđa の単数与格．　**firiho barnum**：「人の子たちに対しては」．

421）**gôduuilligun**：*adj*．gôd-willig「良き意図の，善意の」（独 gutwillig）の男性複数与格．ラテン語の名詞の属格 bonae voluntātis「良き意図の」を形容詞一語で表したもの．　**them**：前行の firiho barnun, 同じ行の gôdwilligun gumun を受けて反復する指示代名詞，複数与格．次の関係代名詞 the と結んで「…であるそのような人々には（平和があれ）」．　**the**：無変化の関係代名詞，主格．　**god**：単数対格．antkennead の目的語．

★「ルカ」（2－14）後半の「地には平和，良き心の人々に（あれ）」が『ヘーリアント』では「清き心をもって神を識る良き心の人々に…」と敷衍されている．

422）**hirdios**：*stm*．hirdi「牧者，牧人」（独 Hirt[e], 英 herd, shep-herd）の複数主格．「家畜の群れ」（独 Herde, 英 herd）から作られたゲルマン共通語であり，改宗以後教会ラテン語 pastor の翻訳借用語として広く用いられ

第 5 歌章

た．

424) **blîdlîc**：*adj*.「喜ばしい」．301行にbliđiとして初出．この両例とも (gi)bodskepi という名詞に関して用いられており，ギリシャ語 euángelos 「良き知らせ，福音」の eu- の直訳がこの blîd(lîk) かと思われる．**giuuîtun im**：giwîtan「出発する，去る」が与格の再帰代名詞をとることは356行にも註記した．なおこの giwîtan は後に目的を示す不定詞を伴うことが多い（425行の sîđon）．

425) **nahtes**：*adv*.「夜の間に」（独 nachts）．*stf*. naht の副詞的属格．本来あるべきではない -es という語尾は dages にならったもの（文法 I -§9）．**sîđon**：(sîđogean) *swv*.「行く」の不定形．前行の gewîtan と結んで「行くために」ほどの意．sîđon は122行に初出の sîđ「道，旅」の派生語で，独語 senden, Ge-sinde, 英語 to send などと同源．**niud**：182行に初出．

426) **selbon Krist**：「キリスト自身を」とも「彼ら自身が」とも解釈可能（ともに弱変化 *adj*.）．

【訳 文】

第5歌章

　その頃ローマの都から　全ての民を支配する
権勢ある人，オクタヴィアヌスの，　　　　　　　　　　　　　　340
厳重なる命令の使いが，彼の広大な領土の隅々まで
かの皇帝から使わされて，各地の王のところに届けられた，
わが封土に在城の諸侯のもとに。また皇帝の将軍たちが
帝国全土において　民を治めている至るところに。
次のことが命じられた：異邦に居る者は皆父祖の地に戻るべし，　　345
どの男もその本貫の地へ，そこで皇帝の使いを待つために，
だれもが自分の一族のもとへ行くようにと，そこに血縁があり，

『ヘーリアント（救世主）』

そこで生まれた町々へと。この指令は広大な世界の隅々に
行き渡った。あらゆる町という町に人々は
集まった。至るところに皇帝から　　　　　　　　　　　　　　　350
派遣された使者たちが　やってきた。
文筆にたけた人たちである。彼らはたいそう熱心に
記録を作成し，土地であろうと人であろうと
全ての名前を書きあげたので，誰ひとりとして，
誰もがその頭数のとおりに　支払うことになっている租税を　　355
逃れることは不可能となったのだ。そこで妻子を引きつれて
心正しきヨセフも旅立った，あの力ある神が，
世界を支配する御方が，望んだように。光輝に満ちたふるさと，
ベツレヘムの町をめざして。その地こそは彼らふたりの，
雄々しき夫の，また聖なるその妻，心正しきマリアの　　　　　360
ふるさとであったから。そこにはあの気高き者の玉座が
はるか昔にあったのである。あの高貴な王者，
正しきダビデ王が　この地においてユダヤの王として
支配の権を一手ににぎり，高い位を占めることができた
かの時代には。彼らはこの王の血筋であって，　　　　　　　　365
王の子孫として，ともに卑しからざる
生まれの者であった。さて，私の聞いたところでは，マリアに対し
輝かしい天の定めと　神の力とが予告をお与えになり，
そこで旅の途中　ベツレヘムにおいて
彼女は子息を恵まれることになった。幼児の中の最強の者，　　370
あらゆる王の最も力強き者を。この気高き御方，
権勢ある方は人の世に現われたのだ，はるか昔にこの方について
多くの前兆，多くのお告げがこの世において行われていた
まさにその如くに。かくして，いと心さとき者たちが語ったことは
すべて真実であったと　証明されたのである。　　　　　　　　375

第 5 歌 章

すなわちどれほどの謙虚さをもって　この御方がはるばるこの世に
自らの力をもって　来てくださるのかが（語られていたのだった），
多くの民の保護者として。女性の中の最も美しい方であるこの母は
御子を抱きあげ，衣服と美しい宝石とで
包んで，両の手で大切に　　　　　　　　　　　　　　　　　　380
その小さい男性を，御子を，
飼葉桶に寝かせたのだ。人類の主であるこの御方は
神の力をもっておられたのではあったが。母はその前に座り，
眠らずにずっと　聖幼児のお世話を
あれこれとしたのである。今や彼女の思いには何の疑いもなかった，　385
この乙女の胸の内には。さて，この出来事は多数の知るところとなった，
この広い世界において。すなわち番士たちが気づいたのだ，
馬番として　その時野外におり，
見張りをしていた男たちが。牧場一帯に目を配り，彼らの馬を，
彼らの家畜を守るためであった。彼らは闇が天の高いところで　　　390
ふたつに分かれるのを見た。そして神の光が雲の間から
輝かしく射し出でて　野にいたこの男たちを
包みこんだのである。彼らは恐れた，
男たちは心の中で。すると彼らは見た，立派な
神の天使がやってくるのを。天使は番士たちの前に立って　　　　　395
彼らがこの光から　いかなる不吉なことも思うべからず，
恐ることなかれと命じた。「汝らには嬉しい知らせを，
本当に喜ばしきことを」と彼は言った，
「大いなる御力のことを伝えよう：キリストがお生まれになったのだ，
今まさにこの夜に，神の聖なる御子，　　　　　　　　　　　　　　400
良き主である御方が　このダビデの町において。
これこそは　全人類の喜び，
万人の至福である。このベツレヘムの町の中で汝らは

『ヘーリアント（救世主）』

人の子の最も力ある御方を　見ることができるであろう。
これから私が真実の言葉で告げるそのことを　目じるしとせよ：　　　405
すなわち御子は　むつきに包まれて
飼葉桶の中におわします。　その御方こそ天と地の
万物の王，全人類の王,
世界の支配者であられるにもかかわらず。」こう言うやいなや
無数の天使が　このひとりの天使のもとにやってきた，　　　　　　410
天の園からの　聖なる軍勢，
神の美々しき戦士たちが。そして多くの讃美の言葉を
人々の主なる御方に　ささげて語ったのであった。
聖なる歌声をあげて歌うと　再び天の園へと
身を転じて雲間に消えたのである。牧人たちは聞いた，　　　　　　415
天使の軍勢が　全能の神をこのような言葉で
かくもうやうやしく　讃美するのを：
「至高の天にいます」と彼らは言った，　「主御自身には
栄光がありますように，　そして地上の人の子たちには，
良き志の人たちには　平和がありますように。　　　　　　　　　　420
清らかな思いのゆえに　神を知ることができる
そんな人々には。」牧人たちは理解した，
自分たちに偉大な出来事が　告げられたということを，
喜ばしいお告げが。そこで彼らは夜のうちにベツレヘムへの
道を行こうと出発した。キリスト御自身を是非とも　　　　　　　　425
我が目で見たいと　欲したからである。

第 6 歌 章

     Habda im the engil godes   al giuuîsid
     torhtun têcnun,   that sie im tô selbun,
     te them godes barne   gangan mahtun,
430 endi fundun sân   folco drohtin,
     liudeo hêrron.   Sagdun thô lof goda,
     uualdande mid iro uuordun   endi uuîdo cûđdun
     obar thea berhtun burg,   huilic im thar biliđi uuarđ
     fon hebanuuanga   hêlag gitôgit,
435 fagar an felde.   That frî al biheld
     an ira hugiskeftiun,   hêlag thiorna,
     thiu magađ an ira môde,   sô huat sô siu gihôrda thea
     ⌊mann sprecan.
     Fôdda ina thô fagaro   frîho scâniosta,
     thiu môdar thurh minnea   managaro drohtin,
440 hêlag himilisc barn.   Heliđos gisprâcun
     an them ahtodon daga   erlos managa,
     suîđo glauua gumon   mid thera godes thiornun,
     that he Hêleand te namon   hebbean scoldi,
     sô it the godes engil   Gabriel gisprac
445 uuâron uuordun   endi them uuîbe gibôd,
     bodo drohtines,   thô siu êrist that barn antfeng
     uuânum te thesero uueroldi.   Uuas iru uuilleo mikil,
     that siu ina sô hêlaglîco   haldan môsti,
     fulgeng im thô sô gerno.   That gêr furđor skrêd,

『ヘーリアント（救世主）』

450 uutthat that friđubarn godes   fiartig habda
    dago endi nahto. Thô scoldun sie thar êna dâd frummean,
    that sie ina te Hierusalem   forgeban scoldun
    uualdanda te them uuîha.   Sô uuas iro uuîsa than,
    thero liudeo landsidu,   that that ni môsta forlâtan negên
455 idis undar Ebreon,   ef iru at êrist uuarđ
    sunu afôdit,   ne siu ina simbla tharod
    te them godes uuîha   forgeban scolda.
    Giuuitun im thô thiu gôdun tuuê,   Ioseph endi Maria
    bêđiu fon Bethleem: habdun that barn mid im,
460 hêlagna Krist,   sôhtun im hûs godes
    an Hierusalem;   thar scoldun sie is geld frummean
    uualdanda at them uuîha   uuîsa lêstean
    Iudeo folkes.   Thar fundun sea ênna gôdan man
    aldan at them alaha,   ađalboranan,
465 the habda at them uuîha sô filu   uuintro endi sumaro
    gilibd an them liohta: oft uuarhta he thar lof goda
    mid hluttru hugi;   habda im hêlagna gêst,
    sâliglîcan sebon;   Simeon uuas he hêtan.
    Im habda giuuîsid   uualdandas craft
470 langa huîla,   that he ni môsta êr thit lioht ageban,
    uuendean af thesero uueroldi,   êr than im the uuilleo gistôdi,
    that he selban Krist   gisehan môsti,
    hêlagna hebancuning.   Thô uuarđ im is hugi suîđo
    blîđi an is briostun,   thô he gisah that barn cuman
475 an thena uuîh innan.   Thuo sagda hie uualdande thanc,
    almahtigon gode,   thes he ina mid is ôgun gisah.
    Geng im thô tegegnes   endi ina gerno antfeng

第 6 歌章

      ald mid is armun: al antkende
      bôcan endi biliđi   endi ôc that barn godes,
480 hêlagna hebancuning.   'Nu ic thi, hêrro, scal', quađ he
      'gerno biddean,   nu ic sus gigamalod bium,
      that thu thînan holdan scalc   nu hinan huerban lâtas,
      an thîna friđuuâra faran,   thar êr mîna forđrun dedun,
      uueros fon thesero uueroldi,   nu mi the uuilleo gistôd,
485 dago lioƀosto,   that ic mînan drohtin gisah,
      holdan hêrron,   sô mi gihêtan uuas
      langa huîla.   Thu bist lioht mikil
      allun elithiodun,   thea êr thes alouualdon
      craft ne antkendun.   Thîna cumi sindun
490 te dôma endi te diurđon,   drohtin frô mîn,
      aƀarun Israhelas,   êganumu folke,
      thînun lioƀun liudiun.'   Listiun talde thô
      the aldo man an them alaha   idis thero gôdun,
      sagda sôđlîco,   huô iro sunu scolda
495 oƀar thesan middilgard   managun uuerđan
      sumun te falle, sumun te frôƀru   firiho barnun,
      them liudiun te leoƀa,   the is lêrun gihôrdin,
      endi them te harma,   the hôrien ni uueldin
      Kristas lêron,   'Thu scalt noh', quađ he, 'cara thiggean,
500 harm an thînun herton,   than ina heliđo barn
      uuâpnun uuîtnod.   That uuirđid thi uuerk mikil,
      thrim te githolonna.'   Thiu thiorna al forstôd
      uuîsas mannas uuord.   Thô quam thar ôc ên uuîf gangan
      ald innan them alaha: Anna uuas siu hêtan,
505 dohtar Fanueles;   siu haƀde ira drohtine uuel

『ヘーリアント（救世主）』

githionod te thanca, uuas iru githungan uuîf.
Siu môsta aftar ira magaðhêdi, sîdor siu mannes uuard,
erles an êhti eðili thiorne,
sô môsta siu mid ira brûdigumon bôdlo giuualdan
510 sibun uuintar saman. Thô gifragn ic that iru thar
⌊sorga gistôd
that sie thiu mikila maht metodes tedêlda,
uurêð uurdigiscapu. Thô uuas siu uuidouua aftar thiu
at them friðuuuîha fior endi antahtoda
uuintro an iro uueroldi, sô siu nia thana uuîh ni forlêt,
515 ac siu thar ira drohtine uuel dages endi nahtes,
gode thionode. Siu quam thar ôc gangan tô
an thea selbun tîd: sân antkende
that hêlage barn godes endi them heliðon cûððe,
them uueroda aftar them uuîha uuilspel mikil,
520 quað that im neriandas ginist ginâhid uuâri,
helpa hebencuninges: 'nu is the hêlago Krist,
uualdand selbo an thesan uuîh cuman
te alôsienne thea liudi, the hêr nu lango bidun
an thesara middilgard, managa huuîla,
525 thurftig thioda, sô nu thes thinges mugun
mendian mancunni.' Manag fagonoda
uuerod aftar them uuîha: gihôrdun uuilspel mikil
fon gode seggean. That geld habde thô gilêstid
thiu idis an them alaha, al sô it im an ira êuua gibôd
530 endi an thera berhtun burg bôk giuuîsdun,
hêlagaro handgiuuerk. Giuuitun im thô te hûs thanan
fon Hierusalem Ioseph endi Maria,

第 6 歌 章

hêlag hîuuiski:　　habdun im heḃenkuning
simbla te gisîđa,　　sunu drohtines,
535　managaro mundboron,　　sô it gio mâri ni uuarđ
than uuîdor an thesaro uueroldi,　bûtan sô is uuilleo geng,
hebencuninges hugi.

[福音書との対応] 427－435行は「ルカ」2章16節, 17節, 20節. 435－437行は同19節, 440－447行は同21節, 449－463行は同22節および同節についてのBedaの註解, 463－468行は同25節およびBedaの註解, 469－473行は同26節, 480－483行は同29節, 484－492行は同30節, 492－499行は同34節およびBedaの註解, 499－502行は同35節およびBedaの註解, 503－510行は同36節, 510－516行は同37節, 516－526行は同38節およびBedaの註解.

[Tatianとの対応] Tat. 7章.

【註 解】

427) **al**：*adv.* とも, 中性単数対格の代名詞とも理解できる.

428) **torhtun**：*adj.* torht「輝かしい」の複数与格. 89行に *adv.* torhtlîko があり, そこでも推測したが占星術で用いられる用語のように思われる. **têcnun**：405行初出の têkan (独 Zeichen, 英 token) の複数与格. 具格機能. ここでは道案内の星を指すのだろう.

★牧人たちを星が導いたことは「ルカ」にはない. 第7章の東方の三博士が輝く星に導かれたことを応用して,「ルカ」の記述の隙間を補ったのであろう. さもないと彼らがどのように飼葉桶の救世主を探し当てたのか, 誰でも疑問に思う箇所だからである.

im：次行の gangan につく与格の再帰代名詞 (102行註を参照) とも, 次行の te them godes barne を先取りする人称代名詞, 男性単数与格ともとれる

が，後者であろう． **tô**：*adv*．次行の *präp*. te と結んで「…へ」の意味を補強する（独 zu…hin）．直前の im を補完すると言ってもよい．

433) **huilic…bilidi**：「いかなる予兆が」．

434) **hêlag**：前行の bilidi にかかる．**gitôgit**：*swv*．(gi)tôgian「示す」（独 zeigen）の過去分詞．英語 to teach も同源．

435) **biheld**：*stv*．(Ⅶ-1) bi-haldan「保つ，守る」（独 be-halten，英 to hold）の過去．

436) **hugiskeftiun**：*stf*．(*pl*) hugi-skefti「思い，心，胸中」の与格．古高独語にはなく，古英語も，古ザクセン語と密接な関係にある「創世記」に1例ある（hyge-sceaft）だけの特異な語．

437) **sô huat sô**：関係代名詞「何であれ…の全て」．**thea mann sprecan**：「その男たちが語るのを」．mann は複数対格．このような知覚動詞（gihôrda）＋対格＋不定詞（sprecan）という構造はゲルマン語にも古来存在したが，その多用にはやはりラテン文章語の影響が強いと考えられる．

438) **fagaro**：*adv*．「美しく，優美に，優しく」．**frîho**：frî の複数属格．
★四福音書にはマリア崇拝の要素はあまりなく，わずかに「ルカ」に多少の萌芽的記述が見られるに過ぎない．ところが『ヘーリアント』作者はここで「ルカ」にはない文章を挿入しており，この頃顕著になりつつあったマリア崇拝の進む過程を示してくれる．「ルカ」（2−16）で羊飼いたちは「急いで行って，マリアとヨセフ，また飼葉桶に寝かせてある乳飲み子を探し当てた」とあるが，『ヘーリアント』作者はヨセフを全く無視してしまう．

440) **Helidos**：ゲルマン語の感覚では部族の長老など，主だった人々というニュアンスがある．「ルカ」には何の言及もないが，聴衆に親しい環境を現出するための工夫か．

441) **ahtodon**：序数詞 ahtodo「第8の」の弱変化男性単数与格．ユダヤ教では8日目に割礼を施す（「創世記」17−19，「レビ記」12−3）．しかしパウロが「精神的割礼」を唱えて以降（「ピリピ」3−3），キリスト教ではこの習慣は廃れたので，当然『ヘーリアント』もこの習慣には言及せず，無視

第 6 歌 章

している． **erlos managa**：前行 heliđos の言い換え．

442) **glauua gumon**：「賢き男たち」．これも heliđos の言い換え．glaw はゴート語以来の共通ゲルマン語だが語源不詳． **mid thera godes thiornun**：父親であるヨセフが一言の相談にも与っていないような筆致である．マリア崇拝の進行を推測することができる．

443) **Hêleand**：「ルカ」（2－21）では「幼子はイエスと名付けられた」とある．固有名詞イエスの語源は「エホバは救いなり」．ここからラテン語では「救い主」Salvator という名称がイエスに代わって一般的となり，そのゲルマン語訳のひとつが Hêleand であることは，55行，266行などに註記した．

445) **gibôd**：＜gi-biodan．

447) **uuânum**：前行 barn にかかる *adj*．中性単数対格． **uuilleo**：398 行註を参照．

449) **fulgeng**：*stv*．(Ⅶ-1) ful-gangan（独 folgen，英 to follow）の過去．-gé- にアクセントがある． **im**：ガブリエルとも，Hêleand という名にするようにマリアと相談した長老たちとも解釈できる．原拠にはない長老たちを登場させ，しかも全く偶然に（？）ガブリエルが命じたとおりの名に落ち着いたとすれば，長老たちはガブリエルの一件を知らないはずであるから，ここに一種の神秘性が生ずる．作者がそれを意図したのなら，im は長老たちでなければなるまい． **gêr**：198行に註記したように，独語 Jahr，英語 year と同じ語であるが，「年」よりは「時の経過」に重点がある．「年」は wintar の方が普通（145行註）． **furdor**：*adv*．「さらに前へ」（英 further）．ford の比較級． **skrêd**：＜skrîdan（独 schreiten）．

450) **untthat**：＝ant-that．336行に初出． **friđu-barn**：*stn*．「平和をもたらす御子，庇護を与える御子」の単数主格．378行で見た mund-boro 「庇護者」と同じく，ほとんど「キリスト」の言い換えとして用いられる表現．420行註でふれたように，ゲルマン語の friđu には強力な主君の庇護のもとでの平安というニュアンスが濃いので，ここでも救世主イエスの代名詞としてのこの語の背後に，若く凛々しい武装した君主のイメージが潜んでいる

『ヘーリアント（救世主）』

のではなかろうか．

451) **dago endi nahto**：複数属格で数詞 fiartig（独 vierzig，英 forty）にかかる．清めの期間が40昼夜ということは「ルカ」には書かれていないが，旧約「レビ記」(12，2－4) に明記してあり，これに基づいた Beda や Hrabanus の註解には産後40日の清めが必要としてある．『ヘーリアント』作者や，古高独語のキリスト伝の作者 Otfrid がこれらの註解を参考にしていたことは明らかで，Otfrid にも fiarzug dago とある（Ⅰ．14．12）．

452) **forgeƀan**：132行に初出：「捧げる」．「ルカ」(2－22)：ut sisterent eum deo「(両親は) 幼子を主に捧げるために」．

453) **uualdanda**：単数与格．

454) **landsidu**：stm．「国のならわし」（独 Landessitte）．sidu の語源は未詳． **that that**：前の that は接続詞，後のは指示代名詞対格で456行 ne siu 以下を先取りする． **môsta**：否定詞とともに用いて禁止を表す（15行に初出）． **forlâtan**：303行に初出．ここでは「疎かにする」（独 unterlassen）の意．

455) **iru**：女性単数与格． **at êrist**：「はじめて」．

456) **ne siu…**：454行の指示代名詞 that が先取りしている従属節，ne は冗語：「彼女はその子をいつも神殿に捧げるべきであり，そのことを疎かにしてはならなかった」（類例：243行）．

458) **Giuuitun**：＜giwîtan．与格再帰代名詞(im)をとる． **thiu gôdun tuuê**：男女をひとまとめに言う時は共通表示としての中性複数を用いる．次行の bêdiu も同じ．

461) **is geld**：「神への捧げ物を」．is が神（ここでは次行の waldand）を指すことは179行に waldandes geld frumidun とあることから明らかである．

462) **uuîsa lêstean**：「ユダヤ族の慣習を実行する」．前行 geld frummean の言い換え．「ルカ」(2－24) には「レビ記」(12－8) に基づいて「山鳩一つがいか，家鳩の雛二羽をいけにえとして捧げる」と明記してあるのだ

− 184 −

第 6 歌 章

　が，これはあまりにユダヤ的であり，『ヘーリアント』作者は採用しなかったのだろう．まだ聖書の世界に慣れていないザクセン人の聴衆の耳に，あまりに異様に響くことを恐れたのかもしれない．Tatian や Otfrid がここをほぼ忠実に古高独語に移しているのと対照的である．

　464) **aldan**：この語および以下の記述でシメオンが老人とされているが，「ルカ」にはこれは直接的には明示されていない(内容上推測はできるが)．しかし Beda の註解には Simeon veteranus とあり，これに基づいているのだろう．Otfrid も同様である．　**adalboranan**：222行に初出の *adj*．「高貴な生まれの」をここでも用いている．『ヘーリアント』特有の貴種崇拝で，Otfrid の対応箇所にはこのような表現は見られない．頭韻の必要も無視し得ない要素ではあるが，古風なゲルマン的美意識を最後まで保ち続けたザクセン人聴衆の耳に快く聞こえるということも，作者の語彙選択に決定的に働いたであろう．

　465) **sô filu uuintro endi sumaro**：「冬と夏のかくも多数を」．年数表示の wintar については145行の註を参照．sumaro は *stm*. sumar (独 Sommer, 英 summer)の複数属格．多くの年数を言うだけなら filu wintro で十分のはずで，ここはリズミカルな対語の美を意図している．

　466) **liohta**：lioht の比喩的用法 (「世の光」→「現世」) については199行に註記．　**uuarhta**：＜wirkian.

　467) **im**：与格の再帰代名詞．

　470) **ageban**：*stv*. a-geban「放棄する」．接頭辞 a- (独 er-) の機能については47行 a-gangan の註を参照．

　471) **êr than**：êr は前行の êr を再び繰り返したもの．現代語ならどちらかひとつであるべきところ．　**uuilleo**：「(彼の)願望」．　**gistôdi**：*stv*. (VI) gi-stân／gi-standan「生じる，実現する」の接続法過去．88行に初出．一般的には gi- はほとんど無意味で，単なる stân／standan と全く同義のことも多いが，88行およびこの箇所の gi- はそうではない．現代独語では ent-stehen や er-stehen となるところ．

『ヘーリアント（救世主）』

472) **selban**：弱変化男性単数対格の形だから Krist につく．
475) **an...innan**：103行，114行に既出．
476) **thes**：従属接続詞「…の故に」．本来は指示代名詞 that の副詞的属格（独 des-halb, des-wegen）． **ina**：前々行の barn を受けるなら it であるべきところだが，Krist や hebancuning に引かれて ina となっている． **ôgun**：*swm*. ôga「目」（独 Auge, 英 eye）の複数与格．
478) **armun**：*stm*. arm「腕」（独 Arm, 英 arm）の複数与格．ゴート語 arms 以来のゲルマン共通語．推測される原義は「接合（部）」で，そこからラテン語 arma「甲冑」や ars「（複雑な）技巧，技術，芸術」なども生じた． **al**：427行と同じく副詞とも，対格の代名詞ともとれる．
479) **bôcan endi bilidi**：373行に両語とも初出．このように頭韻成句として好んで用いられる．
480) **scal**：「当然（運命に定められて）…のはず」というニュアンスが軽く含まれる．
481) **nu**：従属接続詞「今や…なので」（英 now that）．
482) **holdan**：*adj*. hold「好意を抱いた，忠実な」（独 hold）の男性単数対格．共通ゲルマン語だが語源未詳．中世盛期には主従間の恩恵と（その代償としての）忠誠の関係に用いられることが主となったが，その萌芽がここに見られるかもしれない． **scalc**：*stm*. skalk「しもべ，下僕」の単数対格．388行に ehu-skalk「馬番，馬丁」として初出．ゴート語 skalks 以来の共通ゲルマン語だが語源未詳．現代独語 Schalk「いたずら者」や Marschall「元帥」の -schall に残る． **hinan**：*adv*.「ここから」（独［von］hinnen）．137行の her-od の反意語．英語 hence の hen- も同源． **huerban**：「向きを変える」→「行く」と意味推移した *stv*. (III-2)の不定形．282行に初出． **lâtas**：lâtan の接続法現在2人称単数の要求話法．
483) **friduuuâra**：(fridu-wâra) *stf*.「庇護された，平和な状況」の単数対格．C写本では fridu uuaron, M写本では fridu uuarun となっていて問題のある箇所である．写本のままとすると「真の平和」となるが，Sievers

— 186 —

第 6 歌 章

以降は後の語を wâra または wara「保護，庇護」と読むのが大勢となっている（wara は2082行に wara godes として登場するが，現代独語 wahren「守る」，wehren「防ぐ」，ge-wahr「気づいた」などに残る）．その場合 friđu-wâra は同義反復語ということになる．これに対し Ilkow はイエスの神学的意味と古英語の類例から wâra を「契約」と解釈する (Ilkow, p. 138).
thar：方向を示す． **fordrun**：*swm*. fordro「先人，祖先」の複数主格．*adv*. ford「前に，外へ」（独 fort，英 forth）の比較級の名詞化だから弱変化となる．日本語の「先人」と同発想の語． **dedun**：＜dôn. faran の過去複数 fôrun の代りをする代動詞（英 did）．fôrun を使うと頭韻が1個多くなってしまうから．

★483－485行の先祖への言及は，武勲をあげての死後，天の祝宴場 Walhall「ヴァルハラ」に赴くことを許されるゲルマン戦士を想起させる．

485) **dago liobosto**：前行の the uuilleo の同格説明語．
486) **gihêtan**：*stv*. (Ⅶ-2) gihêtan「約束する」（独 ver-heißen）の過去分詞．
488) **elithiodun**：*stf*. eli-thioda「異国の民，異邦人，異教徒」の複数与格．eli- については345行，thioda については56行の註を参照．
489) **cumi**：*stm*. (*pl*)「到来」．kuman の派生語．常に複数であり，しかも神とキリストの到来に関してのみ用いられる．古英語の cyme にはそのような特殊性は見られない． **sindun**：＜wesan. sind の新形で『ヘーリアント』には7例のみ．
490) **dôma**：*stm*. dôm「名誉, 誉れ；判決」の単数与格．ゴート語 doms「栄光；審判」以来の共通ゲルマン語であり，元来は独語 tun, 英語 to do と同語源．「処置する，しっかり定める」が原義で，そこから「(処置としての)最後の審判」（英 doom），また「(判決に基づいた) 権威，名声，誉れ」に広がったと思われる．語構成上は独語 Gesetz「法律，法」が「定める，置く」の意の setzen（英 to set）から成立したのと似ている．現在の英語では doom の他には接尾辞 -dom（たとえば king-dom「王の権勢の範囲」→「王国」や

『ヘーリアント（救世主）』

wis-dom「賢い判断」→「賢明さ，知恵」）に，独語では接尾辞 -tum (Reichtum, Irrtum など）にのみ残る． **te diurdon**：*stf.* diurida「栄光」の複数与格．27行（83，418行でも）に註記したようにこの当時 gloria の訳語として定着していた． **frô**：109行に初出の frôio／frôho／frâho「主君」の固定的な呼格形．(drohtin) frô mîn という形でのみ用いられる．

491) **abarun**：65行に初出の *swm.* abaro「子孫」の複数与格．「イスラエルの子孫にとっては」．常に複数でユダヤ人についてのみ用いられる．

492) **Listiun**：315行に初出．

494) **sôdlîco**：*adv.*「真心をこめて」．183行の sôd-lîk の *adv.* で，いつも seggian とともに用いられる．

495) **managun**：「多くの者にとって」．

496) **sumun…sumun…**：不定代名詞 sum「ある人［もの］」（英 some) の複数与格：「ある者たちには…またある者たちには…」．前行 managun の説明． **te falle**：*stm.* fal「倒れること」（独 Fall，英 fall) の単数与格．te falle werdan「つまづきの石となる」． **te frôbru**：*stf.* frôbra／frôfra「慰め，救い」の単数与格．古高独語，古英語にも類語は存在するが，すでに古語だったらしく，中世盛期には消失する．語源は *probhra-「前に進んで解決する」と思われ，一般的な「援助」の意味で広く用いられたが，キリスト教的「慰め」（ラテン語 consolatio) を強調する必要から独語では Trost 系統，英語では外来語の consolation がこれに取って代ったのである．この箇所は「ルカ」（2-34) では「イスラエルの多くの人を倒したり，また立ち上がらせるために」in ruinam et resurrectionem multorum in Israel であり，古高独語 Tatian は in urresti, Otfrid は zirstantnisse と，それぞれラテン語の resurrectio を直訳している．『ヘーリアント』は頭韻の必要上，意訳して frôbra としたのだろう． **firiho barnun**：前行 managun の言い換え．あるいは managun を *adj.* と考えて，ここにかかると考えてもよい．

497) **te leoba**：「恵みとなる」．*stn.* liof「恵み，恩恵」（独 Liebe，英

第 6 歌 章

love)の単数与格．**the**：関係代名詞．them liudiun が先行詞．**gihôr-din**：「聞き従う」の意の自動詞(gi)hôrian(独 gehorchen)の接続法過去単数．仮想の接続法．与格目的語をとる．この語は人の言に「聞き従う」という自然な発想で hôrian から出来たと考えてよいが，またラテン語の oboedire(＜ob＋audire「聞く」)をなぞった借用語とも考えられる．

498) **them**：＝them liudiun．**harma**：*stm.*/*n.* harm「災厄，災い」(独 Harm，英 harm)の単数与格．**hôrien**：前行の gihôrian の意味で用いている．**uueldin**：接続法過去複数．

★497－499行は作者の補足．シメオンの言葉がやや唐突な印象を与えかねないので，聴衆に納得させるために，紋切り型の理由づけを試みたものと思われる．

499) **cara**：*stf.*「苦悩」(英 care)の単数対格．ゴート語 kara 以来の共通ゲルマン語で，嘆き声の擬音に由来するらしい．独語では中世末期には廃語となり，わずかに Kar-freitag「(受難の)聖金曜日，御受難日」や，*adj.* の karg「(難儀な→)けちな，乏しい」(英 chary)に残るのみ．**thiggean**：「受ける」．99行に初出．この *swv.* には「懇願する」という意味もある．

500) **herton**：*swm.* herta「心，心臓，胸」(独 Herz，英 heart)の単数与格．**than**：＝独語 wenn，英語 when, if.

501) **uuâpnun**：*stn.* wâpan「武器」(独 Waffe，英 weapon)の複数与格，具格機能．ゴート語以来の共通ゲルマン語だが語源不詳．ケルト語からという説もある．**uuîtnod**：*swv.* wîtnon「処刑する，殺す」の現在3人称複数．164行初出の wîti「罰，苦悩，邪悪さ」と同源．**uuerk**：「(苦しい)働き」→「困難なこと，苦痛，悲しみ」．werk のこの比喩的用法の発展は，304行で見た arbedi の「困難な働き」→「働き，労働」(独 Arbeit)という意味発展の逆を行くもの．ただし「苦痛，悲しみ」というこの意味は古英語 weorc と古ザクセン語のみに含まれ，古高独語などには見当たらない．英国布教団由来の意味用法と考えられる．

502) **thrim**：*stm.*「苦しみ」．前行 uuerk の言い換え．中低独語に dram

『ヘーリアント（救世主）』

として残っているが，それ以外の対応関係など不明．この1例しか登場しない．**te githolonna**：「耐えるべき」．143行の te giwinnanne と同じ「動（詞性中性）名詞」の与格．*swv.* の (gi)tholon／tholian／tholoian「耐える，害をこうむる」は，ラテン語 tollere「担う」や tolerāre「耐える」と同源．現代独語 dulden は南西部由来の別形である．

★499－500行は「ルカ」（2－35）の「あなた自身も剣で心を刺し貫かれるでしょう」tuam ipsius animam pertransibit gladius を婉曲に言い換えたもの．「ルカ」の刺激的な表現を避けて大意のみを伝え，そして「剣」を「汝の息子を人々が武器で処刑する時」という説明的挿入句の方に送った（wâpan は具体的にはまず第一に剣を指す）．深読みすれば，女が剣で心を刺し貫かれるという表現は，フランク軍による大虐殺の記憶がまだ消えていないザクセン人聴衆にはあまりに生々しく，まだ用いるべきではないと作者が判断したとも考えられる．

503) **quam...gangan**：「（歩いて）やってきた」．現代独語 kam...gegangen に相当するが，この gangan は不定詞である点で異なる．内容上は，来る方法を補足説明する動詞部分は現在分詞が最も妥当なはずであるが（これは5961行の1例のみ），実際はここの例のように不定詞が圧倒的である．現代独語の kommen＋過去分詞という形は，しばしば不定詞と過去分詞が同形であることから誤解によって生じたとされる．『ヘーリアント』にも過去分詞の例がすでに見られる（555行，3752行）．

504) **innan**：*präp.* 与格支配の時は「…の中において」． **Anna**：ヘブライ語で「恵み多き女」の意．「ルカ」（2－36）には「女預言者アンナ」Anna prophetissa とある．

506) **te thanca**：「主の気に入るように，非の打ちどころなく」．「主に感謝して」ではない．118行の an thanke の註を参照． **iru**：「関心の与格」（ethischer Dativ）． **githungan**：319行に初出．

507) **môsta**：本動詞が現れぬまま孤立してしまい，そこで509行で再度反復される． **magadhêdi**：*stf.* magad-hêd「処女である状態，娘時代」の単

－ 190 －

第 6 歌 章

数与格．ラテン語 virginitas の翻訳借用語．-hêd（独 -heit，英 -hood）は80行の iugud̄-hêd「若い時期」に註記したように，元来は「身分，状態」の意味の男性名詞（4161行に「低い身分」として登場）だったが，この頃から古英語，古高独語においてもラテン語 -tas の機能を帯びた女性接尾辞として多用されるようになった．**mannes uuard**：「ある男性のものとなった，妻となった」．所属を示す叙述的属格．

508）**erles**：前行 mannes の言い換えであるから，同格で属格となる．erl「家柄の良い男，貴族」（英 earl）は166行に初出．**êhti**：*stf*．êht「所有，財産」の単数与格．*stv*．êgan「所有する」（英 to own）からの派生語．an êhti で「…のものとして」．**edili**：*adj*．「高貴な，良き血筋の」（独 edel, adlig）の単数主格．次の thiorne にかかる．edili thiorne は前行の主語 siu を改めて説明する第2の主語．

509）**brûdigumon**：*swm*．brûdi-gomo「夫；婚約者」（英 bridegroom, 独 Bräutigam）の単数与格．147行初出の brûd「花嫁」にラテン語 homō と同源の gumo「男，夫」（73行初出）がついたもの．**bôdlo**：*stm*．bôdal「領地，所有地，家屋敷」の複数属格．属格は次の giwaldan が属格目的語をとるため．「居る，住む，建てる」の意の *bheu- が印欧祖形で，独語 bauen「建てる」（原義は「住む」）と同源．古英語 botl／bold は「家屋敷，邸宅，城，寺院」などの意で多用される語なので，この bôdal も英語系なのかもしれない．現代独語には Bude「小部屋」（英 booth），地名や人名語尾の -buttel に残る．**giuualdan**：属格目的語をとる．

510）**uuintar**：副詞的に用いられた複数対格．年数表記の wintar については145行に註記．**saman**：（M 写本では samad）*adv*．「一緒に，共に」（独 zu-sammen, samt，英⚭ same）．96行 samnon に註記したように，「結合，集中，一体化」を表す印欧祖語 *sem- に由来するゲルマン共通語．日本語の「三昧」も同源．

★女預言者アンナの若い頃について「ルカ」（2-36）では「若い時嫁いでから七年間夫と共に暮らしたが」とあるだけだが，『ヘーリアント』ではまる

『ヘーリアント（救世主）』

でザクセン貴族の娘が同じく貴族の男と結婚して，七年間その領地（bôdal）を夫とともに治めたかのように描かれている．聴衆への一種のサービスと言ってよいだろう．

Thô gifragn ic：228行に初出の，口承伝承に特有の表現．話題の変わり目などに効果がある．

511) **sie**：アンナとその夫を指す複数対格．**thiu mikila maht metodes**：「神の偉大な御力が」．metodes（アクセントは mé-）は128行に初出の metod「（神の）はからい；運命」の単数属格．128行およびこの箇所においてはほとんど「神」の代名詞となっている．**tedêlda**：*swv*. tedêlian「分離させる，分ける」（独 zer-teilen）の過去単数．語根の dêl は独語 Teil，英語 deal, dole に残る．

512) **uurêd uurdigiscapu**：「邪悪なる宿命が」．wrêd は318行に初出，wurdigiscapu についても127行の註を参照（「宿命」の如く，ネガティヴな意味で用いられることが多い）．

★辛い運命の定め，すなわち死が夫婦を引き裂いたという510－512行も作者の補足．metod や wrêd wurdigiscapu という古ゲルマン的単語を重ね，thô gifragn ic というゲルマン古詩の語り口を用いて，作者がザクセン人聴衆の耳に入りやすいよう，そして興味を引き起こすよう努力している様子がうかがわれる．

uuidouua：*swf*. widowa「寡婦，やもめ」（独 Witwe，英 widow）．ゴート語以来のゲルマン共通語．おそらく印欧祖語 *uidh-「分ける」に由来（羅 dīvidere，英 to divide）する．この箇所は「やもめとして」の意．

513) **friđuuuîha**：*stm*. friđu-wîh「聖所，神殿」の単数与格．『ヘーリアント』特有語で，しかもこの1例のみ．friđu-wih は文字通りには「庇護（平安）を与えてくれる聖所」で，古ゲルマンの聖所や，その遺風をとどめる最初期の教会が，法の力も及ばぬ聖域（Asylum）であったことを想起させる．しかしここでは頭韻のための造語と見る方が妥当だろう．**fior endi antahtoda**：「84」．ant-ahtoda「80」の ant- は hund- の弱化したもので，

第 6 歌 章

その原義は「100」。70以上の数字に「100に近い，100を目指して」の意味で付けられる．ahtoda は序数で，したがって ant-ahtoda の原義は「100に近い8番目の (10)」(文法V-§1)．

514) **uuintro**：数詞と結ぶ複数属格．**an iro uueroldi**：「彼女の人生において」．werold はその語源から (26行註を参照)「人の世，人生，世代」と訳さねばならないことが多い．

515) **dages endi nahtes**：副詞的属格．naht は burg などと共に属格が -(e)s となる特殊名詞(文法V-§9)．この例で明らかなように nahtes という形は dages のなぞりとして作られたのが出発点だったろう．

★「ルカ」(2-37)では「彼女は神殿を離れず，断食したり祈ったりして，夜も昼も神に仕えていたが」とある．祈りはともかく，断食はザクセン人聴衆にはあまりに奇異に思われることを恐れたのだろうか，『ヘーリアント』の作者は断食と祈りには一言もふれない．

519) **aftar**：107行に註記したように，与格支配の aftar は「…に沿ってずっと，至るところで」の意を表すことがある．**uuilspel**：*stn*. wil-spel「喜ばしい知らせ，福音」の単数対格．wil- は「望ましいこと，喜ばしいこと」の意の willeo の変化したもので (詳しくは398行註を参照)，spel は (25行の god-spell 註でもふれたが) 印欧祖語 *spel, pel「はっきり話す」に由来し，ラテン語 appellāre (英 to appeal)や，英語 spell「呪文，まじない」，to spell「綴りを言う」，gospel「福音」，独語 Bei-spiel などに残る．Bei-spiel は本来は「(主要テーマとは別に) 付随的に語られるお話，教訓的たとえ話」を意味したが，16世紀に現在の「例」に固定した．『ヘーリアント』においては「福音」euangélion の訳語としては god-spell とこの wil-spel とが1例ずつ見られる．古英語では willspel は極めて稀であるので，wil-spel は古ザクセン語特有と考えられる．

520) **neriandas**：*stm*. neriand「救世主」の単数属格．*swv*. nerian「救う」の現在分詞の名詞化．印欧祖語の語根 *nes- は「回帰，復帰」を表し，「生命のよみがえり」「救い」を経て現代独語の nähren「養う」や Nahrung「栄

『ヘーリアント（救世主）』

養」，genesen「治療する」に至っている．さて，すでにゴート語においてギリシャ語 sōtḗr「救い主」はこの系統の nasjands をもって翻訳されており，それ以降も，古英語では nergend，古低・古高独語では neriand が一般的であって，本来は「癒す人」という狭い意味でしかなかった hêland，hêliand 系は後になって古英語圏から広まった新語だったということは，50行の hêland の項に註記したとおりである．圧倒的に hêliand が多い本作品にも，なおかつ名詞としての neriand は5例ほど見られ，形容詞としての用法をも加えれば20例近くになる． **ginist**：*stf*. gi-nist「救い」（独 Genesung）の単数主格．上の neriand と同源．すでにゴート語で ganists として登場し，古高独語でもゴート布教団の影響の強かった東南独の文献では ginist が多用されている．後に Rettung や Erlösung などの進出とともに，この系統の語は医療や栄養の分野に限定されていくが，なおかつ中世末期まで nar や genist は「救い」の意味において存続した． **ginâhid**：*swv*. nâhian「近づく」（独 nahen）の過去分詞．次の wâri と結んで接続法完了形（間接話法）．

　521）**helpa**：*stf*.「救助，助け」（英 help，独 Hilfe）の単数主格．前行 genist の言い換え．

　523）**te alôsienne**：a-lôsian の動名詞与格． **bidun**：＜bîdan.

　525）**thurftig**：*adj*.「困窮した，哀れな」（独［be］dürftig）．語根は「必要性」を原義とするゲルマン共通語 *þurfti- で，『ヘーリアント』にはこの他に名詞 thurft「必要」，tharf「欠乏，困窮」，動詞（bi）thurban（独 bedürfen, dürfen）などがある．何かを是非必要とすることは即ち，現在それを所持していないことにつながり，そこから「欠乏，困窮」の意味が生じた．現代独語 Bedarf, dürfen（これは「必要とする」が修辞的転用によって「許される」に変化したもの），bieder, biderb「実直な，愚直な」（＜bi-therbi「必要な，役立つ，実用的な」）などは全てこの系統の単語である．

　526）**mendian**：*swv*.（属格の目的語をとって）「…を喜ぶ」．402行の mendislo「喜び」と同系．高地独語系らしく，古英語には対応語がない．独語 munter「元気な」も同源と思われる． **fagonoda**：*swv*. faganon／

第 6 歌 章

fagonon「喜ぶ」の過去単数．ゴート語以来の共通ゲルマン語．200行に初出の fagar「美しい」（英 fair）とも同源であろう．

528) **fon gode**：「神からの」． **That geld**：that は次行 al sô 以下と結び，「…の，その捧げ物を」．

529) **thiu idis**：＝Maria（79行註を参照）． **it**：主格．清めの捧げ物をするということ． **im**：ユダヤ人一般を指す複数与格． **an ira êuua**：「彼らの律法において」．êwa は307行に初出の stm. êo「法」の単数与格．祭政一致時代からの古いゲルマン語で，ゴート語 aiws は「時間，永遠」の意味を持ち，ギリシャ語 aiōn, ラテン語 aevum に極めて近く，独語 ewig「永遠の」にまで至る．一方「永遠の法，不朽の法」，「まつりごと，律法」の方向に意味発展したのが「法」としての eo で，キリスト教的ローマ文化の影響のもとに，特に初期中世にこの意味が強まった．独語 Ehe「結婚，婚姻」がこの系列に属することは307行にも註記した． **gibôd**：stv. gibiodan（独 gebieten, 英 to bid）の自動詞的用法「定まっている，命じられている」の1例．

530) **bôk**：複数主格．旧約の律法書を指していることが次行で明白になる． **giuuîsdun**：＜（gi）wîsian（独 weisen）．

531) **hêlagaro**：adj. hêlag の名詞化，複数属格：「聖者たちの」．**handgiuuerk**：stn. hand-giwerk「手の技，手仕事」（独 Handwerk, 英 handwork）．ここでは旧約の諸書のことだが，他に洗礼者ヨハネが人々に洗礼を施す行為や，神による天地創造についても用いられる．古英語，古高独語，古ノルド語にも共通する表現であり，かつ全てキリスト教に関連しているところから，Ilkow は詩篇によく見られるラテン語 opera manuum「手のはたらき」の翻訳借用と推測している（p. 168f.）．

533) **hêlag hîuuiski**：「聖家族」．絵画や彫刻における「聖家族」Sacra Familia をテーマとした作品は中世盛期から始まり，『ヘーリアント』の時代にはまだない．だからこの hêlag hîwiski という語で当時の聴衆や読者が描いたイメージは，中世以降現代までの我々のそれとは異なるはずである．

『ヘーリアント（救世主）』

　habdun：主語は Ioseph endi Maria. **im**：いわゆる「利害の与格」．再帰代名詞3人称複数与格．　**hebenkuning**：単数対格．イエスのこと．次行のsunu, 535行の mundboro もいずれも同格説明語．

　534) **te gisîda**：129行に初出の *stm.* gi-sîd「お供，同行者」の単数与格：「同伴者として」．gisîd は「従者，家来」の意味が濃いのだが（独 Gesinde「郎党」），相手が「天帝」であるからここはむしろ「同行者，同伴者」であろう．

　535) **it**：天帝であるイエスがこの家族の一員であること．**mâri**：*adj.*「名高い，著名な」．269行に初出．

　536) **than**：*adv.*「それよりも」．比較されるものを心理的に先取りして冗語として用いられる．15行の初出例を参照．否定文中に than＋比較級（ここでは wîdor）という形でよく現われる．　**uuîdor...bûtan sô**：「…の時を除いては，それ以上広くは」．bûtan（＜bi ûtan）は185行に初出．sô は時や条件を表す接続詞．bûtan sô で，独語 außer wenn, 英語 except that, ほどの意味となる．

　★533行以降は作者による補足．栄光に満ちて生まれ，シメオンとアンナによって祝福され，会堂中の人々もともに大いに喜んだはずの救世主が，その後12歳になるまでいかなる英雄的な名声も挙げずに日々を過ごすことへの，聴衆のいぶかしみを作者も危惧して，こういった形の弁解を挿入せざるを得なかったのであろう．この弁解は第7歌章の541行まで続く．

【訳　文】

　第6歌章

　神の御使いは　さまざまの輝くしるしをもって
道を教えてくれていたので　彼らはみずから
神の御子のもとに　赴くことができた．
そこにおいて彼らは　軍勢の首領を，　　　　　　　　　　430

第 6 歌章

人間たちの主君を見出したのである。そこで彼らは神に感謝を
彼らの言葉で捧げ，そしてこの光輝ある町の隅々にまで
告げ知らせたのだ，どのような聖なる御しるしが
天の園から天下って，野にいた自分たちに
麗しくも示されたかを。この全てをこの女性は，   435
聖なるはしためにして処女である御方は，心の中に
胸の内に留めたのであった，この男たちが語ったことを。
女人の中の最も美しい御方は，かくして御子を慈しみ深く，
母親としての愛をこめて，多数の人の主である天の御子を
養い育てたのである。8日目の日が来てつわものたちは，   440
あまたの勇者たち，たいそう賢き男たちは
神のはしために向かって　こう言った，
その子は「救い主」(ヘーリアント) と呼ばるべきだと；
神の天使ガブリエルが　主の御使いがまことの言葉で告げ，
そしてこの乙女に　命じたとおりに，   445
彼女が光輝あるその子を　この世においてはじめて
みごもったその時に。乙女の意志も堅く，
御子を聖なる御方として育てる心に　なっていたので，
喜んでもののふたちの言葉に従った。さて時は進み，
平安の守り手である神の御子は　昼と夜を40回   450
重ねたのである。その時，両親が為すべきことがひとつあった：
すなわち彼をエルサレムの　神殿に連れて行き，
支配者たる神に捧げることである。それが当時の風習，
この人々の慣わしだった：つまりヘブライの女は誰でも，
はじめて男子を生んだならば，かならずかの地に赴いて   455
その子を神の神殿に　捧げることを
怠ってはならぬのだった。
そこでヨセフとマリアは，心正しき二人は

『ヘーリアント（救世主）』

ベツレヘムから旅立った： あの御子,
聖なるキリストを伴って。エルサレムに着いて　　　　　　　　　　460
神の住みたもう館を訪れた。そこにおいてこの世を支配する神に
捧げ物を, ユダヤ人の為すべきように,
捧げようとしたのである。するとそこに, ひとりの心正しい
年老いた男がいた。良き血筋の家の者で,
この神殿において　この世の光の長年月を　　　　　　　　　　　465
生きてきたのであった。しばしばこの神殿で神への讃美を
心清らかに唱えていた。彼は聖なる魂を,
敬虔な心を持っていた。シメオンという名であった。
支配する御方の力によって　彼にははるか以前に
教えられていた： すなわち彼はこの世の光を見捨ててはならぬ,　470
この世から去ってはならぬ, 自らの目でキリスト御自身を,
聖なる天の王を　拝するという願望が
実現しないそのうちは。だから彼の心は,
彼の胸の中はかくも明るくなったのだ, かの子供が神殿の中に
歩んでくるのを目にした時に。彼は主なる御方に,　　　　　　　475
全能の神に感謝した, わが目でこの子を見られたことを。
それから御子に向かって歩み寄り, わが腕に抱いた,
老人が御子を。今や彼には全てがはっきりわかったのだ,
前兆も御しるしも, そして神の御子,
聖なる天の王も。「ああ主よ, 今こそ」と彼は言った,　　　　　480
「お願いいたします。かくも老いたる私を,
あなたの忠実なるしもべを, この地上から去らせてください,
あなたのお守り下さる平安の中に行かせてください。私の先祖たちも,
つわものたちも, この世からそこへ参りました。今や私の願いがかない,
最善の日がまいりました。わが主を, 慈愛の主なる御方を　　　485
見ることができたのですから。ずっとはるかな昔から

第 6 歌章

私にお告げがあったその通りに。あなたこそは大いなる光です,
全てを統べる御方の　御力について無知であった
ありとあらゆる異邦人にとって。あなたのご来臨は,
ああ主よ，あなたの民，あなたが愛される　　　　　　　　　　　490
イスラエルの子々孫々にとって，栄光であり,
誉れとなるものでございます。」多くの叡智を秘めた老人は
神殿の中　心正しきかの女性に向い,
このように真理を告げた：　彼女の子息が
この地上において，多くの人の子に対し,　　　　　　　　　　　495
ある者にはつまづきを，ある者には慰めを与えるであろうと。
彼の教えを聞く人々には　恵みとなり,
キリストの教えに耳を傾けぬ　人々には災厄と
なるであろうと。「今後あなたは」と彼は言う，「苦しみを,
辛い思いを心に抱くでありましょう，もののふの息子たちが,　　500
彼を武器をもって処刑するその時に。それはあなたにとって大きな嘆き,
甘受せねばならぬ苦難となるでしょう。」乙女は全てを理解した,
この賢者の言葉を。するとそこにひとりの婦人もやって来た,
神殿にいた老女である。名はアンナといい,
ファヌエルの娘だった。彼女は主なる神に感謝をこめて　　　　　505
仕えている　非のうちどころのない女だった。
彼女は娘時代が終わると　気高い乙女として
身分ある男のもとに　嫁ぎ,
夫とともに　七年のあいだ
所領の管理に日を送った。だが私の聞いたところでは不幸が生じ,　510
大いなる神のはからいが　彼らを引き裂いてしまった,
痛ましい運命の定めが。　その後寡婦となった彼女は
この平安の聖所において　40と8年という歳月を
過ごしたのであった。一日たりともこの神殿を離れず,

— 199 —

『ヘーリアント(救世主)』

昼も夜も 彼女の主のために, 515
神のために仕えていた。さてこの女も同じ時に
ここにやって来た。そして即座に悟ったのだ,
神の聖なる御子であると。そして彼女はつわものたちに,
神殿にいた人々に 大いなる喜びの知らせをこう告げた:
私たちに救い主のお救いが 近づいたのです, 520
天の王のお助けが, と。「今や聖なるキリスト様が,
全てを統べる御方みずからが この神殿に来て下さいました,
人々すべてをお救い下さるために。長らくその来臨を
この地上において 本当に長い間待ち望んでいた
哀れな人々を救いに。 だから今こそ全人類は 525
喜ぶことができるのです。」多くの者が喜びに満たされた,
神殿にいた人々はこぞって 神からの偉大な福音が
語られるのを聞いた。かくして,その女マリアは神殿において
捧げ物を供えたのであった, それがこの人々の掟であり,
あの栄えある町において 聖賢の手のわざである律法の書が 530
定めていたことなのであった。さてそれからヨセフとマリアは,
この聖なる家族は, エルサレムの町を去って
我家へと旅立った。そして彼らと共に常におられたのだった,
天の王が, 主なる神の息子にして
多くの民の護り手である方が。そしてこの出来事は 535
この地上においてその頃は, 天帝の御心と意志が望んだ以上には,
知られることはなかったのである。

付録　古ザクセン語（古低独語）簡約文法

　『ヘーリアント』（や古ザクセン語訳『創世記』断片）を原文で読むのに必要と思われる最小限の文法（音韻論と語形論）事項を以下のようにまとめてみた．古低独語となれば，中高独語や古高独語をひととおり学んでからとりかかるのが正道ではあろうが，これはとうてい万人向きの道とは言えず，ましてドイツ語を母語としない私たちには大変困難な方法とならざるをえないだろう．「まえがき」でもふれたように本書は，ゲルマン語最古の歌謡キリスト伝を原文で味わってみたい非専門家をも対象としている．幸いなことに古ザクセン語（古低独語）は英語に大変よく似ているので——ブリテン島に移住しなかったザクセン（サクソン）人の言語なのだから当然である——，現代ドイツ語を知らない読者でもひととおりの英語の知識があれば以下の簡約文法を通読して最小限の知識を得，原文にとりかかることは十分に可能であると信ずる．あまり細部にこだわらずに通読し，その後は原文を読みつつ適宜文法を参照していただければよい．もちろん主要関心が言語にある場合は，参考文献表によって適切な本格的文法書につくべきであることは言うまでもない．

　このような意図の言わば「ミニマル文法」だから，学問的文法としての通時的・共時的厳密さは見出すべくもないことを理解していただけると幸いである．

I章　発音

§1　母音

　母音はほぼローマ字を読むように発音すればよい．ただし長母音と短母音の区別に留意しなければならない．以下では長母音は hûs のように（ˆ）で

『ヘーリアント（救世主）』

表す．

a	：fadar	「父」	（独 Vater, 英 father）
â	：mâno	「月」	（独 Mond, 英 moon）
e	：etan	「食べる」	（独 essen, 英 eat）
ê	：hwê	「だれ」	（独 wer, 英 who）
i	：fisk	「魚」	（独 Fisch, 英 fish）
î	：swîn	「豚」	（独 Schwein, 英 swine）
o	：gold	「黄金」	（独 Gold, 英 gold）
ô	：brôdar	「兄弟」	（独 Bruder, 英 brother）
u	：sunu	「息子」	（独 Sohn, 英 son）
û	：hûs	「家」	（独 Haus, 英 house）
au	：thau	「習慣」	
ei	：ei	「卵」	（独 Ei, 英 egg）
io	：thiof	「どろぼう」	（独 Dieb, 英 thief）
iu	：diubal	「悪魔」	（独 Teufel, 英 devil）

二重母音は最初の母音にアクセントを持つ．ei という二重母音は ［ei］であり，現代ドイツ語のように ［ai］と読んではならない．

§2　子音

子音は注意すべきものだけをあげる．

th (1) 語頭では英 three などと同じ無声の［θ］：thank「恩恵，感謝」（独 Dank，英 thank）．(2) 語中と語末では有声の ［ð］だが，この場合は次項の đ で表すのが普通．

đ　上記 th の有声音で英 then などの ［ð］：brôdar （独　Bruder，英 brother）

b　f の有声音で英 voice などの ［v］．母音にはさまれた f はこの音価となる．：geban （独 geben，英 give）

g　gi-, ge- は多くの場合半母音 ［j］を表す：gî「汝ら」（独 ihr，英 ye），

付録　古ザクセン語（古低独語）簡約文法

　　gêr＝jâr「年」（独 Jahr、英 year）。その結果 ga- や go- すら ja- や jo- と同音視されて、これらと頭韻を踏むことがある。

s　(1) 語頭と語末では無声音[s]だが、(2) 母音にはさまれると有声音[z]となる。語末でも d の前では有声音となる：(1) sunu（独 Sohn、英 son）、hûs（独 Haus、英 house）；(2) lesan[lézan]「読む」（独 lesen）、lôsda [ló:zda]「解いた」（独 löste、英 loosed／lost）
　　st-、sp- を現代ドイツ語のように[ʃt-]、[ʃp-]と発音してはならない。
uu　＝w
v　しばしば b の代りに用いられる：sivun「7」（独 sieben、英 seven）
w　たいてい uu で表され、英 war などの [w]：wâpan「武器」（独 Waffe、英 weapon）
z　(1) Zacharias のような外国人名では s の有声音 [z]。(2) bezto（独、英 best）、lezto（独 letzt、英 last）などゲルマン系単語では [ts]。
r　舌先を強くふるわせる音で、のどひこ（懸よう垂）音ではない。
h　常に発音される。(1) 語頭では[h]：hlûd[hlú:d]「声高の」（独 laut、英 loud）。(2) 語中にあって子音の前に来る時、および語末では [x]（ドイツ語 doch の -ch の音）：thoh（独 doch、英 though）、naht（独 Nacht、英 night）。ただし前舌母音の e, i の後へ来た時は [ç]（ドイツ語 ich の -ch の音）：sehs（独 sechs、英 six）、lioht（独 Licht、英 light）
qu　英 quite などと同じ [kw]：quik「活発な」（英 quick）
c　ラテン借入語で、前舌母音 e, i の前に来る時[ts]：krûci「十字架」（独 Kreuz、英 cross）
sc　＝sk[sk]　ただし10世紀末からは口蓋音の[ʃ]（独 schön などの sch）となる。

同子音の重複はそのまま重複して発音するのが、現在の英語やドイツ語とは異なる。たとえば minnion「愛する」の -nn- は、日本語で「みんな」とい

『ヘーリアント（救世主）』

うときの -nn- のように長く発音されなければならない．

§3　アクセント

すべての他のゲルマン語と同じく，アクセントは第一音節にあるのが原則である．ただし接頭語 bi-, far-, gi- などはアクセントをもたない．外国語の固有名詞も語頭強勢となる：Jóhannes．ただし Erodes のみは Éro-, Eró- の双方とも可．

II章　語形論

〈I〉名詞

§1　性，数，格

古サクソン語の名詞には男性（Maskulinum, 略 m.）女性（Femininum, 略 f.），中性（Neutrum, 略 n.）の三種の性（Genera）があり，また単数（Singular, 略 sgl.）複数（Plural, 略 pl.）という数（Numeri）の区別がある．性は多くの場合に文法上の性であり，自然の性別とは一致しないことが珍しくない．格（Kasus）は1格（主格, Nominativ），2格（属格, Genitiv），3格（与格, Dativ），4格（対格, Akkusativ）の四種がある．それぞれの格はほぼ日本語の格助詞「…が」，「…の」，「…に」，「…を」の機能に対応するが，その他にも多様な意味をもつので，辞書の説明に注意して慣れる必要がある．またいくつかの名詞の単数には具格（助格, Instrumental）が固定表現として残存している：wordu「言葉で」．

§2　強変化名詞と弱変化名詞

強変化名詞は母音変化名詞ともいわれ，ゲルマン祖語の段階で語幹が母音で終わっていたもの，たとえば *daga-z（独 Tag，英 day）などである．弱変化は子音変化ともいわれ，ゲルマン祖語で語幹が子音で終わっていたもの，たとえば *tung-ôn「舌」（独 Zunge，英 tongue）である．強変化名詞がかつて母音の語幹末尾音をもっていたことは，古ザクセン語においてはも

付録　古ザクセン語（古低独語）簡約文法

はや分明ではなく，比較言語学の方法で再建された語形（*をつけた形）を見てはじめてわかるのが普通である．以下にあげる a- 語幹，i- 語幹などの分類もそのようなゲルマン祖語にもとづいた分類である．

弱変化名詞は古ザクセン語においては，各性単数1格（および中性単数4格）以外を -un，-on，-an など -n で作る名詞と言うことができる．

§3　a) 強変化 a- 語幹名詞（男性と中性）
dag　*m*．「日」（独 Tag, 英 day）

	単		複	
1．	dag		1．	dagos, -as
2．	dages, -as		2．	dago, -a
3．	dage, -a		3．	dagum, -n, -on
4．	dag		4．	dagos, -as
具	dagu, -o			

word *n*．「言葉」（独 Wort, 英 word）

単　1．word　　　　　　複　1．word*
　　2．wordes, -as　　　　2．wordo
　　3．worde　　　　　　 3．wordum, -un, -on
　　4．word　　　　　　 4．word*
　具　wordu, -o

＊語幹が短音節の時, 中性, 複数1, 4格は -u となる：graf「墓」（独 Grab, 英 grave）

単　1．graf　　　　　　複　1．grabu
　　2．grabes　　　　　　2．grabo
　　3．grabe　　　　　　 3．grabun 等
　　4．graf　　　　　　 4．grabu

b) ja- 語幹名詞（男性と中性）
hirdi *m*．「牧者」（独 Hirt, 英 herd）
単　1．hirdi　　　　　　複　1．hirdios

　　　　2．hirdies, -eas　　　　2．hirdio
　　　　3．hirdie, -ea　　　　　3．hirdium, -iun, -ion
　　　　4．hirdi　　　　　　　 4．hirdios
　　　具　hirdiu
rîki *n.*「王国」(独 Reich；英は bishopric の ric に)
　単　1．rîki　　　　　　　複　1．rîki
　　　2．rîkies, -eas　　　　　2．rîkio, -eo
　　　3．rîkie, -ea　　　　　　3．rîkium, -iun
　　　4．rîki　　　　　　　　 4．rîki
　　　具　rîkiu
c) wa- 語幹名詞（男性と中性）
snêo, snêu *m.*「雪」(独 Schnee, 英 snow)
　単　1．snêo, snêu
　　　2．snêwes
　　　3．snêwe
　　　4．snêo, snêu

§4　ô- 語幹名詞（男性，女性，中性）
geƀa *f.*「贈物」(独 Gabe)
　単　1．geƀa, -e　　　　　 複　1．geƀa
　　　2．geƀa　　　　　　　　2．geƀono
　　　3．geƀu, -o　　　　　　 3．geƀum, -un, -on
　　　4．geƀa　　　　　　　　4．geƀa

§5　i- 語幹名詞（男性と女性［中性は稀］）
gast *m.*「客人」(独 Gast, 英 guest)
　単　1．gast　　　　　　　 複　1．gesti
　　　2．gastes, -as　　　　　 2．gestio, -eo

付録　古ザクセン語（古低独語）簡約文法

3．gaste, -a	3．gestium, -iun, -ion
4．gast	4．gesti

dâd *f.*「行為」（独 Tat，英 deed）*

単	1．dâd	複	1．dâdi
	2．dâdi		2．dâdio, -eo
	3．dâdi		3．dâdium, -iun, -ion
	4．dâd		4．dâdi

＊女性名詞のうち kraft, maht, werold などは，特殊変化の naht, burg など（§9）の類推で単2．を -es とすることがあり，その結果男性名詞とみなされるようになったものもある．

§6　-u 語幹名詞（男性，女性，中性［fehu のみ］）

sunu *m.*「息子」（独 Sohn, 英 son）

単	1．sunu, -o	複	1．suni
	2．sunies, -eas		2．sunio, -o
	3．sunu, -o；-ie, -i, -e		3．sunum, -un, -iun
	4．sunu, -o		4．suni

hand *f.*「手」（独 Hand, 英 hand）

単	1．hand	複	1．hendi, handi
	2．（例なし）		2．hando
	3．hand, hendi		3．handum, -on；-iun
	4．hand		4．hendi, handi

§7　弱変化（子音変化）n- 語幹名詞（男性，女性，中性）

bodo *m.*「使者」（独 Bote, 英✝ bode「前兆となる」）

単	1．bodo, -a	複	1．bodon, -un, -an
	2．boden, -an, -on		2．bodono
	3．boden, -an, -on		3．bodon, -un

『ヘーリアント（救世主）』

  4．bodon, -an   4．bodon, -un, -an
herta *n.*「心（臓）」（独 Herz, 英 heart）
単 1．herta, -e   複 1．hertun, -on, -an
  2．herton, -en, -an   2．hertono
  3．herton, -en, -an   3．hertun, -on, -an
  4．herta, -e   4．hertun, -on, -an
tunga *f.*「舌」（独 Zunge, 英 tongue）
単 1．tunga, -e   複 1．tungun, -on, -an
  2．tungun, -on, -an   2．tungono
  3．tungun, -on, -an   3．tungun, -on, -an
  4．tungun, -on, -an   4．tungun, -on, -an

§8 r- 語幹名詞（fader, brôder, swester, môdar, dohter 等の親族呼称名詞）。これらは単数のすべての格と，複数1，4格において無変化である．
fadar *m.*「父」（独 Vater, 英 father）
単 1．fadar   複 1．fadar
  2．fadar   2．（例なし）
  3．fadar   3．(broder に brôdrum あり)
  4．fadar   4．fadar

§9 その他の特殊変化名詞
man *m.*「人間，男」（不定代名詞ともなる）
単 1．man   複 1．man；men
  2．mannes, -as   2．manno, -a
  3．man；manne, -a   3．mannum, -un, -on
  4．man   4．man；men

付録　古ザクセン語（古低独語）簡約文法

naht *f.*「夜」（独 Nacht, 英 night）

単		複	
1.	naht	1.	naht
2.	nahtes	2.	nahto
3.	naht, -a	3.	nahtun, -on
4.	naht	4.	naht

　naht と類似の変化をするものに burg「城市」, bôk「書物, 書き板」, êk「柏」, kô「牡牛」, miluk「ミルク」, magađ「乙女」などの女性名詞がある. 単2. の -es は, a- 語幹名詞の類推で生じた.

§10　固有名詞

　子音で終わる固有名詞（人名，地名とも）はだいたい該当する普通名詞強変化の活用をする：Krist（1格）── Kristes（2格）── Kriste（3格）── Krist（4格）. -a に終わる女性名は弱変化である：Maria（1格）── Mariun（2格）── Mariun（3格）── Mariun（4格）. Iudeo「ユダヤ人」も多くは弱変化する：単数 Judeo ── Iudeon ── Iudeon ── Iudeon, 複数 Iudeon ── Iudeono（又は Iudeo）── Iudeon ── Iudeon. 地方名は多くの場合, その土地の住民の複数2格形＋land で表される：Cananeo land「カナン人たちの地, カナン」

〈II〉代名詞

§1　人称代名詞

　（i）　第1人称

単　数	両　数*	複　数
1. ik	wit	wî, wê
2. mîn	unkero, -aro	ûser
3. mî, me	unk	ûs
4. mîk, mî, me	unk	ûs

　*両数（または双数, Dual）とは2人の場合に用いられる語形で, wit は wî に数詞の twêna「2」のついたものと考えてよい.

『ヘーリアント (救世主)』

(ii) 第2人称

単 数	両 数	複 数
1. thû	git	gî, ge
2. thîn	──	iuwar, euwar
3. thî	ink	iu, eu, giû
4. thî, thik	ink	iu, eu, giû

(iii) 第3人称

単 数 *m.*	*f.*	*n.*
1. hê, hî, hie	sia, sie, siu	it, et
2. is, es	ira, iro, iru, ire	is, es
3. im, imu, imo	iru, iro	im, imu, imo
4. ina, ine	sia, sea	it, et

複数 *m.*	*f.*	*n*
1. sia, sea, sie		siu
2.	iro	
3.	im	
4. sia, sea, sie		siu

§2 再帰代名詞

ゲルマン祖語 *si- にもとづく古来の再帰代名詞形(現代ドイツ語 sich)は古ザクセン語では全く消滅しており,代りに人称代名詞が用いられた.

§3 所有代名詞

単 数	両 数	複 数
1人称 mîn	unka	ûsa
2 〃 thîn	inka	iuwa, euwa
3 〃 sîn* (男, 中のみ)	──	──*

付録　古ザクセン語（古低独語）簡約文法

＊3人称女性単数および3人称全性複数については，人称代名詞2格形 îra, îro を援用する．sîn は本来は再帰的所有代名詞であったが，その原義は薄れている．sîn の代りに is (es) が用いられることも多い．

　これらの所有代名詞は原則として強変化形容詞（Ⅲ　§3）と同じ変化をするが，unka, ûsa 等は男性女性単数1，4格，中性単数複数1，4格では -a（または -e）の語尾を保持する．

§4　指示代名詞（定冠詞）
　（ⅰ）「これ，この」（独 der，英 the）

単数	m.	f.	n.
1.	sê＊; thê, thie	thiu, thia	that
2.	thes	thera, -o, -u	thes, thas
3.	themu, -o, them	theru, -o, -a	themu, -o, them
4.	thena, -e, thana, -e, than	thia, -e, the	that
具	—	—	thiu

複数	m.	f.	n.
1.	thea, thia, thê		thiu
2.		thero, -a	
3.		thêm, thân	
4.	thea, thia, thê		thiu

＊男性単数1格 sê は the とは別系統の語で（ゴート語 sa, 古英語 se），古ザクセン語では稀である．

　古ザクセン語において，指示代名詞は定冠詞としても用いられるが，しかし定冠詞としての使用法はまだよく発達しておらず，指示代名詞との区別は微妙である．定冠詞は所有代名詞とともに用いられることもある．（ちなみに不定冠詞の使用は未発達である）

『ヘーリアント（救世主）』

(ⅱ)「これ，この」(独 dieser, 英 this)

単 数

	m.	f.	n.
1.	these	thius	thit
2.	theses, -as	thesara, -o, -oro	(男と同)
3.	thesumu, -o, -um, -n, -on	thesaru, -o, -oro, -ero	(男と同)
4.	thesan, -en, -on	thesa, -e	thit
具	——	——	thius

複 数

	m.	f.	n.
1.	thesa, -a		thius
2.		thesaro, -oro	
3.		thesum, -n, -on	
4.	thesa, -e		thius

§5 関係代名詞

古ザクセン語には特定の関係代名詞はなく，指示代名詞 the, thiu, that を適宜用いるか，固定的な無変化詞 the や sô を用いる．

§6 疑問代名詞

(ⅰ) hwê「だれ」(独 wer, 英 who)

単 1．hwê, hwie
　 2．hwes
　 3．hwem(u)
　 4．hwena, -e

(ⅱ) hwat「なに」(独 was, 英 what)

単 1．hwat
　 2．hwes

付録　古ザクセン語（古低独語）簡約文法

3．hwem(u)
4．hwat
具　hwî, hwiu, hweo, hwô, huo, hû

§7　不定代名詞
（ⅰ）　man「(不特定の)だれかある人，世の人，人びと」(独 man, cf. 英 one, 仏 on)　man は 1 格でしか用いられない．
（ⅱ）　sô　hwê　sô「だれであれ，だれでも」
　　　　sô　hwat　sô「なんであれ，なんでも」
（ⅲ）　negên, nigên「だれでも…ない」(独 kein) は形容詞変化．

〈Ⅲ〉形容詞
§1　形容詞も名詞と同様に男性，女性，中性という三種の性と，単数，複数という二種の数，1 格から 4 格（また具格）までの格をもち，修飾される名詞の性，数，格に応じた語尾変化をする．

§2　形容詞の語尾変化は名詞同様に強変化と弱変化の二種である．強変化のみに活用されるものに all(独，英 all)，manag(独 manch，英 many)，ful (独 voll，英 full)，half (独 halb，英 half)，ginôg (独 genug，英 enough)，faho (英 few) などの数量形容詞がある．
　弱変化は：a) 定冠詞の後に形容詞が来た時，b) ある種の固定表現として無冠詞で名詞的に用いられる時（たとえば gramo「敵なる者，悪魔」），c) すべての比較級において，d) 大部分の最上級において，用いられる．
　強弱のどちらでもよいのは：a) 呼格，b) 所有代名詞の後．現在分詞と過去分詞は，すでに名詞化していると感じられると（たとえば waldand），-a 語幹名詞の変化をする．

— 213 —

『ヘーリアント（救世主）』

§3　形容詞の強変化
（ⅰ）　a-, ô- 語幹
ald（独 alt, 英 old）

単数	*m.*	*f.*	*n.*
1.	ald	ald	ald
2.	aldes, -as	aldera, -ara	aldes, -as
3.	aldum, -n, -on, -umu, -amo, -omo	alderu, -aru, -aro, -ero	aldum, -n, -on
4.	aldan, -on, -en*	alda, -e	ald
具	aldu, -o		

複数			
1.	alde, -a	alda, -e	ald
2.		aldaro, -oro, -ero, -era, -ara	
3.		aldum, -un, -om, -an	
4.	alde, -a	alda, -e	ald

　* hēlag（独 heilig, 英 holy）, sālig（独 selig）, luttil（英 little）のような長音綴語幹＋短音綴語尾の形容詞は，男性・単数・4格で hêlagna, または hêlagne のように -na, -ne という形をとる．不定冠詞 ên もここに属する．

（ⅱ）　ja-, jô 語幹
　男性，女性の単数1格，中性の単数・複数・1・4格において -i で終わる以外は，a-, ô- 語幹とまったく同じ変化をする：middi（独 mittel, 英 middle）（各性・単・1）── middies（男・中・単・2）── middium（男・中・単・3）── middian（男・単・4）

（ⅲ）　wa, wô- 語幹
　ここに属する形容詞も男・女・単・1, 中・単・複・1・4以外は，a-,

付録　古ザクセン語（古低独語）簡約文法

ô- 語幹と同変化である：glau「賢い」（各性・単・1）── glauues（男・中・単・2）── glauwum（男・中・単・3）── glauwan（男・単・4）

§4　形容詞の弱変化

弱変化名詞と同じく，-an, -on などの -n を中核とする語尾をもって，各性単数1格および中性単数4格を除いた全格語尾変化を作る．

単　数　*m.*　　　　　　　　　*f.*　　　　　　　　　　*n.*
1．aldo, -a　　　　　　alda, -e　　　　　　　　alda, -e
2．alden, -an, -on　　aldun　　　　　　　　　 alden, -an -on
3．alden, -an, -on, -un　aldun, -on, -an　　 alden, -an, -on, -un
4．aldon, -an　　　　　aldun, -on, -an　　　　alda, -e
　複　数
1．aldun, -on, -an
2．aldono
3．aldum, -un, -on
4．aldun, -on, -an

弱変化の使用法については§2参照．

§5　比較

（i）比較級は原級に -ir-, -or-, -ar-, -er-, またはその簡縮形 -r- を付けて作る．(-ira は alt, eng, lang, mildi, spâhi など特定の形容詞にしか用いられない．）比較級の変化は上述のように（§2），弱変化である．

（ii）最上級は -ost-, -ist- を付けて作るが，-ist- は ald, nâh や, -ja 語幹の triwi などにしか用いられない．最上級もたいていは弱変化であるが，各性単数1格，中性単数4格では強変化も用いられる．

（iii）不規則な比較級，最上級

原級と比較級，最上級の語源が異なるもので，この不規則性はゲルマン祖

『ヘーリアント（救世主）』

語にさかのぼる．
gôd ─ betera, -ara ─ bezt（独 gut ─ besser ─ best；英 good ─ better ─ best）
ubil ─ wirsa ─ wirsista, wirristta（独 übel ─ × ─ ×；英 evil ─ worse ─ worst）
mikil ─ mêra ─ mêsta（独 × ─ mehr ─ meist；英 much ─ more ─ most）
luttil ─ minnera, -ara ─ minnist（独 × ─ minder ─ mindest；英 little ─ × ─ ×）

〈IV〉 副詞
§1 形容詞に -o（写本によっては -a）という接尾辞を付けて，副詞を作ることができる：lango「長い間」（＜lang），hluttro「声高に」（＜hluttar［独 laut, 英 loud］），garo「まったく，完全に」（＜garu［独 gar, 英 yare］）．ただし gôd からはこのタイプの副詞は作れず，別語源の wel(a), wala, wola（独 wohl, 英 well）を用いなければならない．

§2 副詞の比較級，最上級
形容詞原級に -or, -ur という語尾を付けて副詞の比較級が作られる：diopor（独 tiefer, 英 deeper）．最上級は形容詞の最上級の無変化形を用いる：wîdest「最も遠く」（独 am weitesten），êrist「まず最初に」（独 erst）．上述の不規則な形容詞比較，最上級（〈III〉§5［iii］）に対応する副詞形およびその他の固定的な比較の副詞をあげる：

 bet, bat（独 besser, 英 better）；bêzt, best（独，英 best）；wirs（英 worse）；mêr（独 mehr, 英 more）；mêst（独 meist, 英 most）；hald「より多く」；lês（英 less）；êr（独 eher, 英 ere）；êrist（独 erst, 英♣ earliest）；sīd, -or, -ur「後刻に」（♣独 seit, ♣英 since）；leng（lango の比較級）

付録　古ザクセン語（古低独語）簡約文法

その他の使用頻度の高い副詞で注意すべきもの：
（ⅰ）場所的
thâr*「その場所で，そこへ」──thar(od)「そこへ」──thanan「そこから」
hêr, hîr「ここで」──herod「ここへ」──hinan(a)「ここから」
hwar「どこで」──hwar(od)「どこへ」──kwanan(a)「どこから」
（ⅱ）時間的
thô「すると，その時」（独 da）; than(na)「それから」（独 dann, 英 then）
　＊ thâr は thô や than と同義に時間的に用いられることもある．

〈Ⅴ〉　数詞
§1　基数
1　ên
2　twêne (*m.*), twô, twâ (*f.*), twê (*n.*)
3　thria, -e, threa (*m. f.*), thriu, thrû (*n.*)
4　fiuwar, fior, fiar, fier
5　fîf
6　sehs, ses
7　sibun, -on, -en
8　ahto, -e
9　nigun, -on, -en
10　tehan, -hin, tian, tein
11　el(l)evan, -en
12　twelif, twi-, twu-
13　thriutein, thrû-
14　fiertein
15　fîftein
16　sehstein, ses-
17　sibuntein
18　ahtotein, ahte-
19　nigentein
20　twêntig
21　ên endi twêntig
30　thrîtig
40　fiuwartig, fior-, fiar-, etc.
50　fîftig, -tech
60　sehstig
70　antsibunta, at-
80　antahtoda, ahtoda
90　(ant)nigonda, nichonte

『ヘーリアント（救世主）』

100　hund, hunderod　　　　　　1000　thûsundig

　70，80，(90) は古英語 hundseofontig, hundeahtig, hundnigontig の影響下に，hund の代りに前綴 ant- という形をとって成立したものらしい．hund の原義は「100」で，だからたとえば古ザクセン語 antsibunta は「100 に近い，100を目指して第 7 番目(の10)」となる．-sibunta, -ahtoda, -nigonda が序数詞であることに留意すべきである．

§ 2
　1 から 3 までの基数詞は形容詞として変化する．ên の強変化形は不定冠詞としても用いられる（男性単数 4 格は ênna）．
　twêne の変化：

	m.	f.	n.
1．	twêne, -a	twô, twâ	twē
2．		tweio	
3．		twêm, -n	
4．	twêne, -a	twô, twâ	twē

　thria の変化

	m.	f.	n.
1．	thria, -e, threa		thriu, thrū
2．		thrîo	
3．		thrim	
4．	thria, -e, threa		thria, thrû

§ 3
　4 から12までの基数は，形容詞的に（付加語的に）用いられる時，普通は無変化である．しかし名詞的に用いられると（また時には形容詞のままでも）

付録　古ザクセン語（古低独語）簡約文法

次のように i- 変化をする．

	m. f. n.
1.	siƀuni
2.	siƀunio
3.	siƀuniun
4.	siƀuni

§4

13以降の基数は無変化である．

数詞は元来名詞であったから，複数2格名詞をともなうのが普通である：twêntig wintro（＜wintar）「20年」，gumono（＜gumo）fîf thûsundig「5000人の人びと」

§5　序数詞

第1．　êrist, furist, formo
　2．　ôđar
　3．　thriddio
　4．　fiorđo, -đa
　5．　fîfto
　6．　sehsto, -ta
　7．　siƀondo, siƀotho
　8．　ahtodo
　9．　nigunda, nigûda
　10．　tehando, tegotho
　11．　ellifto

序数詞の変化は，êrist と furist は強弱どちらにも，formo は弱変化，ôđar は強変化，そして thriddio 以下の基数から作られた序数はすべて弱変化で

— 219 —

『ヘーリアント（救世主）』

ある．

〈VI〉　動詞

§1　他のゲルマン系諸言語と同じく，古ザクセン語の動詞は，強変化動詞と弱変化動詞とから成る．強変化動詞は語幹母音の特殊な変化（母音交替，独 Ablaut，英 gradation）によって時制・数・話法など各種の機能を表すが，弱変化動詞はこの種の変化がなく，語尾変化として -da, -ta（過去），-od, -id（過去分詞）などを語幹に付けて時制変化形を作る．この -d, -t 系の語尾綴は dôn（独 tun，英 do）に由来すると考えられる．

§2　態

動詞自体としては能動態形しかない．受動態は，助動詞 wesan（独 sein, 英 be）または werđan（独 werden）と過去分詞という形で表され，おおむね wesan の場合は状態受動，werđan の場合は動作受動である．

§3　話法

直接法，接続法（仮定法，希求法），命令法の三話法がある．接続法はある事象をだれかの思考の一部として述べる話法で，したがって願望，条件，疑念，間接引用などを表すことが多い．

§4　時制

母音交替や活用語尾によって表される時制には現在と過去の二種類しかない．未来は助動詞 skulan＋不定形で表されることがあり，現在完了や過去完了は hebbian（独 haben，英 have），êgan（英 own），wesan，werđan＋過去分詞という形で表現される．完了の助動詞 wesan と werđan は変化や移動を示す自動詞とともに用いられ，hebbian, êgan はその他の自動詞や他動詞とともに用いられる．（ただし gangan [独 gehen，英 go] が hebbian をともなっている例もある．）未来においても完了においても skulan や

— 220 —

付録　古ザクセン語（古低独語）簡約文法

hebbian 等はその本来の意味を色濃く残しており，純粋の時制の助動詞と考えるべきではない．現代の独語や英語で時の助動詞を用いた未来形や完了形が普通である内容の多くは，古ザクセン語においては助動詞なしの単純な現在形や過去形で表されているのである．

§5　数

数は単数と複数の二種だけで，両数はない．単数のみ三種の人称変化があるが，複数は 1，2，3 人称とも同形である（北海ゲルマン語の特徴）．

§6　次に強変化動詞 helpan（独 helfen，英 help）と弱変化動詞 nerian「救助する」の変化形を示す．この語尾変化はほとんどすべての動詞に適用できるものである．

〈強変化動詞　helpan〉

　　直接法現在　　　　　　　　　　接続法現在（不定詞の語幹を用いる）
　　ik　　hilpu, -o　　　　　　　　helpe, -a
　　thû　 hilpis　　　　　　　　　 helpes, -as
　　hê　　hilpid, -it, -iđ　　　　　helpe, -a
　　wî　⎫
　　gî　 ⎬ helpad, -at, -ađ　　　　helpan, -en
　　sia　⎭

　　直接法過去　　　　　　　　　　接続法過去（直接法過去複数の語幹
　　　　　　　　　　　　　　　　　を用いる）
　　ik　　halp　　　　　　　　　　hulpi
　　thû　 hulpi　　　　　　　　　　hulpis
　　hê　　halp　　　　　　　　　　hulpi
　　wî　⎫
　　gî　 ⎬ hulpun, -on　　　　　　 hulpin
　　sia　⎭

『ヘーリアント（救世主）』

命令法
(thû：) hilp！　　　　　　　　　(gî：) helpad, -at, -ađ！
　　現在分詞：helpandi,　過去分詞：giholpan, -en
　　動名詞：（2格）helpans,（3格）helpanne

〈弱変化動詞 nerian〉
　　　直接法現在　　　　　　　　　接続法現在
ik　　　neriu　　　　　　　　　　nerie, -ea, -ia
thû　　neris　　　　　　　　　　 neries
hê　　 nerid, -it, -iđ　　　　　 nerie, -ea, -ia
wî　⎫
gî　 ⎬ neriad, -at, -ađ　　　　　nerien
sia　⎭

　　　直接法過去　　　　　　　　　接続法過去
ik　　　nerida　　　　　　　　　　neridi
thû　　nerides　　　　　　　　　 neridis
hê　　 nerida　　　　　　　　　　neridi
wî　⎫
gî　 ⎬ neridun, -on　　　　　　　neridin
sia　⎭

　　命令法
(thû:) neri！　　　　　　　　　 (gî:) neriad, -iađ！
　　現在分詞：neriandi　過去分詞：ginerid, -it
　　動名詞：（2格）nerians,（3格）nerianne

§7　強変化動詞の種類

　強変化動詞は母音交換のタイプによって六種に分類されるが，この他にいわゆる「反復動詞」も強変化動詞に属させるのが通例である．

付録　古ザクセン語（古低独語）簡約文法

　母音交替（独 Ablaut，英 gradation）の主要部分は，(1)不定形，(2)直接法現在1人称単数，(3)直接法過去1人称単数，(4)直接法過去1人称複数，(5)過去分詞，である．
　第Ⅰ種：grîpan「つかむ」（独 greifen，英 gripe）
　── grîpu ── grêp ── gripun ── gigripan
　第Ⅱ種：biodan「提供する」（独 bieten，英♣ bid）
　── biudu ── bôd ── budun ── gibodan
　第Ⅲ種：(1) bindan「縛る」（独 binden，英 bind）
　── bindu ── band ── bundun ── gibundan
　　　　　(2) helpan「助ける」（独 helfen，英 help）
　── hilpu ── halp ── hulpun ── giholpan
　第Ⅳ種：stelan「盗む」（独 stehlen，英 steal）
　── stilu ── stal ── stâlun ── gistolan
　第Ⅴ種：geƀan「与える」（独 geben，英 give）
　── gibu ── gaf ── gâbun ── gigeƀan
　第Ⅵ種：faran「行く」（独♣ fahren，英♣ fare）
　── faru ── fôr ── fôrun ── gifaran

　これによって他の変化形をも知ることができるわけであるが，その際，次の点に留意する必要がある：1) 幹母音 io と e は，その後に i または u が来ると，それぞれ iu と i とに変わる：biodan → ik biudu, thû biudis, hê biudid；stelan → ik stilu, thû stilis, hê stilid. 2) 幹母音 a はその後に i が来ると e に変わる：faran → thû feris, hê ferid. 3) 直接法過去単数2人称は，過去複数形の語幹に i をつけて作られる：biodan → ik bôd, thû budi, wî budun；werđan「に成る」（独 werden）→ ik warđ, thû wurdi, wî wurdun；kiosan「選ぶ」（英 choose，独〔雅〕kiesen）→ ik kôs, thû kuri, wî kurun．

『ヘーリアント（救世主）』

反復動詞（強変化第Ⅶ種）：ゴート語でたとえばhaitan「という名である」（独 heißen）は，その過去形を ik haíhait, weis haíhaitum のように頭音節反復によって表現した．西ゲルマン語に至って頭音節反復そのものは消失したが，なお一定の母音変化として痕跡をとどめている：

1．幹母音が a, â, ê の場合：
   haldan（独 halten, 英 hold）── haldu ── held ── heldun ── gihaldan
   lâtan（独 lassen, 英 let）── lâtu ── lêt ── lêtun ── gilâtan
   hêtan（独 heißen）── hêtu ── hêt／hiet ── hêtun／hietun ── hêtan

2．幹母音が ô の場合：
   stôtan「押す」（独 stoßen）── stôtu ── stiot ── stiotun ── gistôtan
   hrôpan「叫ぶ，呼ぶ」（独 rufen）── hrôpu ── hriop ── hriopun ── gihrôpan

この反復動詞（reduplizierende Verben）は，強変化動詞第Ⅶ種と見なすのが実際的である．

§8　弱変化動詞

弱変化動詞は起源的には強変化動詞より新しく，あるいは他品詞から（たとえば fremmian「推進する」＜fram「進んで」），あるいは強変化動詞から（たとえば settian［独 setzen, 英 set］＜sittian［独 sitzen, 英 sit］の過去形，すなわち settian は「坐った状態にさせる」こと）作られた派生動詞である．弱変化動詞の過去と過去分詞の変化語尾 -da, -ta, -od, -id は，§1で述べたように，dôn（英 do，独 tun）に由来すると考えられている．つまり ik fremida は「事柄が進むように私はおこなった」が原義であったと思われる．

弱変化動詞には以下の三種がある．

1．-jan 動詞．これはゴート語の語形にもとづく名称で，古ザクセン語で

付録　古ザクセン語（古低独語）簡約文法

は -ian, -ien, -ean という不定詞形となる．語幹母音の長短によって過去形，過去分詞形がやや異なる．短語幹母音の場合：nerian「救う」── nerida．長語幹母音の場合：mênian「思う」（独 meinen, 英 mean）── mênda；dôpian「洗礼をさづける」（独 taufen）── dôpta．短い語幹母音の場合でも，-ll-, -tt-, -kk-, -dd-, -gg- のような複子音が続くと，tellian（英 tell, 独 erzählen）── talda ── gitald；settian（英 set, 独 setzen）── setta ── giset, のごとくである．

　長語幹母音のうち -kian, -gian の過去および過去分詞は -kta, -kt 等ではなく，-hta, -ht になる（すでにゲルマン祖語において）：sôkian「探す」（独 suchen, 英 seek）── sôhta ── gisôht；brengian「持ってくる」（独 bringen, 英 bring）── brâhta ── brâht．

　2．-ôn 動詞. 古ザクセン語ではすでに -on という短音節になっている．ここに属するものをいくつかあげると：makon（英 make, 独 machen），bedon「祈る」（独 beten, 英♣ bid），frâgon「尋ねる」（独 fragen），thionon「仕える」（独 dienen），など．このタイプは，ik makon, ik thionon のように，直接法現在単数1人称が不定形と同形になるのが特徴．

　3．-ai- 動詞. ゴート語の -ai- 動詞のほとんどすべては古ザクセン語において -ôn 動詞になっているが，ただ hebbian（独 haben, 英 have），seggian（独 sagen, 英 say），libbian（独 leben, 英 live）の3語のみが部分的に（直接法現在単数2，3人称，命令法単数2人称）古形を保持している．しかしこの3語ともその他の変化形は -jan 動詞のそれと同じになっているのである．hebbian は使用頻度の高い重要動詞（完了助動詞としても用いられる）なので，その変化形をあげておく．

〈hebbian, -ien〉

直接法現在		接続法現在
ik	hebbiu	hebbie
thû	habes, -as	hebbias, -es
hê	habad, -ed, -id	hebbea, -ie

『ヘーリアント（救世主）』

wî		
giî	hebbiad, habbiad	hebbean, -ian, -ien
sia		

命令法
(thû：) habe, -ba !　　　(gî：) hebbead, hebbiad, habbiad !

直接法過去　　　　　　　　　接続法過去
ik　　habde, -bda　　　　── （用例なし．以下同じ）
thû　　habdes　　　　　　　──
hê　　habda, -de　　　　　habdi, -bdi
wî
gî　　habdon, -un　　　　　habdin
sia

過去分詞：gihabd, gihad

§9　過去現在動詞（Praeterito-Praesentia）
　もともとは強変化動詞であったのが，その過去形が現在時の意味を帯びるようになって，新たに弱変化の過去形を作りあげたものである．そのいくつかをここに示す．

〈witan〉「知っている」（独 wissen, 英♣ wit）

　　直接法現在　　　　　　　　接続法現在
ik　　　wêt　　　　　　　　　──
thû　　wêst　　　　　　　　　──
hê　　　wêt　　　　　　　　　witi
wî etc. witun　　　　　　　　witin

　　直接法過去　　　　　　　　接続法過去
ik　　　wissa　　　　　　　　──
thû　　──
hê　　　wissa, -se　　　　　wissi

付録　古ザクセン語（古低独語）簡約文法

```
wî etc.  wissun                wissin
　現在分詞：witandi　過去分詞：giwitan
```

⟨êgan⟩「保っている」（独♣ eigen, 英♣ own）

	直接法現在	接続法現在
ik	——（例なし）	êgi
thû	——	——
hê	——	êgi
wî etc.	êgun	êgin

	直接法過去	接続法過去
ik	——	——
thû	——	——
hê	êhta, -e	êhti
wî etc.	êhtun	——

§10　話法助動詞

これらは語構成上すべて§9の過去現在動詞に含まれるが，便宜上ここに要点をまとめておく．（——は該当例の見られぬもの）

⟨kunnan⟩（独 können, 英 can）

	直接法現在	直接法過去	接続法過去
ik	kan	——	——
thû	kanst	——	——
hê	kan	konsta, -e	konsti
wî etc.	kunnun	konstun	——

『ヘーリアント（救世主）』

⟨gidurran⟩「敢えてする」（英 dare）

	直接法現在	直接法過去	接続法過去
ik	gidar	——	——
thû	——	——	——
hê	——	gidorste	gidorsti
wî etc.	——	gidorstun	gidorstin

⟨skulan⟩（独 sollen, 英 shall）

	直接法現在	直接法過去	接続法現在	接続法過去
ik	skal	skolda, -e	——	——
thû	skalt	——	——	skoldis
hê	skal	skolda, -e	skuli	skoldi
wî etc.	skulun	skoldun	skulin	skoldin

⟨mugan⟩「能力がある」（独 mögen, 英 may）

	直接法現在	直接法過去	接続法現在	接続法過去
ik	mag	——	mugi	——
thû	——	mahtes	mugis	mahtis
hê	mag	mahte, -a	mugi	mahti
wî etc.	mugun	mahtun	mugin	mahtin

⟨môtan⟩「できる，；許されている；ねばならぬ」（独 müssen, 英 must）

	直接法現在	直接法過去	接続法現在	接続法過去
ik	môt	——	môti	——
thû	môst	——	môtis	——
hê	môt	môsta	môti	môsti
wî etc.	môtun	môstun	môtin	môstin

付録　古ザクセン語（古低独語）簡約文法

§11　不規則動詞

〈wesan〉「いる，ある」（独 sein，英 be）

	直接法現在	直接法過去	接続法現在	接続法過去
ik	bium, -un	was	sî	——
thû	bis, bist	wâri	sîs	wâris
hê	is, ist	was	sî	wâri
wî etc.	sind, -on	wârun, -on	sîn	wârin

命令法　（thû:) wis !　(gî:) wesat, -ad !

現在分詞：——　過去分詞：——（英語や独語で過去分詞 been／gewesen が登場するのは中英語／中高独語の時代になってからである．）

〈dôn〉「する」（独 tun，英 do）

	直接法現在	直接法過去	接続法現在	接続法過去
ik	duom, dom, -n	——	——	——
thû	dos, duos	dâdi, dedos	duoas	——
hê	d(u)ot, doid	deda, -e	doe, dua, -e	dâdi, dedi
wî etc.	duod, dod, -t	dedun, dadun	duon, -an	dedin

命令法　（thû:) dô, duo !　(gî:) dot, duat, duot !

現在分詞：——　過去分詞：gidôn, -uan

〈willien, wellian〉「意図する」（独 wollen，英 will）

	直接法現在	直接法過去	接続法現在	接続法過去
ik	williu, -eo, -i	welda, -e	willie	weldi, woldi
thû	wili, -s, wilt	weldes	willies, -ias	——
hê	wil(i), will	(ik と同じ)	willie, -ea	(ik と同じ)
wî etc.	williad, -ead	weldun	willean	weldin
	welliad, -ead	woldun	wellean	

現在分詞：willeandi, williendi　過去分詞：——

参考文献表

(本書執筆に参照した主要文献を中心に,他は基本的かつ入手しやすいものにとどめた)

1. テキスト

Behaghel, Otto (Hrsg.): Heliand und Genesis. 10. überarbeitete Auflage v. B. Taeger. Tübingen 1996 (Altdeutsche Textbibliothek, Nr. 4).

Sievers, Eduard (Hrsg.): Heliand. Halle 1878 (Germanistische Handbibliothek, IV).

Heyne, Moritz (Hrsg.): Hêliand nebst den Bruchstücken der altsächsischen Genesis. 4. Aufl. Paderborn 1905 (Bibliothek der ältesten deutschen Literatur-Denkmäler, II).

2. 翻訳

Genzmer, Felix: Heliand und die Bruchstücke der Genesis. Stuttgart 1955 (Reclams Universal- Bibliothek Nr. 3324/25). (頭韻訳)

―――: Um einen Anhang erweiterte Ausgabe, Anmerkungen und Nachwort von B. Sowinski, Stuttgart 1989 (Universal- Bibliothek Nr. 3324 [3]).

Stapel, Wilhelm: Der Heliand, München 1953. (散文訳)

Scott, Mariana: The Heliand translated from the Old Saxon, Chapell Hill 1996. (頭韻訳)

Murphy, G. Ronald: The Heliand ; The Saxon Gospel. A Translation and Commentary, Oxford University Press 1992. (散文訳)

参考文献表

Schlosser, Horst Dieter : Althochdeutsche Literatur. Mit Proben aus dem Altniederdeutschen. Frankfurt a. M. 1970. (部分訳)
高橋輝和:「ヘーリアント」七五調頭韻訳（1 −53）. 岡山大学独仏文学研究 5, 1986年. 同題（243−437）同誌 6, 1987年.（部分訳）

3. 辞書

Sehrt, Edward H. : Vollständiges Wörterbuch zum Heliand und zur altsächsischen Genesis. 2. Aufl. Göttingen 1966.
Heyne, Moritz : 上掲 "Heliand..." の Glossar.
Behaghel, Otto : 上掲 "Heliand..." の Wörterbuch.
Holthausen, Ferdinand : Altsächsisches Wörterbuch. Köln, Graz 1967².
Berr, Samuel : An Etymological Glossary to the Old Saxon *Heliand*, Berne and Frankfurt 1971.
Köbler, Gerhard : Altniederdeutsch-neuhochdeutsches und neuhochdeutsch-altniederdeutsches Wörterbuch. 2. Aufl. Gießen-Lahn 1973.
Anreiter, Peter (Hrsg.) : Rückläufiges Wörterbuch des Altsächsischen. Innsbruck 1989.
Schade, Oskar : Altdeutsches Wörterbuch. 2 Bde. Hildesheim 1969 (Nachdruck).

4. 文法書

Cordes, Gerhard : Altniederdeutsches Elementarbuch. Heidelberg 1973.
Galleé, Johan Hendrik : Altsächsische Grammatik. Tübingen 1993.
Holthausen, Ferdinand : Altsächsisches Elementarbuch. Heidelberg 1921.
Rauch, Irmengard : The Old Saxon Language. Grammar, Epic Narrative, Linguistic Interference. New York etc. 1992.
Behaghel, Otto : Die Syntax des Heliand. Wiesbaden 1966 (Neudruck).

『ヘーリアント（救世主）』

高橋輝和：古期ドイツ語文法．大学書林，1993年．
Meisen, Karl：Altdeutsche Grammatik. I：Lautlehre, II：Formenlehre. Stuttgart 1968.

5．研究書

（本書の性質上，この項目は不完全かつ一面的であることを承知していただきたい．）

＜言語＞

Ilkow, Peter：Die Nominalkomposta der altsächsischen Bibeldichtung. Ein semantisch-kulturgeschichtliches Glossar. Göttingen 1968.
Krogmann, Willy：Altsächsisch und Mittelniederdeutsch, in：L. E. Schmitt (Hrsg.)：Kurzer Grundriß der germanischen Philologie bis 1500. Bd. 1. Berlin 1970.
Fuß, Martin：Die religiöse Lexik des Althochdeutschen und Altsächsischen. Diss. Bonn. Frankfurt a. M. 2000.
Robinson, Orrin W.：Old English and Its Closest Relatives. A Survey of the Earliest Germanic Languages. Stanford Univ. Press, 1992.
Eggers, Hans：Deutsche Sprachgeschichte I. Das Althochdeutsche. Reinbek bei Hamburg 1963.

＜文学史，文献学など＞

(Ehrismann や de Boor, Bertau などの古典的文学史以外のもの)
Rathofer, Johannes：Altsächsische Literatur, in：L. E. Schmitt (Hrsg.)：Kurzer Grundriß der germanischen Philologie bis 1500. Bd. 2. Berlin 1971.
Haubrichs, Wolfgang：Die Anfänge：Versuch volkssprachiger Schriftlichkeit im frühen Mittelalter (ca. 700-1050 / 60), in：J. Heinzle (Hrsg.)：Geschichte der deutschen Literatur von Anfängen bis zum Beginn der Neuzeit, Band I：Von den Anfängen zum hohen Mittelalter, Teil 1. Frankfurt a. M. 1988.

参考文献表

Schlosser, Horst Dieter : Die literarische Anfänge der deutschen Sprache. Ein Arbeitsbuch zur althochdeutschen und altniederdeutschen Literatur. Berlin 1977.
Kartschoke, Dieter : Altdeutsche Bibeldichtung. Stuttgart 1975.
―――― : Geschichte der deutschen Literatur im frühen Mittelalter. München 1990.
J. Eichhoff und I. Rauch (Hrsg.) : Der Heliand. Darmstadt 1973 (Wege der Forschung). (1970年までの重要論文18点を収める)
Heinrich, Bettina : Frühmittelalterliche Bibeldichtung und die Bibel. Ein Vergleich zwischen den altenglischen, althochdeutschen und altsächsischen Bibelparaphrasen und ihren Vorlagen in der Vulgata. Diss. Stuttgart. Frankfurt a. M. 2000.
原田裕司：『ヘーリアント』序文をめぐって. 阪神ドイツ文学会『ドイツ文学論攷』31, 1989. (同著者による『ラテン語が教えるもの』近代文芸社, 1998年, にも収録)

6. 書誌

J. Belkin / J. Meier : Bibliographie zu Otfrid von Weißenburg und zur altsächsischen Bibeldichtung (Heliand und Genesis). Berlin 1975.
　(1975年以降の書誌は上掲各文献の参考書目を参照. 言語についてはGallée : Altsächsische Grammatikが特に詳しく, 文学史関係はHaubrichs, Kartschokeのものや, またDissertationをもとにした研究書に詳しい)

7. 写本 (ファクシミリ)

Taeger, Burkhard : Der Heliand. Ausgewählte Abbildungen zur Überlieferung. Göppingen 1985.

語 彙 集

（数字は初出行数を示す）

abaro *swm*.「子孫」65.
aðalboran *adj*.「高貴な生まれの，良き血筋の」（独 edel）222.
aðalknôsal *stm*.「高貴な一族，良き血筋」（独 Adel）297.
aðalkuning *stm*.「高貴なる王」362.
aðalordfrumo *swm*.「高貴な創造者」31.
afhebbian *stv*.（VI）「揚げる；始める」（独 aufheben，英 to heave）414.
afôdian *swv*.「生む」166.
afsebbian *stv*.（VI）「気づく，わかる」206.
aftar *präp*.／*adv*.「…の後の，に従って；…に沿ってずっと，を通って；遅くなって」（英 after）43, 107.
agangan *stv*.（VII-1）「過ぎ去る」（独 vergehen）47.
ageban *stv*.（V）「放棄する」470.
ahebbian *stv*.（VI）「揚げる；始める」（英 to heave，独 anheben）24.
ahto *num*.「8」（独 acht，英 eight）441.
ahtodo *num*.「第8の」441.
ak *konj*.「しかし，そうではなくて」87.
alah *stm*.「神殿，聖所」104.
alajung *adj*.「きわめて若い」162.
alâtan *stv*.（VII-1）「許す，免責する」（独 erlassen，英 to let）101.
ald *adj*.「年老いた」（独 alt，英 old）107.
aldar *stn*.「人生，生命，老年」（独 Alter）142.
aldron *swv*.「年老いる」（独 altern）79.
alettean *swv*.「（ある人に対して）保留する，拒絶する」354.
all *adj*.「全ての」（英・独 all）40.

語 彙 集

all *adv*.「全く」142.
alomahtig *adj*.「全能の」(独 allmächtig, 英 almighty) 31.
alôsian *swv*.「解放する，救出する」(独 erlösen, 英 to loose) 248.
alowaldo *swm*.「全ての支配者」121.
altari *stm*.「祭壇」(独 Altar, 英 altar) 107.
ambahtskepi *stm*.「奉公，奉仕」(独 Amtschaft) 284.
an *präp*.「…に，…へ；…のための」8.
anagin／anginni *stn*.「始まり」(独 Beginn, 英 begin) 38.
anbîtan／antbîtan *stv*. (Ⅰ)「飲食する，味わう」126.
andbâri *stn*.「外見，姿，容姿」155.
andrêden／antdrâdan *stv*. (Ⅶ-1)「恐れる」116.
andward *adj*.「居合わせている」121.
angegin *adv*.「…に向って，対して」(独 entgegen, 英 against) 269.
Anna「アンナ」504.
anst *stf*.「恩恵，恵み」(独 Gunst) 261.
antahtoda *num*.「80」513.
antfâhan *stv*. (Ⅶ-1)「受け取る，受け入れる」(独 empfangen) 288.
antfallan *stv*. (Ⅶ-1)「…から離れ落ちる」(独 entfallen) 153.
antfindan *stv*. (Ⅲ-1)「見出す，気づく」387.
anthêti *adj*.「敬虔な」256.
antkennian *swv*.「認める，悟る」(独 erkennen) 331.
antsibunta *num*.「70」146.
antthat／antat／untat *konj*.「…するまで」336.
arbedi／arbidi *stn*.「困難，苦労」(✿独 Arbeit) 304.
arm *stm*.「腕」(独 Arm, 英 arm) 478.
ârundi *stn*.「使い，用事」(英 errand) 121.
at *präp*.「…において」(英 at) 90.
atsamne *adv*.「共に，一緒に」(独 zusammen) 146.

『ヘーリアント（救世主）』

ban *stm.*/*n.*「命令，指令」（英 ban，独 Bann）341.
barm *stm.*「膝，ふところ，胸」216.
barn *stn.*「子供，息子；人間」6.
bedskepi *stm.*「ベッドを共にすること，同衾」（英 bed，独 Bett）309.
bêđe *pron.*「両者，双方」（独 beide，英 both）138.
beran *stv.*（IV）「担う，保持する」（英 to bear，♣独 gebären）174.
berht *adj.*「輝いている」（英 bright）367.
berhtlîko *adv.*「輝かしくも，明瞭に」（英 brightly）8.
best／bezt *adj.*「最善の」（英独 best）50.
betara *adv.*「より良く」（英 better，独 besser）212.
Bethleem「ベツレヘム」359.
Bethlemaburg「ベツレヘムの町」404.
bi／be *präp.*「…に従って；…で，…によって」218.
bîdan *stv.*（Ⅰ）「待つ」（英 to abide）103.
biddian *stv.*（Ⅴ）「頼む」（独 bitten，♣英 to bid）232.
bifâhan *stv.*（Ⅶ-2）「包みとる，つかむ」（独 fangen）40.
bifelhan *stv.*（Ⅲ-2）「手渡す，委託する」22.
biforan *adv.*「先だって，前に」（英 bifore，独 vor，vorn[e]）47.
biginnan *stv.*（Ⅲ-1）「…し始める，…する」（独 beginnen，英 to begin）2, 140.
bihaldan *stv.*（Ⅶ-1）「保つ，守る」（独 behalten，英 to hold）435.
bihlîdan *stv.*（Ⅰ）「おおう，包む」41.
bihwerƀan *stv.*「執り行う，挙行する」91.
bihwî *adv.*「なぜ，何故に」176.
bilang *adj.*「…に属する，関連がある，結ばれている」64.
bilidi *stn.*「前兆，徴候」（独 Bild）373.
bilôsian *swv.*「奪う」173.
biniman *stv.*（IV）「奪う」（独 nehmen）151.

語彙集

bisehan *stv*. (V)「世話をする，面倒を見る」96.
bisorgan *swv*.「保護する，世話をする」(独 besorgen) 334.
bithwingan *stv*. (III-1)「屈服させる」(独 bezwingen) 56.
biwindan *stv*. (III-1)「…で巻く」(♣独 umwinden) 379.
blîđi *adj*.「明るい，楽しい」(英 blithe) 301.
blîđlîk *adj*.「喜ばしい」424.
bôdal *stm*.「領地，所有地，家屋敷」509.
bodo *swm*.「使者」(独 Bote) 159.
bodskepi *stm*.「知らせ，お告げ」(独 Botschaft) 138.
bôk *stf*./*n*.「筆記板；書物，聖書」(独 Buch, 英 book) 8.
bôkan *stn*.「前兆」373.
bôkspâh(i) *adj*.「文筆の技に長じた」352.
bôkstaf *stm*.「文字」(独 Buchstabe) 230.
bôsom *stm*.「胸，胸乳；腹部，母胎」(英 bosom, 独 Busen) 292.
brêd *adj*.「広い」(英 broad, 独 breit) 341.
brêf *stm*.「文章；文書」(♣独 Brief) 230.
brengian *swv*.「連れてくる」(独 bringen, 英 to bring) 338.
breost／briost *stn*.「胸，心」(独 Brust, 英 breast) 174.
brûd *stf*.「花嫁，妻」(独 Braut, 英 bride) 147.
brûdigomo *swm*.「夫；婚約者」(英 bridegroom, 独 Bräutigam) 509.
buggean *swv*.「買う；代価を支払う，償う」(英 to buy) 298, 309.
burg *stf*.「城，町，都市」(独 Burg, 英 borough) 196.
bûtan／biûtan *konj*.「…を除いては」(英 but that) 185.
dâd *stf*.「行為，わざ」(英 deed, 独 Tat) 116.
dag *stm*.「日」(独 Tag, 英 day) 156.
David「ダビデ」255.
derbi *adj*.「力強い；邪悪な，敵の」(独 derb) 27, 83.
derni *adj*.「隠れた，秘密の；腹黒い」53.

『ヘーリアント（救世主）』

diurian *swv*.「誉め称える」27.
diurida *stf*.「栄光，誉れ」418.
diurlîk *adj*.「誉め称うべき，貴重な」（独 teuer，英 dear）255.
dohtar *f*.「娘」（独 Tochter，英 daughter）255.
dôm *stm*.「名誉，誉れ；判決」（英 doom）490.
dôn *anom. v*.「行う」（英 to do，独 tun）78.
dragan *stv*. (VI)「運ぶ」（独 tragen，英 to drag, draw）106, 334.
drohtin *stm*.「主君」27.
drôm *stm*.「夢；楽しい行為」（英 dream，独 Traum）316.
drugithing *stn*.「ごまかし，欺瞞」（独 Trug, Betrug）264.
druhtskepi *stm*.「支配権，王権」363.
drusnon *swv*.「ひからびる；落ちる」154.
durran *v. prät. präs*.「あえて…する」（英 to dare）219.
dwalm *stm*.「たぶらかし」53.
Ebreos「ヘブライ人」104.
edili *adj*.「高貴な，良き血筋の」（独 edel, adlig）508.
ediligiburd *stf*.「高貴な生まれ，名門の産」65.
ef = of
efno *adv*.「等しく，丁度」（独 eben）144.
eft *adv*.「再び」168.
eftho *konj*.「あるいは，または」27.
êgan *v. prät. präs*.「所有する」（英 to own，♣独 eigen, eignen）41.
êgan *adj*.「自己の，私有の」（独 eigen，英 own）326.
egiso *swm*.「恐怖，驚愕」113.
êht *stf*.「所有，財産」508.
ehuskalk *stm*.「馬飼い，馬の番人」388.
eldi *stm*. (*pl*)「人々」267.
eldi *stf*.「老齢，年齢」151.

eldibarn *stn.*（*pl*）「世の人々」408.
elilendi *adj.*「外国の，異郷の，国外流出した」(♣独 elend) 345.
elithioda *stf.*「異国の民，異邦人；異教徒」60.
elkor *adv.*「さもなければ，それ以外には」207.
elliandâd *stf.*「力のわざ，肉体的力量」151.
ellianrôf *adj.*「武勇の誉れ高い，武名のある」69.
ên *num. / adj.*「1つ（の），1人（の）；ただ…だけ」(独 ein, einzig, allein, 英 one, alone, only) 13.
endi *konj.*「そして」(英 and, 独 und) 5.
endion *swv.*「終わる，終える」(独 enden, 英 to end) 46.
engil *stm.*「天使」(独 Engel, 英 angel) 113.
ênig *adj.*「ひとつの」(独 einig) 25.
eo＝io
êo *stm.*「法，法律」307.
êr *adv.*「かつて，以前に」(独 eher, 英 ere) 105.
erbiward *stm.*「相続者，跡継ぎ」(独 der Erbe) 79.
êrdagos *stm.*（*pl*）「かつての日々，昔日」362.
erđa *stf.*「大地；地面；土」(独 Erde, 英 earth) 41.
erđrîki *stn.*「地上界，この世界」(独 Erdreich) 376.
êrist *adv.*「初めて」(独 zuerst) 39.
erl *stm.*「立派な男性，家柄の良い男，貴人，貴族」(英 earl) 166.
Erodes「ヘロデ王」60.
êuangêlium *stm.*「福音（書）」13.
fader *m.*「父」(独 Vater, 英 father) 228.
faganon／fagonon *swv.*「喜ぶ」526.
fagar *adj.*「美しい，優しい，穏やかな」(英 fair) 200.
fagaro *adv.*「美しく，優美に，優しく」438.
fahs *stn.*「頭髪」200.

fal *stm*.「倒れること」(独 Fall, 英 fall) 496.
fan／fon *präp*.「…の,からの；…について,関して」(独 von) 11, 34.
Fanuel「ファヌエル」505.
far＝for
faran *stv*.(VI)「行く,旅する」(独 fahren, 英 to fare) 122.
fargeban／forgeban *stv*.(V)「与える,捧げる；約束する；許す」(独 vergeben) 132.
fargetan／forgetan *stv*.(V)「忘れる」(英 to forget, 独 vergessen) 242.
farhuggian *swv*.「悪く思う,軽蔑する」320.
farlâtan／forlâtan *stv*.(VII-1)「去る,見捨てる；疎かにする」(独 verlassen) 303, 454.
farlîhan *stv*.(Ⅰ)「貸与する,付与する」(独 verleihen) 54.
farsehan *stv*.(V)「見てとる,気づく」189.
farstandan *stv*.(VI)「理解する」(独 verstehen, 英 to understand) 187.
farûter *präp*.「…なしで」81.
fasto *adv*.「堅く,しっかりと」(独 fest) 22.
fehu *stn*.「家畜；財産」(独 Vieh) 390.
fel *stn*.「皮膚,肌」(♣独 Fell) 153.
feld *stn*.「野,原野」(独 Feld, 英 field) 390.
fellian *swv*.「倒す」(独 fällen, 英 to fell) 28.
fêmia／fêhmia *swf*.「乙女,女性,婦人」310.
ferah／ferh／fera *stn*.「心,魂；生命」263.
ferht／feraht *adj*.「賢明な；敬虔な」22.
ferhtlîko *adv*.「敬虔に」109.
fern *adj*.「前回の,この前の」217.
fiartig *num*.「40」(独 vierzig, 英 forty) 450.
fîdan／findan *stv*.(Ⅲ-1)「見つける」(独 finden, 英 to find) 403.
fif *num*.「5」(独 fünf, 英 five) 47.

語 彙 集

filo／filu *pron.*／*adj.*「多数（の）」（独 viel）5.
fingar *stm.*「指」（独 Finger, 英 finger）32.
finistri *stf.*「暗闇，暗黒」（独 Finsternis）390.
fior／fiuwar／fiwar *num.*「4」（独 vier, 英 four）9.
firihos *stm.* (*pl*)「人間」9.
firinwerk *stn.*「悪事，冒瀆」28.
fîund *stm.*「敵；悪魔」（独 Feind, 英 fiend）28.
flêsk *stn.*「肉」（独 Fleisch, 英 flesh）153.
flet *stn.*「居間，部屋，くつろげる家，居酒屋」（英 flat）150.
fôdian *swv.*「はぐくむ，育てる；産む」150.
fol／ful *adj.*「…でいっぱいの」（独 voll, 英 full）261.
folk *stn.*「人々，民衆；軍勢」（独 Volk, 英 folk）61.
folmos *stm.* (*pl*)「両手（のひら）」180.
fon＝fan
for／far／fur／fora *präp.*「…の前に；ために」（独 vor, für, 英 for, before）120.
forđ *adv.*「前方へ；外へ；更に」（独 fort, 英 forth）33.
forđro *swm.*「先人，祖先」483.
forht *adj.*「恐れている」115.
forhta *stf.*「恐怖」（独 Furcht, 英 fright）393.
forhtian *swv.*「恐れる」（独 fürchten, 英 to frighten）263.
formo *adj.*「第一の，最初の」217.
frâgon／frâgoian *swv.*「質問する」（独 fragen）210.
frâo／frâho／frôho／frôio *swm.*「主君」109.
frataha／fratoha／fratoa *stf.* (*pl*)「装身具，宝石類」380.
fremmian *swv.*「実行する」109.
frêsa *stf.*「危険，危害，損害」263.
frî *stn.*「（高貴な身分の）婦人，女性，妻」310.

— 241 —

『ヘーリアント（救世主）』

friđu *stm*.「平和，庇護」（独 Friede[n]）420.
friđubarn *stn*.「平和をもたらす御子，庇護を与える御子」450.
friđuwâra *stf*.「庇護された平和な状況」483.
friđuwîh *stm*.「聖所，神殿」513.
friundskepi *stm*.「愛情，友誼」（独 Freundschaft, 英 friendship）322.
frô「主君」490.
frôbra／frôfra *stf*.「慰め，救い」496.
frôd *adj*.「老成した，経験豊かな，賢明な」73.
frôdot *adj*.「年老いた」150.
fruma *stf*.「利益，有益さ」52.
frummian *swv*.「成就する，やってのける」4.
ful＝fol
fulgangan／fulgân *stv*.(Ⅶ-1)「従う」（独 folgen, 英 to follow）112.
furđor *adv*.「さらに前へ」（英 further）449.
Gabriel「大天使ガブリエル」120.
gaduling *stm*.「近親者，同族の者」221.
Galilealand「ガリラヤ」250.
gambra *stf*.「年貢，租税」355.
gangan *stv*.(Ⅶ-1)「行く」（独 gehen, 英 to go）102.
garo *adv*.「全く，完全に」（独 gar）206.
garu *adj*.「準備のできた」273.
geƀan *stv*.(Ⅴ)「与える」（独 geben, 英 to give）226.
geginward *adj*.「面前の，対面している」（独 gegenwärtig）258.
gegnungo *adv*.「明らかに，現実に」188.
geld *stn*.「いけにえ，供物；報い，支払い」（✞独 Geld）90.
geldan *stv*.(Ⅲ-2)「支払う，償う」（英 to yield, 独 vergelten）355.
gêlhert *adj*.「不遜な，心のおごった」221.
gêr *stn*.「年(月)」（独 Jahr, 英 year）198, 449.

語彙集

gern *adj*.「…を好む，希求する」92.
gerno *adv*.「喜んで，好んで」(独 gern) 77.
gêst *stm*.「霊，霊魂」(独 Geist, 英 ghost) 11.
gia＝ja
gialdrod *adj*.「年老いた」79.
gibâri *stn*.「態度，様子」(独 Gebärde, Gebaren) 212.
gibeddeo *swm*.「臥所を共にする者；夫，妻」147.
gibenkeo *swm*.「長椅子を共にする者」147.
giberan *stv*. (Ⅳ)「生み出す，生む」(独 gebären, 英 to bear) 123.
gibidig *adj*.「贈られた，恵まれた」80.
gibiodan *stv*. (Ⅱ)「命ずる；定まっている，命じられている」(独 gebieten, 英 to bid) 134, 529.
gibod *stn*.「命令，掟」(独 Gebot) 14.
gibodskepi *stn*.「命令，掟；告知，お告げ」(独 Gebot, Botschaft) 8, 301.
giburd *stf*.「誕生」(独 Geburt, 英 birth) 49.
gidurran *v. prät. präs*.「あえて…する」(英 to dare) 219.
gifregnan *stv*. (Ⅲ-2)「聞き知る」288.
gifrôdod *adj*.「年老いた」150.
gifrummian *swv*.「成就する，やってのける」4.
gigado *swm*.「仲間，同類」25.
gigamalod *adj*.「年老いた」72.
gigengi *stn*.「順番，行程」(独 Gang) 88.
gigirnan *swv*.「達成する」148.
gihêrod *adj*.「気高い；年老いた」102.
gihêtan *stv*. (Ⅶ-2)「約束する」(独 verheißen) 486.
gihîwian *swv*.「結婚する」308.
gihôrian *swv*.「聞く，聞き従う」(独 hören, gehorchen, 英 to hear)

『ヘーリアント（救世主）』

35.
gihôrig *adj*.「言うことを聞く，従順な」(独 gehorsam) 68.
gihuggian *swv*.「思い至る，考えつく」161.
gihwe *pron*.「どの…も，誰でも」59.
gihwilik *pron*.「どの…も」(♣独 welch，英 which) 56, 342.
gikiosan *stv*. (II)「選び出す」(英 to choose，独［雅］kiesen) 12.
gikûdian *swv*.「告知する」(独 verkünden) 123.
gilêstian *swv*.「従う，（言われたように）実行する」(独 leisten) 170.
gilîk *adj*.「等しい，同じの」(独 gleich，英 like) 211.
gilôbo *swm*.「信仰，信念」(独 Glaube，英 belief) 290.
gimahlian *swv*.「（面と向かって）話す，語る；ある人と婚約する」(独 vermählen) 139, 254.
gimanon *swv*.「促す，勧告する；思い出させる」(独 mahnen) 89.
gimarkon *swv*.「決める，定める」128.
giniman *stv*. (IV)「取る」(独 nehmen) 330.
ginist *stf*.「救い」(独 Genesung) 520.
gio＝io
giôkana *adj*.「妊娠した」294.
giowiht／eowiht *pron*.「何かあるもの」222.
girûni *stn*.「神秘，秘密」3.
gisamnon *swv*.「集める」(独 sammeln) 96.
gisehan *stv*. (V)「見る；ふと気づく，認める」(独 sehen，英 to see) 35, 113.
gisîd *stm*.「従者，家来；お供，同行者」(独 Gesinde) 129, 534.
gisîdi *stn*.「（集合的に）従者，家来，郎党；人々，仲間」(独 Gesinde) 64, 334.
giskapu *stn*. (*pl*)「定め，掟，運命」336.
giskeppian *stv*. (VI)「創造する」(独 schaffen, schöpfen，♣英 to shape)

語彙集

39.

giskrîban *stv*.（Ⅰ）「書く」（独 schreiben）231.
gispanan *stv*.（Ⅵ）「励ます，そそのかす」1.
gisprekan *stv*.（Ⅳ）「話す」（独 sprechen，英 to speak）35.
gistân／gistandan *stv*.（Ⅵ）「生じる，起きる」（✠独 entstehen）88.
git *pron*.「汝らふたり」130.
gital *stn*.「数」（独 Zahl，英［古］tale）198.
gitellian *swv*.「物語る；数える」（独［er］zählen，英 to tell）94.
gitôgian *swv*.「示す」（独 zeigen）434.
gitrûon *swv*.「信頼する」（独 vertrauen）285.
githâht *stf*.「考え，信念，信仰」（独 Gedanke）118.
githîhan *stv*.（Ⅰ）「成長する」（独 gedeihen）253.
githolon／githolian／githloian *swv*.「耐える，害をこうむる」（独 dulden）502.
githungan *adj*.「きちんとした，身持ちのよい」（独 gediegen）319.
giu／iu *adv*.「すでに，かつて」156.
giwald *stf*.「統治力，支配力，権力」（独 Gewalt）59.
giwaldan *stv*.（Ⅶ-1）「支配する」（独 walten）45.
giwand *stn*.「転回；終末」268.
giwardon *swv*.「身を守る；世話をする」（英 to ward，独 warten）300.
giwâron *swv*.「真実であると証明する」（独 bewahrheiten）374.
giwendian *swv*.「まわる，転じる，改める」（独 wenden）330.
giwerđan *stv*.（Ⅲ）「生じる」（独 werden）141, 171.
giwerk *stn*.「働き，わざ」（独 Werk，英 work）160.
giwîhian *swv*.「祝福する，崇拝する」（独 weihen）262.
giwinnan *stv*.（Ⅲ-1）「獲得する；やってのける，成就する」（独 gewinnen，英 to win）57, 143.
giwirki *stn*.「仕事，働き」（独 Werk，英 work）20, 203.

『ヘーリアント（救世主）』

giwirkian *swv*.「行う，実行する；作成する」（独 wirken，英 to work）36，230．
giwîsian *swv*.「示す，告知する」（独 weisen）36．
giwit *stn*.「理性，分別，知恵」（英 wit，独 Weisheit）23．
giwîtan *stv*.（II）「出発する，行く，去る」356．
giwrîtan *stn*.（I）「（ひっかいて）書く」（英 to write，独 ritzen）233．
glau *adj*.「賢い」442．
god *stm*.「神」（独 Gott，英 god）2，7．
gôd *adj*.「良い」（英 good，独 gut）25．
godkund *adj*.「神の種族の，神に由来する，神の，神聖な」188．
gôdlîk *adj*.「良き」336．
godspell *stn*.「福音」（英 gospel）25．
gôdwillig *adj*.「良き意図の，善意の」（独 gutwillig）421．
gômian *swv*.「見張り番をする，警固する」389．
grôtian *swv*.「呼びかける，挨拶する」（英 to greet，独 grüßen）258．
gruri *stm*.「驚愕，恐怖」（独 Grauen, Graus, Grausen，英 grue, grueness）112．
gumo *swm*.「人，男」73．
haldan *stv*.（VII-1）「保つ，保護する；世話をする」（独 halten，英 to hold）71，130．
halon *swv*.「連れてくる；受け取る」（独 holen）302．
hand *stf*.「手」（英 hand，独 Hand）7．
handgiwerk *stn*.「手の技，手仕事」（独 Handwerk，英 handwork）531．
handmahal *stn*.「集会地，民会；原籍地，出身地」346．
hard *adj*.「厳しい，困難な」（独 hart，英 hard）240．
hardo *adv*.「厳しく」320．
harm *adj*.「遺憾な；苦々しい」159．
harm *stm*./*n*.「災厄，災い」（独 Harm，英 harm）498．

語 彙 集

harmskara *stf*.「人に課された罰, 苦悩」240.
heḃankuning *stm*.「天の王, 天帝」(独 Himmelskönig, 英 heaven king) 82.
heḃanwang *stm*.「天の園, 天国」275.
hebbian *swv*.「持っている」(独 haben, 英 to have) 10.
hêl *adj*.「健全な, 癒された；幸福な」(独 heil, 英 whole, hale) 259.
hêlag *adj*.「聖なる」(独 heilig, 英 holy) 7.
hêlaglîko *adv*.「神聖に」328.
hêland／hêliand／hêleand「救い主, 救世主」(独 Heiland) 50.
heliđ *stm*.「勇者, (一人前の) 男」(独 Held) 15.
helmgitrôsteo *swm*.「兜をかぶった従士, 武人」58.
helpa *stf*.「助け」(英 help, 独 Hilfe) 11.
hêmsittiand(i) *part*.「領地所有者, 領主, 王侯」343.
hêr／hier／hîr *adv*.「ここへ」(独 hier, hierher, 英 here) 216.
heriskepi *stn*.「軍勢；人々, 民衆」(独 Heer) 55.
heritogo *swm*.「将軍；代官, 総督」(独 Herzog) 58.
herod *adv*.「こちらへ」137.
hêrro *swm*.「主, 主君, 天主」(独 Herr) 100.
herta *swn*.「心, 心臓」(英 heart, 独 Herz) 21.
hêtan *stv*. (VII-1)「…と称する, …という名である；呼ぶ；命ずる」(独 heißen) 18.
Hierusalem「エルサレム」61.
hildiskalk *stm*.「戦士」68.
himil *stm*.「天」(独 Himmel, 英 heaven) 11.
himilisk *adj*.「天国の」(独 himmlisch) 15.
hinan *adv*.「ここから」(独〔von〕hinnen) 482.
hirdi *stm*.「牧者, 牧人」(独 Hirt[e], 英 herd, shep-herd) 422.
hîwa *swf*.「妻」302.

『ヘーリアント（救世主）』

hîwiski *stn*.「家族，家庭」356.
hluttar *adj*.「明るい，清らかな」(独 lauter) 111.
hobid *stn*.「頭」(独 Haupt，英 head) 356.
hôh *adj*.「高い，崇高な」(独 hoch，英 high) 266.
hôhgisetu *stn*. (*pl*)「高位の地位，玉座，王座」365.
hold *adj*.「好意を抱いた，忠実な」(独 hold) 482.
hôrian *swv*.「聞く，聞き従う」(独 hören, gehorchen，英 to hear) 35.
hugi *stm*.「思い，考え」22.
hugiskefti *stf*. (*pl*)「思い，心，胸中」436.
huldi *stf*.「恩恵，恩寵」(独 Huld) 100.
hûs *stn*.「家」(独 Haus，英 house) 102.
hwan *adv*.「いつ」(独 wann，英 when) 105.
hwand *konj*.「というのは，何故かというと」29.
hwâr *adv*.「どこで；いつ」(独 wo，英 where) 45.
hwargin *adv*.「どこかに」(独 irgendwo) 25.
hwarod *adv*.「どこ(か)へ」121.
hwat *pron*.「何か」(英 what，独 was) 188.
hwerban *stv*. (III-2)「向きを変える；ある方向に行く」282.
hwîl(a) *stf*.「期間」(独 Weile，英 while) 170.
hwilik *pron*.「どの」(独 welch，英 which) 44.
hwô／huô *adv*.「いかにして」(英 how，独 wie) 8.
idis *stf*.「女，妻，娘」79.
Iesu「イエス」326.
inka *pron*.「汝らの」321.
innan *adv*./*präp*.「内部へ；…の中に(へ)」→ an...innan「…の中へ」103.
io／gio／eo *adv*.「どんな時でも，いつでも；かつて」(独 je，英 ever) 26.
Iohannes「洗礼者ヨハネ」19, 133.

語彙集

Ioseph「ヨセフ」254.
irminthiod *stf.*「諸国の民，全人類」340.
Israhel「イスラエル」65.
iu＝giu
ja／gia *konj.* → ja…ja…「…も…も」354.
jak／giak／gek *konj.*「そしてまた，ならびに」212.
Jakob「太祖ヤコブ」75.
Judeo *swm.*「ユダヤ人」61.
juguđ *stf.*「青年期」(独 Jugend, 英 youth) 148.
juguđhêd *stf.*「若さ，若い時期」(独 Jugend, 英 youth) 80.
jungaro *swm.*「弟子，門弟，奉公人」(独 Jünger) 242.
jungarskepi *stm.*「奉仕，奉公；礼拝」92.
kara *stf.*「苦悩」(英 care) 499.
kêser／kêsur *stm.*「皇帝」(独 Kaiser) 62.
kind *stn.*「子供」(独 Kind) 123.
kindjung *adj.*「幼児のように若い，みどり子の」167.
kiosan *stv.* (II)「選び出す」(英 to choose, 独［雅］kiesen) 12.
knôsal *stn.*「一族，種族」66.
kraft *stf.／m.*「力，権力；多勢，軍勢」(独 Kraft) 12, 416.
kribbia *swf.*「飼葉桶，まぐさ桶」(独 Krippe, 英 crib) 382.
Krist「キリスト」3.
kûđ *adj.*「知られた」(独 kund, bekannt) 386.
kûđian *swv.*「告知する」(独 verkünden) 123.
kuman *stv.* (IV)「来る」(独 kommen, 英 to come) 49.
kumi *stm.* (*pl*)「到来」489.
kuning *stm.*「王」(独 König, 英 king) 62.
kunnan *v. prät. präs.*「知っている，…の術を心得ている；…できる」(独 kennen／können, 英 can, to know) 208.

― 249 ―

『ヘーリアント（救世主）』

kunni *stn*.「種族，一族」（英 kin, kind）74.
land *stn*.「国土，大地」（英 land, 独 Land）44.
landsidu *stm*.「国のならわし」（独 Landessitte）454.
landskepi *stn*.「国土，領国」（英 landscape, 独 Landschaft）344.
lang *adj*.「長い，永遠の」（独 lang, 英 long）70.
lango *adv*.「長く，永遠に」（独 lange）176.
lastar *stn*.「罪悪，悪行」（独 Laster）81.
lat *adj*.「だらけた，怠惰な；弱い，萎えた；遅い」（英 late）142, 152.
lâtan *stv*. (Ⅶ-1)「…させる」（英 to let, 独 lassen）323.
lêđ *adj*.「いやな，不快な」（独 leid, 英 loath）323.
lêđ *stn*.「罪悪，災い，悪事」（独 Leid）101.
leggian *swv*.「置く」（独 legen, 英 to lay）232.
lêra *st*./*sw*.*f*.「教え」（独 Lehre）6.
lêstian *swv*.「従う，（言われたように）実行する」（独 leisten）170.
Levi「レビ」74.
libbian *swv*.「生きる」（独 leben, 英 to live）81.
lid *stm*.「四肢，手足；身体」（独 Glied, 英 limb）323.
lîđ *stn*.「果実酒」126.
lîđan *stv*. (Ⅰ)「行く，過ぎ去る」154.
lîf *stn*.「人生，生命」（独 Leben, 英 life）126.
liggian *stv*. (Ⅴ)「横たわっている」（独 liegen, 英 to lie）406.
lîk *stn*.「身体，肉体」（♣独 Leiche）154.
liof *adj*.「…にとって好ましい」（独 lieb）19.
liof *stn*.「恵み，恩恵」（独 Liebe, 英 love）497.
lioflîko *adv*.「好ましく」（独 lieblich, ♣英 lovely）381.
lioht *stn*.「光；…の世界」（独 Licht, 英 light）199.
lioht *adj*.「明るい，明晰な」（独 licht, 英 light）290.
list *stm*.「知恵，賢明さ」（♣独 List）315.

語彙集

liudi *stm.* (*pl*)「人々」(独 Leute) 6.
liudskepi *stn.*「人々，民族」44.
liudstamn *stm.*「人々，民衆」248.
lobon *swv.*「賛美する」(独 loben) 6.
lof *stn.*「賞賛」(独 Lob) 81.
lofsâlig *adj.*「賞賛に値する」176.
lofword *stn.*「讃美の言葉」(独 Lobwort) 413.
lôs *adj.*「…がない，…を失った」(独 los[e]，英 loose, less) 87.
Lucas「ルカ」19.
lud *stm.*/*f.*「容姿」154.
luft *stm.*/*f.*「空気，大気，上空」(独 Luft) 391.
luttil *adj.*「小さい」(英 little) 381.
magađ *stf.*「乙女，処女」(独 Magd, Mädchen, 英 maid[en]) 252.
magađhêd *stf.*「処女である時代，娘時代」507.
magu *stm.*「息子，少年」165.
mahlian *swv.*「(面と向かって)話す，語る」139.
maht *stf.*「力，権力」(独 Macht, 英 might) 10.
mahtig *adj.*「強力な，権勢ある」(独 mächtig, 英 mighty) 37.
makon *swv.*「作る」(英 to make, 独 machen) 241.
man *stm.*/*pron.*「人間，男」(英 man, 独 Mann) 18, 111.
manag *adj.*「多くの」(独 manch, 英 many) 1.
mankunni *stn.*「人類」(英 mankind) 4.
manon *swv.*「促す，勧告する；思い出させる」(独 mahnen) 89.
Marcus「マルコ」18.
mâri *adj.*「名高い，立派な，輝かしい」269.
Maria「マリア」252.
mâriđa *stf.*「告知；偉大なわざ，奇跡」4.
markon *swv.*「決める，定める」128.

『ヘーリアント（救世主）』

Matheus「マタイ」18.
meginkraft *stf*.「大きな力」156.
meldon *swv*.「訴え出る；裏切る」（独 melden）305.
mên *stn*.「冒瀆，不義」84.
mendian *swv*.「…を喜ぶ」526.
mendislo *swm*.「喜び」402.
menigi *f*.「多数，多量」（独 Menge）10.
mêr *adj*./*adv*.「より多く（の）」（独 mehr, 英 more）15, 26.
mêr *adv*.「いやましに」26.
merrian *swv*.「混乱させる」329.
mêst *adj*./*adv*.「最大の；最も」（英 most, 独 meist）54, 202.
mêster *stm*.「師匠，先生」（独 Meister, 英 master）30.
metod *stm*.「（神の）はからい；運命」128.
mid *präp*.「と共に，…で」（独 mit）5.
middilgard *stm*./*f*.「中間の世界，人間界，現世」51.
mikil *adj*.「大きな」(♣英 much) 23, 182.
mildi *adj*.「寛大な；柔和な」（英・独 mild）30.
minnia *stf*.「愛情」（独 Minne）331.
minnion *swv*.「愛する，思いをかける」（独［雅］minnen）318.
môd *stm*.「勇気，気持ち，心」（独 Mut, 英 mood）1.
môdar *f*.「母」（英 mother, 独 Mutter）215.
môdgithâht *stf*.「心中の思い，心情」329.
môdsebo *swm*.「心，胸中」241.
môtan *v*. *prät*. *präs*.「許されている；…できる；ねばならぬ」（独 müssen, 英 must）15.
mûd *stm*.「口」（独 Mund, 英 mouth）165.
mundboro *swm*.「庇護者，後見人」378.
munilîk／munalîk *adj*.「愛らしい」252.

語 彙 集

nagal *stm*.「爪」(独 Nagel, 英 nail) 200.
nâh *adv*.「近く」(独 nah) 182.
nâhian *swv*.「近づく」(独 nahen) 520.
naht *stf*.「夜」(独 Nacht, 英 night) 400.
nahtes *adv*.「夜の間に」(独 nachts) 425.
namo *swm*.「名前」(独 Name, 英 name) 133.
Nazarethburg「ナザレの町」257.
ne／ni *adv*.「…ない」→ ne...ne...「…でもなく…でもない」15, 85.
neban *konj*.「もし…でなければ, …を除いては, …以外には」16, 66.
negên／nigên *pron*.「誰も…ない」(独 kein, 英 none) 226.
neo／nio／nia *adv*.「決して…ない」(独 nie, 英 never) 267.
neriand *stm*.「救世主」520.
ni＝ne
nîđ *stm*.「敵意, 憎しみ」(独 Neid) 28.
niman *stv*.(IV)「取る」(独 nehmen) 235.
nio＝neo
niotan *stv*.(II)「楽しむ, 享受する」(独 genießen) 224.
nis／nist＝ni is／ni ist
niud *stm*.「欲求, 願望」182.
niudlîko *adv*.「熱心に」210.
niudsam *adj*.「好ましい, 美しい」224.
noh *adv*.「今なお」(独 noch) 46.
nu *konj*.「今や…なので；ところが」(独 nun, 英 now that) 150.
ober／obar／ofer *präp*.「…の上に, 上へ」(独 über, 英 over) 61.
ôdan *adj*.「恵まれた, (良い物を) 与えられた」124.
ôdmôdi *stn*.「謙虚さ, へりくだり」376.
ôđar *adj*.「他の, 別の」(英 other, 独 ander) 103.
ôđarlîk *adj*.「別の形の, 異なった」155.

『ヘーリアント（救世主）』

ôđil *stm*.「部族所有地；原籍地，本貫，故郷」345.
of／ef *konj*.「もし…なら」（英 if，♣独 ob）163.
oft *adv*. → sô oft sô「…する度ごとに」（英 as often as，独 sooft）88.
ôga *swm*.「目」（独 Auge，英 eye）476.
ôk *konj*.「なおまた」（独 auch，英［詩］eke）237.
ôkan *adj*.「妊娠した」193.
Oktaviân「オクタヴィアヌス」340.
quân *stf*.「女；妻」（♣英 queen）193.
queddian *swv*.「話しかける，挨拶する」258.
queđan *stv*.（V）「言う」116.
râd *stm*.「忠告，助言，得策」（独 Rat）226.
râdburd *stf*.「執政権，政権，支配力」71.
rehto *adv*.「正に」（独 recht，英 right）409.
rekkian *swv*.「物語る，説く」3.
rîki *adj*.「権勢ある」（♣独 reich，英 rich）3.
rîki *stn*.「王者，領主；領国；支配力，権力」（独 Reich）54, 57.
rink *stm*.「（若い）戦士；男」226.
rôkfat *stn*.「（提げ）香炉」（独 Räuchergefäß, Weihrauchfaß）108.
Rômanoliudi *stm*.（*pl*）「ローマ人たち」54.
Rûmuburg *stf*.「ローマ城(砦)；ローマ都市」57.
saka *stf*.「訴訟，裁判沙汰；法にもとる罪悪，犯罪；事柄，物事」（独 Sache）85.
sâlig *adj*.「敬虔な，善良な；至福の」（独 selig，♣英 silly）76.
sâliglîk *adj*.「敬虔な，善良な；至福の」468.
sâliglîko *adv*.「幸いなことに」（独 seliglich）48.
saman *adv*.「一緒に，共に」（独 zusammen, samt，♣英 same）510.
samnon *swv*.「集める；集まる」（独［sich］sammeln）96, 349.
sân *adv*.「すぐに，即刻」（英 soon）170.

語彙集

sang *stm*.「歌声」(英 song, 独 Gesang) 414.
sebo *swm*.「心, 心情」293.
seggian *swv*.「説く」(独 sagen, 英 to say) 33.
sehan *stv*. (V)「見る」(独 sehen, 英 to see) 35.
sehs *num*.「6」(独 sechs, 英 six) 48.
self *pron*.「…自身」(英 self, 独 selber, selbst) → sô self「同様に」35, 78.
sendian *swv*.「送る, 派遣する」(独 senden, 英 to send) 122.
settian *swv*.「設置する, 起草する, 任命する」(独 setzen, 英 to set) 33.
sibbia *stf*.「血族」(独 Sippe, 英 sib) 64.
sîda *stf*.「脇腹, 腰部」(独 Seite, 英 side) 152.
sîd *stm*.「旅, 道」122.
sîdon/sîdogean *swv*.「行く」425.
sîdor *konj*.「…以来」(独 seit, 英 since) 147.
simbla *adv*.「常に」309.
simblon *adv*.「いつも；なおも」77.
Simeon「シメオン」468.
singan *stv*. (III-1)「歌う」(独 singen, 英 to sing) 33.
sittian *stv*. (V)「座っている；居住する」(独 sitzen, 英 to sit) 58.
siun *stf*.「視覚, 眼力」152.
skadowan *swv*.「陰でおおう」(英 to shadow, 独 beschatten) 279.
skalk *stm*.「しもべ, 下僕」(独 Schalk) 482.
skeppian *stv*. (VI)「創造する」(独 schaffen, schöpfen, ⌘英 to shape) 39.
skerian *swv*.「分け与える,（命令を）渡す, 指令する」164.
skimo *swm*.「陰」279.
skôni *adj*.「美しい」(独 schön) 199.
skrîban *stv*. (I)「書く」(独 schreiben) 7.

— 255 —

『ヘーリアント（救世主）』

skrîdan *stv.*（Ⅰ）「進行する」（独 schreiten）197.
skulan *v. prät. präs.*「…すべきである，はずである」（独 sollen，英 shall）8.
slekkian *swv.*「鈍くする，弱くする」152.
sliumo／sniumo *adv.*「急いで，迅速に」137.
snel *adj.*「勇気ある，大胆な」202.
sô *adv.／konj.*「そのように，たいそう…；…した時；…なので；…することによって；…であるように，…のように；もし…ならば；…なのだから」14, 62.
sôđlîk *adj.*「真実の」183.
sôđlîko *adv.*「真心をこめて」494.
sôkian *swv.*「探し求める，訪ねる」（独 suchen，英 to seek）345.
sorga *stf.*「配慮，心配，苦悩」（独 Sorge，英 sorrow）85.
spâhi／spâh *adj.*「明敏な，賢い」125.
spâhlîko *adv.*「明瞭に」238.
spanan *stv.*（Ⅵ）「励ます，そそのかす」1.
sprâka *st.／sw. f.*「言語，言葉」（独 Sprache，英 speach）173.
sprekan *stv.*（Ⅳ）「話す」（独 sprechen，英 to speak）35.
stân／standan *stv.*（Ⅵ）「立っている」（独 stehen，英 to stand）101.
stark *adj.*「強い」（独 stark）29.
stemna *st.／sw. f.*「声」（独 Stimme）24.
sterkian *swv.*「強める」（独 stärken）55.
stôl *stm.*「王座，玉座」（独 Stuhl，英 stool）361.
strîd *stm.*「闘争，抵抗」（独 Streit）29.
stum *adj.*「おしの，口がきけない」（独 stumm）169.
sûbro *adv.*「清らかに」（独 sauber）334.
sulik *pron.*「そのような」（独 solch，英 such）118.
sum *pron.*「ある人［もの］」（英 some）→ sum…sum…「ある者は,,

語彙集

またある者は,,」496.
sumar *stm*.「夏」(独 Sommer, 英 summer) 465.
sundia *stf*.「不義,(道徳上の)罪悪」(独 Sünde, 英 sin) 85.
sunu *stm*.「息子」(独 Sohn, 英 son) 75.
sus *adv*.「このようにして」150.
swâs *adj*.「親しい,身内の」202.
swîđ(i) *adj*.「強い」185.
swiđo *adv*.「非常に,たいそう」70.
te *präp*.「…へ;のために;として」(独 zu, 英 to, at) 9.
tedêlian *swv*.「分離させる,分ける」(独 zerteilen) 511.
tegegnes *adv*.「…に向かって」(✠独 zugegen) 274.
têkan *stn*.「しるし,証拠」(英 token, 独 Zeichen) 405.
telâtan *stv*. (Ⅶ-1)「分裂する,分かれる」391.
tellian *swv*.「物語る;数える」(独 [er]zählen, 英 to tell) 94.
tesamne *adv*.「ともに,一緒に」202.
tîd *stf*.「時,時代」(独 Zeit, 英 tide, time) 89.
tiohan *stv*. (Ⅱ)「引く,導く,教育する」(独 [er]ziehen) 131.
tîr *stm*.「栄誉,名声」(✠独 Zier) 131.
tô *adv*.「…に向かって」(英 to, 独 zu) → tô…te「…へ」(独 zu…hin) 114, 428.
tôgian *swv*.「示す」(独 zeigen) 434.
torht *adj*.「輝かしい」428.
torhtlîko *adv*.「輝かしく」89.
treuwa *stf*.「忠節,貞節,誠意」(独 Treue, 英 truth) 131.
trûon *swv*.「信頼する」(独 vertrauen) 285.
twêne／twô／twê *num*.「2」(英 two, 独 zwei) → an twê「ふたつに」(独 in zwei, entzwei) 204, 390.
twêntig *num*.「20」(英 twenty, 独 zwanzig) 144.

『ヘーリアント（救世主）』

twîfli *adj*.「疑いをもった」(独 zweifelnd) 287.
twîflian *swv*.「疑う」(独 zweifeln) 328.
than *adv*./*konj*.「すると，ところで，それから；それよりも；その分だけ；…の時は，もし…したら，…よりも」(英 then，独 dann) 9, 15, 70, 135.
thanan *adv*.「そこから；それゆえに」(独 dannen) 276.
thank *stm*.「思い，意志；恩情，感謝」(独 Dank／Gedanke，英 thank／thought) 66, 118.
thar *adv*.「そこで，その時」72.
tharod *adv*.「そこへ，その場所へ」62.
that *konj*.「その結果」(独 [so]daß，英 [so]that) 2.
thau *stm*.「慣習」306.
the *pron*.（関係代名詞）1.
thegan *stm*.「（若い）従士，家来；男；使徒」(独 Degen，英 thane) 178.
thenkian *swv*.「考える」(独 denken，英 to think) 235.
theolîco／thiolîko *adv*.「うやうやしく」99.
thes *konj*.「…の故に」476.
thesa *pron*.「これ」(独 dieser，英 this) 26.
thiggean／thiggian *swv*.「懇願する；（願って）受け取る，受ける」99.
thîhan *stv*.（Ⅰ）「成長する」(独 gedeihen) 253.
thîn *pron*./*adj*.「汝のもの；汝の」(独 dein，英 thy) 116.
thing *stn*.「事，もの」(独 Ding，英 thing) 27.
thiod[a] *stf*.「民衆，人々」56.
thiodan「民衆の首領，人民統率者」63.
thiodgod *stm*.「（万民の）神，偉大な神」285.
thionon *swv*.「仕える，奉仕する」(独 dienen) 77.
thionost *stm*.「奉仕；礼拝」(独 Dienst) 118.
thiorna *swf*.「若い娘，乙女」253.

語彙集

thiu *stf*.「下女，はしため；乙女」285.
thô *adv*.「すると，そこで」(独 da) 5,
thoh *adv*./*konj*.「しかしながら，ところが；…ではあるが，…にもかかわらず」(英 [al]though, 独 doch) 9, 173.
tholon/tholian/tholoian *swv*.「耐える，害をこうむる」(独 dulden) 502.
thrim *stm*.「苦しみ」502.
thringen *stv*. (III-1)「押し寄せる」(独 dringen) 181.
thunkian *swv*.「…のように思われる」(独 dünken) 157.
thuo *konj*.「…する時に」(独 da) 39.
thurƀan *v. prät. präs*.「…する必要がある」(✠独 dürfen) 169.
thurftig *adj*.「困窮した，哀れな」(独 [be]dürftig) 525.
thurh *präp*.「…を通じて，によって；のために」(独 durch, 英 through) 17.
umbi *präp*.「…のまわりに，を取り囲んで」(独 um) 102.
undar *präp*.「…の下に(へ)，中に(へ)，間に」(英 under, 独 unter) 4.
unka *pron*.「私たち2人の」(独 wir zwei, 英 we two) 142.
unreht *stn*.「不正」(独 Unrecht) 308.
unrîm *stm*.「無数，大量，多量」410.
unskôni *adj*.「美しくない」(独 unschön) 153.
unwand *adj*.「不変の，心変わりしない」(独 unwandelbar) 70.
ûsa *pron*.「私達の」(独 unser, 英 our) 83.
ût *adv*.「内から外へ」(英 out, 独 aus) 181.
ûta *adv*.「外で，戸外で」388.
ûtan *adv*.「…の外で」(独 draußen, 英 out) 104.
wâd(i) *stn*./*f*.「衣服，布地」(✠英 weed) 379.
wahsan *stv*. (VI)「生い育つ」(独 wachsen, 英 to wax) 42.
wahta *st*./*sw. f*.「見張り，警戒」(独 Wache, 英 watch) 389.

— 259 —

『ヘーリアント（救世主）』

wakon／wakogean *swv.*「目覚めている，起きている」（独 wachen，英 to wake, to watch）384.
waldand *stm.*「支配者」20.
wanga *swn.*「ほほ，ほお」（独 Wange）201.
wânian *swv.*「思う，希望する」213.
wânlik *adj.*「容貌が美しい」207.
wânum／wânam *adj.*「美しい，美事な」168.
wâpan *stn.*「武器」（独 Waffe，英 weapon）501.
wâr *adj.*「真実の」（独 wahr）406.
wâr(a) *stn./f.*「真実」（独 Wahrheit）171.
waralîko *adv.*「注意深く，用心深く」300.
ward *stm.*「番人」（英 ward，独 Wart，Warte，Wärter）387.
wardon *swv.*「身を守る；世話をする」（英 to ward，独 warten）300.
wêk *adj.*「柔かい，弱い，臆した」（英 weak，独 weich）262.
wel *adv.*「よく，十分に」（独 wohl，英 well）130.
wendian *swv.*「まわす，転じる，改める」（独 wenden）220.
wer *stm.*「男，人間」352.
werd *adj.*「価値ある，貴重な；好ましい」（独 wert，英 worth[y]）117.
werđan *stv.*(III)「…になる」（独 werden）12.
werdlîko *adv.*「うやうやしく」417.
werk *stn.*「働き，行為；困難なこと，苦痛，悲しみ」（独 Werk，英 work）5, 501.
werod *stn.*「人々；民衆」98.
werold *stf.*「世界；人の世，人生」（英 world，独 Welt）26.
weroldaldar *stn.*「世界の年齢；時代，年代」（独 Weltalter）45.
wesan *anom. v.*「ある」（独 sein，英 be）1.
wîd *adj.*「広大な」（独 weit，英 wide）136.
wîdo *adv.*「広く，遠く」（独 weit，英 wide）45.

語彙集

widowa *swf*.「寡婦，やもめ」(独 Witwe，英 widow) 512.
wiđ *präp*.「…に逆らって，対抗して」(独 wider，英 with) 52.
wiđarstandan *stv*. (Ⅵ)「反抗する」(独 widerstehen) 29.
wîf *stn*.「妻，成人女性」(英 wife，独 Weib) 78.
wig(gi) *stn*.「馬」389.
wîh *stm*.「聖所，神殿」90.
wîhian *swv*.「祝福する，崇拝する」(独 weihen) 262.
wîhrôk *stm*.「乳香，香煙」(独 Weihrauch) 106.
wiht *stm*.「こと，もの；何か；妖精，悪魔」83.
willien／wellian *anom. v*.「…するつもりである」(独 wollen，英 will) 5.
willio *swm*.「意志，心；喜ばしいこと，望ましいこと」(独 Wille，英 will) 78, 398.
wilspel *stn*.「喜ばしい知らせ，福音」519.
wîn *stm.／n*.「ワイン」(独 Wein，英 wine) 127.
windan *stv*. (Ⅲ-1)「回る，向きを変える」(独 sich wenden, winden，英 to wind) 415.
wini *stm*.「友人，味方」70.
winitreuwa *stf*.「貞節，夫婦間の愛情」321.
winnan *stv*. (Ⅲ-1)「獲得する」(独 gewinnen，英 to win) 57.
wînseli *stm*.「ワイン(を飲むための)広間，酒宴の間，客間」229.
wintar *stm*.「冬」(独 Winter，英 winter) 145.
wirđig. *adj*.「(…にとって)貴重な，価値のある，ふさわしい；親愛な」(独 würdig, wert，英 worth[y]) 20, 260.
wirkian *swv*.「行う，実行する，働く，作成する」(独 wirken，英 to work) 36.
wîs *adj*.「賢い」(英 wise，独 weise) 5.
wîsa *st.／sw. f*.「やり方，仕方」(独 Weise，英 wise) 211.

wisbodo *swm*.「使者，天使」249.
wîsian *swv*.「指し示す，告知する，導く」(独 weisen) 36.
wîslîk *adj*.「賢明な」(独 weislich) 23.
wita *interj*.「さあ；さあ…しようではないか」223.
witan *v. prät. präs*.「知っている」(独 wissen) 251.
wîti *stn*.「罰；悩み；邪悪さ」164.
wîtnon *swv*.「処刑する，殺す」501.
wlitig *adj*.「輝くほど美しい，見映えのする」201.
wolkan *stn*.「雲」(独 Wolke) 392.
word *stn*.「言葉」(独 Wort，英 word) 2.
wordgimerki *stn*.「言葉のしるし，記号」233.
worrian *swv*.「混乱させる，当惑させる」(独 verwirren) 296.
wrêd *adj*.「立腹した；悩んだ；邪悪な」(英[詩]wroth, wrath, wrathful) 318.
wrîtan *stn*. (I)「(ひっかいて) 書く」(英 to write，独 ritzen) 233.
wundar *stn*.「驚き，不思議なこと」(独 Wunder，英 wonder) 157.
wundarlîk *adj*.「驚嘆すべき，不思議な」(独 wunderlich，英 wonderful) 36.
wundron *swv*.「驚く，いぶかしく思う」(英 to wonder，独 sich [ver-] wundern) 141.
wurdgiskapu *stn*. (*pl*)「運命，宿命」127.
Zacharias「ザカリア」76.

|著者紹介|

石川光庸 ［いしかわ・みつのぶ］ 京都大学教授（ゲルマン語学）

目録進呈　落丁本・乱丁本はお取替えいたします。

平成14年8月30日　©第1版発行

古ザクセン語 ヘーリアント（救世主）	訳・著者　石　川　光　庸
	発行者　佐　藤　政　人
	発行所
	株式会社　大　学　書　林
	東京都文京区小石川4丁目7番4号
	振替口座　00120-8-43740
	電話　(03) 3812-6281〜3番
	郵便番号　112-0002

ISBN4-475-00921-9　　TMプランニング・熊谷印刷・牧製本

大学書林
語学参考書

著者	書名	判型	頁数
工藤康弘 著 藤代幸一	初期新高ドイツ語	A5判	216頁
藤代幸一 岡田公夫 著 工藤康弘	ハンス・ザックス作品集	A5判	256頁
塩谷　饒 著	ルター聖書	A5判	224頁
古賀允洋 著	中高ドイツ語	A5判	320頁
浜崎長寿 著	中高ドイツ語の分類語彙と変化表	B6判	176頁
浜崎長寿 松村国隆 編 大澤慶子	ニーベルンゲンの歌	A5判	232頁
戸沢　明 訳 佐藤牧夫・他著	ハルトマン・フォン・アウエ 哀れなハインリヒ	A5判	232頁
赤井慧爾 斎藤芙美子 訳著 武市　修 尾野照治	ハルトマン・フォン・アウエ イーヴァイン	A5判	200頁
尾崎盛景 著 高木　実	ハルトマン・フォン・アウエ グレゴリウス	A5判	176頁
山田泰完 訳著	ヴァルター・フォン・デァ・フォーゲルヴァイデ 愛の歌	A5判	224頁
須沢　通 著	ヴォルフラム・フォン・エッシェンバハ パルツィヴァール	A5判	236頁
古賀允洋 著	クードルーン	A5判	292頁
佐藤牧夫・他著	ゴットフリート・フォン・シュトラースブルク 「トリスタン」から リヴァリーンとブランシェフルール	A5判	176頁
岸谷敞子 柳井尚子 訳著	ワルトブルクの歌合戦	A5判	224頁
岸谷敞子・他著	ドイツ中世恋愛抒情詩撰集 ミンネザング	A5判	312頁
髙橋輝和 著	古期ドイツ語文法	A5判	280頁
新保雅浩 著	古高ドイツ語 オトフリートの福音書	A5判	264頁
斎藤治之 著	古高ドイツ語 メルクリウスとフィロロギアの結婚	A5判	232頁
藤代幸一 檜枝陽一郎 著 山口春樹	中世低地ドイツ語	A5判	264頁
藤代幸一 監修 石田基広 著	中世低地ドイツ語 パリスとヴィエンナ	A5判	212頁

——目録進呈——